Bibliographie générale des Sciences Occultes

Lux amica nostra!

La Lumière est notre amie!

Voilà un adage contemporain que peuvent s'approprier les occultistes.

La *science occulte*, en effet, n'est plus étudiée aujourd'hui par quelques adeptes seulement, et en cachette, mais au grand jour et par beaucoup de personnes instruites (1).

Les occultistes ne sont pas encore en grand nombre, mais chaque jour leur phalange augmente et grossit, et dans bien peu de temps, elle sera très considérable; ce sera là un résultat des plus heureux, parce que l'*Occultisme* est certainement appelé à régénérer l'humanité car seul il pourra résoudre la *Question Sociale*, que certains politiciens ont dit ne pas exister, bien qu'elle menace, sinon l'existence humaine, du moins sa marche progressive, sa marche en avant.

Il n'est donc pas de science plus utile et qui mérite de fixer davantage l'attention de ceux qui ont charge d'âmes ou qui désirent seulement améliorer notre humanité.

Nous venons de dire qu'à l'heure actuelle les occultistes sont en petit nombre et forment pour ainsi dire une sorte d'aristocratie, mais, dans quelques années, ils seront nombreux, car le monde intellectuel a un puissant intérêt à étudier l'occultisme qui aide à supporter vaillamment les charges et les amertumes de l'existence; l'occultisme ne soutient pas seulement l'homme dans sa vie présente, mais il le prépare encore, bien mieux qu'aucune religion, pour ses existences futures.

Il y a donc une utilité incontestable à étudier l'occultisme dans ses diverses branches.

C'est là un fait de toute évidence pour tout penseur.

Mais comment faire, comment s'y prendre pour aborder cette vaste science, cet ART SACRÉ des anciens Orientaux?

Naturellement, l'étudiant devra commencer par lire les ouvrages qui traitent de la matière, et apprendre en même temps la langue qui sert à parler et à écrire cette science.

Or, pour réussir dans ces études, il est deux choses essentielles: connaître les livres, ainsi que la technologie ou mieux la *terminologie* de la langue occulte.

D'où la nécessité de posséder deux ouvrages tout à fait indispensables : une BIBLIOGRAPHIE GÉNÉRALE *des ouvrages occultes*, et un DICTIONNAIRE de la langue.

Avec ces deux éléments, l'étudiant occultiste pourra marcher d'un pas ferme et assuré; il pourra, dès lors, apprendre, se perfectionner et finir par devenir *Adepte*.

De prime abord, il ne paraît pas bien difficile de composer les deux ouvrages que nous venons de mentionner; cependant, en y réfléchissant, en mettant la main à la pâte, on voit

(1) Le fait est constaté dans les lignes suivantes de la *Chronique des arts*, n° 2?, 5 sept. 1891, p. 227.
« Cela devient de plus en plus évident : le culte du mystère est fort à la mode. Dans le monde, dans la rue, au théâtre, au restaurant, en chemin de fer, sur les plages, l'occultisme règne en maître. »
Ce n'est pas une affaire de mode, mais une recherche de la vérité, qui fait que tant de personnes s'occupent d'occultisme.
J. M. de V.

que la composition de telles œuvres n'est point aisée, et l'auteur qui osera les attaquer s'y brisera infailliblement, s'il n'est armé de toutes pièces.

Il lui faudra donc consacrer une somme de temps et de travail très considérable, il lui faudra en outre être très désintéressé; or, à notre époque de vapeur et d'électricité, les auteurs opèrent vivement, et la lutte pour l'existence les oblige, en général, à échanger contre espèces le temps employé au travail.

Aussi pensons-nous que les Bénédictins qui passent le quart ou la moitié de leur existence sur une œuvre, sont fort rares. En existe-t-il à Paris ou même en province?

C'est fort douteux!

Puis un provincial peut-il écrire de pareils livres?

Nous ne le pensons pas; il ne serait pas dans le mouvement. Ensuite, les documents dont il pourrait disposer en province étant insuffisants, il ne saurait donner au public érudit, l'œuvre sérieuse à laquelle il a droit et qu'il attend.

Nous avons eu le courage d'attaquer ces deux ouvrages, parce que nous avons la bonne fortune d'être un Parisien provincial et d'avoir été, par nos précédents travaux, préparé de longue main à l'œuvre bibliographique que nous présentons aujourd'hui à un public ami, qui nous connaît depuis longtemps déjà par nos précédents travaux disséminés un peu partout et notamment dans les journaux et revues d'occultisme.

C'est donc avec confiance que nous commençons aujourd'hui la *Bibliographie Générale des sciences occultes*.

Nous ne disons pas que cette œuvre, de si longue haleine, soit parfaite, la perfection n'étant pas de ce monde; mais nos recherches ont été si considérables, nos notes quotidiennes si nombreuses et accumulées depuis tant d'années, que nous ne craignons pas d'affirmer que notre œuvre s'approche le plus près de la perfection; du reste, en l'écrivant, nous avons toujours eu à l'esprit cet aphorisme de Fontenelle :

L'homme doit tendre à la perfection, sans jamais y prétendre.

Jusqu'ici, aucun auteur n'a donné une bibliographie des sciences occultes embrassant tous les ouvrages relatifs au sujet.

Pierre Borel, médecin à Castres, a dressé, en 1654, un catalogue des auteurs de la science hermétique, mais combien défectueux!

Pour donner une idée du peu de valeur de son œuvre, nous dirons que Borel énumère près de quatre mille auteurs hermétistes, bien qu'à son époque il n'en existât guère que huit cent cinquante ou huit cent quatre-vingt au plus, ce qui est déjà respectable.

Aussi, qu'a fait notre auteur pour arriver à ce chiffre imposant?

Il a divisé et subdivisé le même écrivain en trois ou quatre personnes différentes, il a imprimé des noms imaginaires, tels que ceux qu'on lit, par exemple, dans la *Tourbe des philosophes* de Bernard Trévisan, que ce dernier a réuni dans une assemblée philosophique; puis il a copié dans Nazari (1) des auteurs qui n'ont jamais existé; enfin, il a introduit dans son catalogue quantité d'ouvrages de médecine qui n'ont aucun rapport avec l'Hermétisme.

Un savant de Silésie, Frédéric Rothschaltzius, a publié, vers 1719, un *Essai de bibliographie comparée*.

G.-A. Mercklinus a donné, dans son *Lindenius renovatus* (2), les titres de divers ouvrages des alchimistes les plus célèbres.

Manget a, comme Mercklinus et Van der Linden, inscrit dans sa *Bibliothèque des écrivains médicaux* (3) un grand nombre d'ouvrages hermétiques; mais combien est incomplète cette bibliographie!

Enfin, Langlet-Dufresnoy, dans son *Histoire de la philosophie hermétique* (4), a dressé un catalogue des écrivains hermétistes, et, bien que cette œuvre soit de valeur pour son époque, elle est remplie d'erreurs et tout à fait incomplète; puis, naturellement, elle ne contient aucun des ouvrages parus depuis 1744.

On voit donc, par ce qui précède, que notre œuvre est toute nouvelle et que sa nature en-

(1) *In transmutatione metallicâ*, etc., in-4. Brescia, 1599; cette édition est la plus complète.
(2) 1 vol. in-4. Norimbergæ, 1686.
(3) 4 vol. in-fol. Genève, 1731.
(4) 3 vol. in-12, Paris, MDCCXLII.

cyclopédique la rend tout à fait utile aux étudiants en occultisme, et même aux occultistes en général.

Nous venons de dire un peu plus haut que notre œuvre n'est peut-être pas parfaite ; c'est possible, c'est même certain ; mais enfin, à défaut d'autres mérites, elle aura toujours celui d'avoir déblayé et ouvert une route fort difficile ; à d'autres de nous suivre et de faire plus complet que nous.

Du reste, les recherches finales sont très difficiles, car beaucoup de livres détruits sont tellement rares qu'il n'en existe qu'un ou deux exemplaires. Ainsi la Bibliothèque Séguier possédait de fort beaux manuscrits, de même que des livres rarissimes sur la science occulte ; or son héritier, le duc de Coislin, évêque de Metz, en détruisit un grand nombre ; parmi ceux-ci, nous mentionnerons un manuscrit in-4° ayant pour titre : DEMOCRITI, *Physica et mystica Scholia*, puis huit volumes in-4°, d'un anonyme, portant ce titre : AGATHODÆMONIS HELIODORI *anepigrapha* NICEPHORI BLEMMIDÆ *et Arabis* SALMANÆ *de chimia*.

Or manuscrits et volumes existent bien imprimés ; mais sont-ils conformes aux originaux ? C'est fort douteux.

Aujourd'hui, les ouvrages sur l'occultisme sont disséminés un peu partout ; notre Bibliothèque nationale en renferme un grand nombre. La bibliothèque de l'Arsenal possède de nombreux manuscrits ; enfin d'autres sont enfouis et peut-être tout à fait inconnus dans les bibliothèques d'Italie, d'Allemagne, de Hollande et d'Angleterre.

De là, une très grande difficulté pour arriver à une œuvre, je ne dirai pas complète, mais la moins incomplète possible.

Quoi qu'il en soit, nous espérons que le lecteur nous saura gré de nos efforts et aura pour notre œuvre quelque sympathie, car non seulement, nous lui donnons une bibliographie très étudiée et fort complète, mais nous lui promettons encore, dans un avenir prochain, un DICTIONNAIRE D'ORIENTALISME, D'OCCULTISME ET DE PSYCHOLOGIE ; c'est dire que l'étudiant occultiste possédera bientôt les deux principaux outils indispensables pour piocher l'Occultisme ou plutôt *l'Art sacré des Orientaux*, nos maîtres dans la science comme dans l'art sacré, et même dans l'art dit *profane*, puisque dans notre Occident, nous avons la manie de découper en tranches cette grande chose *une* et *indivisible*, qui se nomme *ART*.

DIVISIONS OU CLASSIFICATIONS DES OUVRAGES OCCULTES

I. — ALCHIMIE OU HERMÉTISME

Médecine spagyrique ou hermétique, Elixir de longue vie, Or potable, Pierre philosophale, etc.

Dans cette première division sont comprises les œuvres de près de mille philosophes ou sages hermétistes, qui ont écrit plus de douze ou quinze cents volumes en diverses langues, mais nous disons ici, une fois pour toutes, que, dans notre BIBLIOGRAPHIE, nous ne donnons guère que la nomenclature des ouvrages écrits en français ou en latin et, par exception, ceux écrits en d'autres langues, notamment en allemand et en italien comme justification de certaines éditions ; enfin souvent nous traduisons en français les titres des ouvrages en langue étrangère.

II. — ART DIVINATOIRE

Dans cette division, nous avons classé les livres qui traitent de l'art divinatoire au moyen de procédés très divers tels que : Aéromancie, Aigomancie, Alectriomancie, Aleuromancie, Alphitomancie, Anémoscopie, Anthracomancie, Arithmancie, Aspidomancie, Astragalomancie, Axinomancie, Bactromancie ou Rabdomancie, Bélomancie, Bibliomancie, Bostrychomancie, Botanomancie ; Capnomancie, Cristallomancie, Cyanomancie, Dactylomancie, Daphnomancie, Dendromancie, Gastromancie, Géomancie, Gyromancie, Hémomancie, Hépatoscopie, Hiéromancie, Hydromancie, Icthyomancie, Kéraunoscopie, Lychnomancie, Lécanomancie, Lithomancie, Logarithmomancie, Marc de café, Molybdomancie, Myomancie, Nephélémancie, Nomancie, Onomancie, ou Onomatomancie, Oculomancie, Œnomancie ou Oinomancie, Omomancie, Ololygmancie, Omphalomancie, Oneiromancie, Onéroscopie, Onomomancie, Onychomancie, Oomancie, Ooscopie, Ophiomancie,

Ornithomancie, Petchimancie, Pettimancie, Philorhodomancie, Ptarmoscopie, Pyromancie, Ragalomancie, Rhapsodomancie, Sciamancie ou Sciomancie, Spodomancie, Sternomancie, Stichomancie, Sycomancie, Uranomancie, Xeiroscopie, Xilomancie, etc.

On voit par cette nomenclature, combien longue est la liste des moyens employés pour la divination artificielle, et nous ajouterons qu'il existe encore divers autres modes de divination désignés de nos jours sous le nom de *Sciences Divinatoires*, telles que la Cartomancie, la Chiromancie, la Chirognomonie, la Graphologie, la Phrénologie, la Physiognomonie, la Cryptographie, etc.

III. Science divinatoire.

Dans l'antiquité, tous les moyens employés, artistiques ou scientifiques, étaient englobés sous le titre unique d'*Art divinatoire*, mais, dans ces temps modernes, une scission s'est produite; il y a l'art et la science, ce qui a nécessité les divisions II et III ci-dessus.

IV. Astrologie.

Prédictions astrologiques, Pronostications, Horoscopes.

Cette quatrième division embrasse tous les livres d'Astrologie, soit l'Astrologie judiciaire, soit les Prédictions astrologiques, les Pronostications, les Oracles ou les Prophéties, les Horoscopes, etc.

V. Démonologie.

Apparitions, Démons, Fantômes, Possessions Exorcismes, Sortilèges, Incantations, Envoûtements, Sorts, etc.

Dans cette cinquième division, figurent tous les ouvrages sur la Démonologie, les Incubes, Succubes, Farfadets, etc.

VI. Philosophie occulte.

Kabbale, Magie, Goétie, Nécromancie, Psychisme, Spiritisme, Théosophie,

VII. Magnétisme, Hypnotisme, Suggestion.

Bradisme, Neurisme, Extase, Transfert, etc., etc.

Divers

Sous cette rubrique figureront tous les ouvrages qui n'entrent dans aucune des divisions précédentes, c'est-à-dire des ouvrages qui ne traitent pas directement d'une des matières des autres divisions et qui peuvent cependant parler de toutes les autres matières ou d'une grande partie de celles-ci, par exemple, des ouvrages de médecine empirique ou de livres qui donnent des recettes pour tracer des pentacles ou construire des amulettes, ou bien encore qui décrivent des recettes pour préserver l'homme ou les animaux de certains accidents ou de certaines maladies, tel est, par exemple, l'*Enchiridion* du pape Léon III (1).

Enfin, nous devons présenter au lecteur une dernière observation : c'est que beaucoup d'ouvrages de la science occulte traitent souvent plusieurs sujets à la fois; dans ce cas, nous avons classé le volume dans la division à laquelle se rapporte la majeure partie de l'ouvrage.

J.-Marcus de Vèze.

(1) Voir au sujet de ce livre une bibliographie dans l'Initiation n° 4, janvier 1890, et dans le Voile d'Isis, n° 33, 2e année, 1er juillet 1891, *à propos de trois livres d'occultisme.*

CATALOGUE ALPHABÉTIQUE

PAR NOMS D'AUTEURS

I. Alchimie ou Hermétisme

Médecine spagyrique ou hermétique, pierre philosophale, élixir, or potable, etc.

1. Abbatia (Antonius de). — *Epistolæ duæ et annotationes in eas*, in-12, Hamburgi 1671 (texte allemand). V. Kellœus.

2. Abraham (le Juif). — Manuscrit in-4°. Bibliothèque de l'Arsenal, Paris ; avec 7 miniatures. Sc. et a., n° 154. Les 7 figures symboliques furent trouvées, dit-on, par Nicolas Flamel (V. ce nom). — Ces figures ont été gravées. Pour plus de détails voir Langlet Dufresnoy, *Philosophie Hermétique*, tome I. xxxii, p. 208.

3. Abrahamus (è Porta Léonis). — *Hebræi Mantuani; De auro dialogi tres vel des auri in re medica Facultate*, in-4, Venetiis, 1514-1584, 1586

4. G. A. P. S. (Acerra). *Medico chimica.* In-4, Lipsiæ.

5. Acqueville (le sieur d'). *Discours touchant les effets de la pierre divine.* In-12, Paris, 1685.

Adrop. *Tractatulus.* (V. Theatrum chimicum n° 107, § 202.)

6. Ænigmata, *ex visione Aristei, in artis auriferæ quam chemiam vocant volumina duo.* 2 vol. in-8. (Voy. *Collectanea* et *Collections.*)

Ægidius (de Yadis) (V. Yadis.)

Agathodœmonis. (V. Anonymes, n° 41.)

7. Agnellus (J.-B.). Explication sur un livre intitulé *Apocalypse de l'esprit secret.* In-8, Londres, 1565 (texte italien).

8. Agricola (Georges). *De Re metallica libri XII.* In-fol., Basileæ, 1546, 1556, 1558, 1561, 1621, etc. Les éditions de cet ouvrage sont tellement nombreuses, que nous nous dispenserons de les énumérer; généralement elles sont illustrées de figures sur bois.

9. *De Ortu et Causis subterraneorum libri* V. *De natura eorum, quæ effluunt Terra libri* IV. *De natura fossilium libri* X. *De veteribus et novis metallis libri* II. *Bermanus, sive de re metallicâ.* In-fol., Basileæ, 1546; in-fol. Wittembergæ, 1558, etc.

10. *Opus de fossilibus, cum Georgii Fabricii de metallicis rebus ac nominibus, ac observationibus variis.* In-8, Basilæ, 1657.

11. *Lapis philosophorum.* In-16, Coloniæ, 1531-1534. — L'ouvrage suivant qui porte un autre titre est le même que celui-ci.

11 *bis*. Galerazeya (*Sive revelator secretorum*). — 1° *de Lapide philosophico;* 2° *de Arabico Elixir;* 3° *De auro postabili.* In-16. Coloniæ, 1531-1534, etc.

12. Agricola (Joh.). *Traité de l'antimoine.* In-4, Leipsig, 1639 (texte en allemand).

Alain de Lille. (Voy. Alanus, n° 16.)

13. Alamani (Luigi). *Girone il Cortese, Poema.* In-4, in Parigi, 1548; in-4, Venezia, 1549; in-4, Firenze, 1570. — Il existe des traductions françaises de cet ouvrage, mais elle sont rares.

14. Alanus (philosophus Germanus). — *Dicta de lapide Philosophorum.* In-8, Lugduni Batavorum apud Raphelingium, 1599. — Cette œuvre du moine de Citeaux, se trouve aussi dans le tome III du *Theâtre chimique.*

15. *Alanus de Insulis* ou *Insulensis*, (Alain de Lille), dont nous avons donné une biographie dans l'Initiation (1), était un philosophe hermétiste, mais de tous ses travaux alchimiques, nous ne connaissons que ses aphorismes sur la pierre philosophale (*Dicta de lapide*) qui se trouvent insérés dans le tome III du *Theatrum chimicum*, édition d'*Argentorati*, ab anno 1613, ad annum 1662 et 1661, 6 vol. in-8. (Voy. Theatrum chimicum.)

16. Albert le Grand. — A été un des auteurs les plus féconds du moyen age (2): voici les noms divers sous lesquels il est connu: *Albertus Magnus, Albertus Teutonicus, Albertus Grotus, Frater Albertus, de Colonia, Albertus Ratisbcnensis.*

On a attribué à Albert, notamment J.-B. Nazarini et Borel, les ouvrages alchimiques suivants qui paraissent être pour la plupart, du moins, apocryphes: *Opus optimum et verissimum de secretis philosophorum; Semita recta; Semita Semitæ; Tramita; In arborem Aristotelis; De generatione lapidum; De sigillis lapidum; ars alchimiæ;* etc. Nous donnons ci-dessous les œuvres alchimiques qui sont bien d'Albert.

17. *Libellas de Alchymia.* In-fol., Lugduni, 1653.

18. *De rebus metallicis et mineralibus libri quinque*, in-4, Augustæ Yindilicor, 1519. — In-8, Argentorati, 1541; in-12, Coloniæ, 1568, etc.

19. *Del medesimo Alberto, delle cose minerali et metalliche, libri cinque, tradutto da pietro Lauro.* In-8, Venetia, 1557.

20. *Concordia Philosophorum, de Lapide Philosophica*, in Theatrum chimicum, tome IV.

21. *De secretis mulierum; item de virtutibus herbarum, lapidum, animalium.* In-12, Amstelodami, 1702.

C'est la plus belle édition de ce livre qui en a un grand nombre. Beaucoup d'auteurs croient qu'il n'est point d'Albert; on l'attribue généralement à son disciple Cantapritanus (Thomas de Cantimpré); d'autres l'attribuent à son disciple Henri de Saxe, alléguant pour affirmer leur dire que des Dominicains tels qu'Albert ou Cantimpré ne pouvaient faire métier de sage-femme et écrire sur les maladies des femmes.

La bibliothèque de Gesner et celle de de Thou donnent de ce livre un titre qui semblerait accréditer qu'il est bien l'œuvre d'Henri de Saxe. (Voy.

(1) N° de juillet 1889; 2e année, 4e vol., page 58.

(2) Ses ouvrages ne forment pas moins de vingt-un volumes in-folio.

ce nom). — Quoi qu'il en soit, Albert était un homme de génie et très réfléchi, ce qui ne l'empêche pas de déclarer que la transmutation des métaux est possible. Voici ses propres paroles : « J'ai connu de riches savants, des abbés, des directeurs, des chanoines, des physiciens et des illettrés, qui avaient perdu leur argent et leur temps dans les recherches de cet art. Néanmoins cet exemple ne m'a pas découragé. Je travaillais sans relâche. Je voyageais de pays en pays, me demandant : si la chose est, comment elle est ? Et si elle n'est pas, comment elle n'est pas ? Enfin j'ai persévéré jusqu'à ce que je fusse arrivé à reconnaître que *la transmutation des métaux en or et en argent est possible.* »

Nous ne parlerons point de quantité de petits livres, sans importance et dénommés : le Petit Albert, les Merveilleux Secrets, ou les Admirables Secrets d'Albert le Grand, etc.

22. ALBINUS (Nath.) *Bibliotheca chimica contracta*. In-8, Genève, 1653 et 1673. — Cette bibliothèque comprend divers auteurs, que nous mentionnons à leur rang. (Voy. AUGURELLE, COSMOPOLITE, D'ESPAGNET.)

23. ALBINUS. *Constantini Albini Villanovanii magia astrologica, seu clavis sympathiæ metal lorum lapidumque cum planetis*. In-8, Lugduni Batavorum, 1599, et Parisiis, in-8, 1611.

23 *bis*. *Carmen aureum et enigma*, dans la Bibliothèque de Manget.

ALCHIMISTES GRECS. (Voy. ARCHELAUS CHRISTIANUS, HELIODORUS, HIÉRATHÆUS, OSTANES, SALAMANA *arabs* THEOPHRASTUS, ZOZIMUS; voy. aussi BERTHELOT.)

24. ALDROVANDUS. *Ulyssis Aldrovandi Musæum metallicum*. In-fol., Bononiæ, 1647. — Il existe une édition postérieure publiée à Francfort.

ALECTOR. (Voy. FRADIA.)

ALCAEST. (Voy. ANONYMES, n° 42.)

25. ALEXIS (Piémontois). *Les Secrets d'Alexis Piémontois*, traduits de l'italien en français. — Il existe de nombreuses éditions de ce livre : in-4, Anvers, 1557; in-16, Rouen, 3ᵉ éd. 1559, 1564 et 1614, etc.; le n° suivant donne le titre d'une Edition latine.

26. D. ALEXII PEDEMONTANI. *De Secretis libri septem. (A Joan. Jacobo Veckero, doctore medico, ex italico sermone in latinum conversi et multis bonis secretis aucti diligentiusque castigati. Editio tertia.)* Basileæ, *apud Petrum Pernam* M. D. LXVIII.

27. ALFARAB. *Farabii assertio artis alchimiæ*. Bibl. de Leyde. — Nous ignorons le format et le lieu de publication de ce livre.

28. ALFONSI *Regis Castellæ. Clavis sapientiæ in « Theatrum chimicum »*. (Voy. ce mot.)

29. ALGIABACHI. *Prima pars libri cujus titulus, Lucerna, in eo totus est ut alchimiæ mysteria et enigmata patefaciebat.* — Manuscrit de la Bibliothèque nationale de Paris ; il date de 1683.

ALKAEST. (Voy. ANONYMES, n° 42.)

Allegoriæ. (Voy. *Collections* et *Bibliothèque chimique* de Manget.)

30. ALSTEDIUS (Joh. Henric.) *Alstedii Philosophia digne restituta*. In-8, Herbornæ, 1612, et in-12, Herbornæ, 1615.

31. DU MÊME. *Panacœa Philosophica cum critico de infinito Harmonico Philosophiæ lullianæ*, In-8, Herbornæ, 1610.

32. ALTUS MUTUS. (Voy. ANONYMES, n° 43.)

33. ALVENATUS (Cornelius). *De lapide philosophico in « Theatrum chimicum »*. (Voy. ce mot.)

34. ALZE. *Autor Libri in « Theatrum chimicum »*. (Voy. ce mot.)

35. AMADIS. — Dans le quatorzième livre du Roman d'Amadis, il y a de nombreux passages concernant la philosophie hermétique ; mais il y a lieu d'observer qu'il existe deux livres quatorzièmes : c'est celui qui serait de Nicolas de Motreu qui contiendrait de l'hermétisme.

36. AMELONGIUS. *D. Petri Amelungii Tractatus Nobilis, in quo de alchimiæ inventione, necessitate et utilitate agitur*. In-8, Lipsiæ, 1607.

37. DU MÊME. *Apologia, seu tractatus Nobilis secundus, pro defensione alchimiæ, adversus Bockelium*. In-8, Lipsiæ, 1608. — Suite du précédent ouvrage.

38. AMTHOR. *Gasparis Amthoris Chrysoscopion sive Auriligium*. In-4, Ienæ, 1632.

39. ANDALORO (Andrea) *Messanese. La miniera dell'argento vivo, esia ristretto di tutte qualita, preparazioni, virtu usi alchymistici e mecanici del mercurio*. In-8, Messina, s. d.

40. ANGÉLIQUE (Le sieur de). *La Vraie Pierre Philosophale de médecine, trouvée par le moyen des sept planètes*. In-12, Paris, 1622.

Animadversiones chimicæ quatuor in « Theatrum chimicum ». (Voy. ce mot.)

AUTEURS ANONYMES OU PSEUDONYMES

Imprimés ou Manuscrits.

40 *bis. Abrégé de la doctrine de Paracelse et de ses archidoxes*. In-12, Paris, 1724.

41. *Agatho dæmonis, Heliodori anepigrapha Nicephori Blemmidæ et arabis Salmanæ de chimia*. 8 vol. ou parties in-4, manuscrits, de la bibliothèque Séguier, probablement détruit par son héritier, le duc de Coislin, évêque de Metz.

42. ALCAEST. *Discours philosophiques sur la merveille de l'art et de la nature, ou Traité de la liqueur alkaest*. In-12, Paris, 1678.

42 *bis. Alchimia revisa et aucta*. In-8, Leipsig et Vismar, 1723. — Réédition de l'*Alchimia denudata*; édition de Breslau, in-8, 1708. Quelques éditions de l'*Alchimia revisa* sont signées du pseudonyme NAXAGORAS. (Voy. ce mot.)

43. *Altus mutus liber (in quo tota philosophia Hermetica, figuris Hieroglyphicis de pingitur)*. In-fol. Ruppellæ, 1677. Ce « Grand Livre muet » ne contient en effet que des figures sans texte.

44. ANDRÉA DE SOLÉA. *Liber de incremento et decremento metallorum*. Quelques auteurs attribuent ce livre à Basile Valentin.

45. *Aphorismes chimiques*. In-12, Paris, 1692.

46. *Apocalypses Hermeticorum (sive-epistolæ Buccinatoriæ)*. In-4, Gedani, 1683.

47. *Apologie du Grand-Œuvre*, ou *Elixir des philosophes*, par l'abbé D. B. In-12, Paris, Pierre de Bresche, 1659.

48. *Arbre ou abrégé des mystères de la grâce et de la nature*. In-4, 1636.

49. *Arcana Palladis chimicæ detecta sive mineralogia*. In-12, Genevæ, 1674.

50. *Arcani artificiosi aperta arca*. In-8, Francofurti, 1617 (texte en allemand).

51. *Ars magica, seu naturalis et artificiosa stupendos effectus et secreta detegens*. In-12, Francofurti, 1631.

52. *Ars transmutationes Metallicæ*. In-8.

53. *Arte chimicâ libri duo (De)*. In-8, Montisbelligardi, 1600.

54. *Arte del fuoco, per la pietra Filosofica*. In-8, in Genova.

55. *Artificium naturæ chimisticum*. In-8, 1568.

56. *Aureum speculum patefactum*. In-8, Nurnberg, 1706.

57. *Aurifodina incomparabilis chimiæ*. In-4 Lugduni Batavorum, 1696.

58. *Auriga ad quadrigam*. In-8, Lugduni Batavorum, 1601.

59. *Aventures du Philosophe inconnu*, ou *Recherche et Invention de la pierre philosophale*, divisées en quatre livres, au dernier desquels il est parlé si clairement de la façon de la faire que jamais on n'en a parlé avec tant de candeur. In-12, Paris, 1646-1674. — On attribue ce livre à l'abbé Albert Belin. L'ouvrage est écrit contre les souffleurs.

60. *Ayman mystique* (L'). In-12, Paris, 1659 et 1689.

61. *Bibliothèque des philosophes chimiques* ou *Recueil des auteurs les plus approuvez qui ont écrit de la pierre philosophale*, par Guillaume Salmon, docteur en médecine. 2 vol. in-12, Paris, Ch. Angot, 1672 et 1678. Nouvelle édition, augmentée par J. Maugin de Richebourg, 3 vol. in-12, fig. Paris, Cailleau, 1741.

LE TOME PREMIER COMPREND :

1° *La Table d'Émeraude d'Hermès Trismégiste* avec les *Commentaires d'Hortulain*.

2° *La Tourbe des Philosophes*, appelée le *Code de toute Vérité*, de Bernard de Trévisan.

3° Le livre de Nicolas Flamel, contenant l'explication de ses figures hiéroglyphiques.

4° Le livre de la *Philosophie naturelle des métaux* de Bernard, comte de la Marche Trévisane, dit le Trévisan.

5° L'opuscule de Denys Zachaire, gentilhomme de Guienne.

6° *Traité du ciel terrestre*, de Wenceslas Lavinius de Moravie.

7° *Le Philalèthe ou l'entrée ouverte du Palais du Roi*.

LE TOME SECOND COMPREND :

1° *Les Sept Chapitres* d'Hermès Trismégiste.

2° *Dialogue de Marie et d'Aros, sur le Magistère d'Hermès*.

3° *Entretien de Calid et du philosophe Morien, sur le Magistère d'Hermès*.

4° Le livre d'*Artéphius*, ancien philosophe, sur la pierre philosophale.

5° *La Somme de la perfection*, ou l'*Abrégé de Geber*, en 2 livres. — La traduction de cette dernière œuvre est assez mauvaise.

L'édition en trois volumes est ainsi composée :

TOME PREMIER.

I. *La Table d'Émeraude d'Hermès* avec le *Commentaire d'Hortulain*.

II. *Les Sept Chapitres*, attribués à Hermès.

III. *Le dialogue de Marie et d'Aros*.

IV. *La Somme de la perfection*, de Geber.

TOME DEUXIÈME.

I. *La Tourbe des Philosophes*, de Bernard Trévisan.

II. *Morien*.

III. *Arthéphius*.

IV. Nicolas Flamel, *Explication des Figures hiéroglyphiques*.

V. Le même. *Le Sommaire Philosophique*, en vers.

VI. Le même. *Le Désir désiré*.

VII. Bernard Trévisan. *Philosophie Naturelle des Métaux*.

VIII. Le même. *La parole délaissée*.

IX. *Le Songe Verd, Véridique et Véritable*.

X. *Opuscule de la Philosophie Naturelle des Métaux*, par Zachaire.

TOME TROISIÈME.

I. *Les Douze Clefs de la philosophie naturelle*, par Basile Valentin.

II. Le même. *L'Azoth des Philosophes*.

III. *L'Ancienne Guerre des chevaliers ou le Triomphe Hermétique*.

IV. *La lumière sortant par soi-même des ténèbres*.

62. *Cabala chymica*. In-8, Hamburgi, 1680. — Livre fort estimé par Borrichius, mais qui déclare qu'il ne peut convenir qu'aux plus habiles artistes.

63. *Cabale intellective*. Contient les vers mnémoniques suivants :

> Le soleil marque l'or ; le vif-argent, Mercure.
> Ce qu'est Saturne au plomb, Vénus l'est à l'airain.
> La Lune de l'argent, Jupiter de l'étain
> Et Mars du fer sont la figure.

Manuscrit in-4, Bibliothèque de l'Arsenal, Paris.

64. *Commentarius in cosmopolitæ duodecim capita et epilogum, cum figuris cum aliis operibus chimicis* (texte allemand).

Ce commentaire a été traduit en français par Borel ; il a soin de nous en informer dans sa *Bibliothèque chimique*, p. 22 ; du reste, cet ouvrage se trouve souvent imprimé avec d'autres traités de la science hermétique.

65. *Compedium de microcosmo*. In-8, Marpurgi, 1609 ; in-16, Francofurti, 1635.

66. *Complementum et perfectio alchimiæ*. In-4, Francofurti, 1630.

67. *Cosmopolite*. Les œuvres du Cosmopolite (Michel Sendivogius), divisées en trois parties : *Mercure des philosophes*, *Soulphre des philosophes*, *Vrai sel des philosophes*, avec la vie de l'auteur. In-12, Paris, 1669.

68. *Cosmopolite ou Nouvelle lumière chymique* pour servir d'éclaircissement aux trois principes de la nature exactement décrits dans les trois traictez suivis, le premier, de la nature en général, où il est parlé de Mercure ; le deuxième, du soufre ; le troisième, du vray sel des philosophes, augmenté de la lettre philosophique d'Antoine Duval. In-12, Paris, 1733. — Il existe une édition in-12, de 1691.

69. *Cours de la physique*, qui, en trois un, fait voir, par ses opérations, les effets de la nature. In-8, Paris, 1635.

70. *Curiosities in chimistry*. In-8, London, 1691.

71. *Diadème des Sages (Le) ou Démonstration de la nature inférieure*, suivi de l'*Allégorie sur la médecine universelle*. In-12, 1781.

72. *Discours sur la pierre des philosophes*. Manuscrit de la Bibliothèque de l'Arsenal, Paris.

72 bis. *Dispensatorium chimicum*. In-8, Francofurti, 1626.

72 ter. *Disputatio salis et mercuri*, etc. (V. n° 452.)

72 quater. *Divus Leschus*. (V. COSMOPOLITE, n 411.)

73. *Éclaircissements de la pierre philosophale*. In-8, Paris, 1628. — Livre sans valeur.

74. *Elemens chimiques et spagiriques*. En manuscrits dans diverses bibliothèques. — Cité par Borel, qui dit même que de Nuisement a fait imprimer sous son nom une grande partie de ce manuscrit dans son livre : *Le Sel du monde*.

75. *Emblemata de secretis naturæ chimica*. In-4, Oppenheimii, 1618.

76. *Enchyridion Physicæ restitutæ, cum arcano Philosophiæ hermeticæ*. In-8, Paris, 1608. — C'est probablement la première édition de cette

œuvre, attribuée avec raison, comme nous allons le voir dans le numéro suivant, à d'Espagnet. Si c'est la première, Morhose se serait trompé en pensant que cet ouvrage était de Philalèthe. L'abbé Houel a consigné cette édition dans son *Catalogue*, p. 12.

77. *Enchiridion physicæ restitutæ tractatus alter inscriptus arcanum hermeticæ philosophiæ opus (secunda editio emendata et aucta)*, In-24, de 142 et 72 pages, Parisiis, 1638. — On lit sur le frontispice de la première partie de ce livre: *Spes mea est in Agno*, devise du président jean d'Espagnet, qui serait donc bien l'auteur de livre anonyme. Ce qui confirme cette opinion, c'est que la seconde partie porte ces mots: *Penes nos unda Tagi*. Une première édition latine format in-8, est de Paris, 1625. La troisième, s. d., Paris, Nic. de Sercy (le deuxième traité de 1638), 2 part. en un volume in-24, a 199 et 105 pages plus 1 feuillet séparé. Il existe d'autres éditions: une entre autres (quatrième) dans les mêmes conditions que la précédente; une autre, de Kiel, 1718; une, in-4, de Tubingen, avec commentaires, de Hannemann, 1728.

78. *Epistola Buccinatoria in quâ conjuratio adeptorum in chemia*. In-4, Brixiæ, 1680.

79. *Escalier des Sages* (L') *ou la Philosophie des Anciens*. In-8, Groningue, 1689; avec figures. Livre curieux et assez rare.

80. *Examen alchymisticum*. In-8, Norimbergæ, 1676.

81. *Examen des principes des Alchimistes sur la pierre philosophale*. In-12, 1711.

82. *Filet d'Ariane* (Le) pour entrer dans le labyrinthe de la philosophie hermétique. In-12, Paris, 1695.

83. *Grand Livre de la Nature* (Le) *ou l'Apocalypse philosophique et hermétique*, ouvrage curieux, dans lequel on traite de la philosophie occulte, de l'intelligence des hiéroglyphes des anciens, de la société des Frères de la Rose-Croix, de la transmutation des métaux et de la communication de l'homme avec des êtres supérieurs et intermédiaires entre lui et le grand architecte. Vu par une Société de Ph... Inc..., et publié par D... Depuis I, jusqu'à l'an 1790. *Au Midi et de l'Imprimerie de la vérité*. — Livre des plus curieux, en effet, et qui renferme le langage des adeptes et l'extrait d'un manuscrit arabe, par M. Kers, lequel extrait contient onze recettes: I, la composition du vinaigre philosophique; II, eau pour amollir tous les métaux; III, secrets chimiques; IV, teinture humaine ou le contrepoison des anciens; V, la lampe de vie; VI, poudre pour faire tomber les dents (s.-ent. mauvaises); VII, sirop antiapoplectique et antisparalytique; VIII, description mystique du Grand Œuvre; IX, opinion de Libanus sur l'or potable; X, vertu des feuilles du chêne; XI, étoile d'antimoine, ou Pentacle de Salomon. — Cet ouvrage est fort rare.

84. *Grand-Œuvre dévoilé en faveur des personnes qui ont grand besoin d'argent, par celui qui l'a fait* (Le). In-12, 1789.

85. *Grand-Olympe* (Le), poème alchimique du XVIe siècle. Voici un échantillon de cette poésie:

Après vient Saturne le noir,
Que Jupiter, de son manoir
Issant, déboute de l'empire
Auquel mesme la Lune aspire;
Aussy fait bien dame Vénus;
Qui est l'airain, je n'en dis plus
Sinon que Mars, montant sur elle,
Sera du fer l'aage mortelle,
Après lequel apparoistra
Le Soleil quand il renaistra.

Voici comment l'auteur parle de Protée:

Tantost la forme d'un serpent
Ce fils du dieu Neptune prend,
Puis la forme d'un beau jeune homme
Qu'enfant philosophique on nomme;
Puis encore, bien me souvient,
Qu'en la forme de pierre il vient,
Qui puis est en blanche eau fondante
Comme feu, ainsi qu'il estoit
Quand R. Lulle le portoit,
Dans une boête moulte luisante
D'or fin émaillée et plaisante
Et que moy dans yvoire fin
Ay longtemps gardé en cofin.

Tout ce poème se trouve à la suite des œuvres de Grosparmy et Valois. Manuscrit L. de la bibliothèque de l'Arsenal de Paris. In-4, Sc. et A., numéro 166.

86. *Gluten minerale, nec Duplex Baculus regius cum suis serpentibus, seu de Mercurio philosophorum, a D. J. W.* In-8, Lipsiæ, 1705 (texte allemand).

87. *Guide charitable (Le), qui tend la main aux curieux pour les débarrasser de ce fâcheux labyrinthe où ils sont toujours errants et vagabonds*. Manuscrit in-4, Bibliothèque de l'Arsenal, Paris, Sc. et A., n° 152 *a*.

87 *bis*. *Hermophili Philochimici, Aphorismi Basiliani, sive Canones Hermetici*. In-8, Marpurgi, 1608.

88. *Histoire prodigieuse de Fauste*. In-12, Cologne, 1712.

88 *bis*. *Icon philosophiæ occultæ*. In-8, Paris, 1672 ; in-8. Rotterodami, 1678.

88 *ter*. *Igne magnorum Philosophorum* (*De*). In-8, Argentinæ, 1608.

88 *quater*. *Index et Manuductor chimicus* (*in quo possibilitas transmutationis metallorum clare ostenditur, et simul via ad inveniendum lapidem Philosophorum aperitur*). In-8. 1680.

89. *Instruction, ou avertissement et épreuves contre ceux qui faussement se persuadent de faire l'or potable à l'exclusion de la pierre philosophale, par un amateur de la sagesse*. In-8, Coloniæ, 1607 (texte allemand).

89 *bis*. *Interruption du sommeil cabalistique, ou le dévoilement des tableaux mystiques de l'antiquité, etc*. Manuscrit in-4, Bibl. de l'Arsenal, Paris, Sc. et A., n° 175.

89 *ter*. Isagoge, *in Veram Triunius Dei et naturæ cognitionem*. In-8, Hamburgi, 1674. — Malgré son titre, ce livre est un véritable traité de la science hermétique.

89 *quater*. *Lapide Philosophico* (*De*). In-8, 1618.

90. *Lapide Philosophico* (*Disceptatio de*). In-8, Coloniæ, 1678.

90 *bis*. *Lapidis Physici conditionibus Liber* (*De*). In-8, Coloniæ, 1595 ; in-8, Tubingæ, 1641.

90 *ter*. *Lapis Metaphisicus*. In-8, Paris, 1570.

90 *quater*. *Lettres d'un philosophe sur le secret du grand Œuvre*, écrites au sujet des instructions qu'Aristée a laissées à son fils touchant le *Magistère des philosophes*. In-12, Paris, 1688.

L'ouvrage suivant n'est probablement qu'une variante de celui-ci.

91. *Lettres d'un philosophe sur le secret du grand Œuvre*. (Anagramme du nom de l'auteur : *Dives sicut ardens*). In-12, Paris, Laurent d'Houry, 1698.

91 *bis*. *Liber secretorum veterum et Recentium Philosophorum, continens 37 modos auri conficiendi*. Manuscrit. Borel nous apprend, d'après Libavius, que ce manuscrit a été écrit à Paris en 1301. Nous ne le connaissons pas.

91 *ter*. *Livre des laveures d'un anonyme*, ttribuée généralement à Nicolas Flamel.

92. *Livre merveilleux*. In-8, Paris, 1569.

92 *bis*. *Lumière de la nature* (*La*) *ou traiét de la génération, des végétaux, minéraux et animaux*, par l'auteur de cette anagramme : *Honnête vie en liesse*.

92 *ter*. *Lux Obnubilata*. In-8, Venetiis, 1660. Ouvrage en vers. Cette édition renferme généralement un commentaire.

93. *Magisterium Philosophorum, seu Magni Philosophorum arcani revelator*. In-12, Genevæ, 1688. Ce traité a eu trois éditions sous le titre suivant :

Magni Philosophorum Arcani Revelator, quo Hermetis opera explicata veniunt. In-12, Hamburgi, 1672 ; in-12, Genevæ, 1688 ; in-8, Hamburgi, 1705.

93 *bis*. *Médecine Universelle*, par un philosophe arabe. Manuscrit in-8, Bibliothèque de l'Arsenal.

94. *Museum hermeticum reformatum et amplificatum*. Francofurti, 1677. In-4, front., fig. et pl., 863 pages. Il renferme : *Tractatus aureus de lapide philos.; Aureum Spec. rediv.; Aquarium sapientium; Via veritatis; Gloria mundi lapide sapientium; Tractatus chimycus novum; Lumen chimicum; de Sulphure super secreta; Chymia metallorum; Metamorph. vitulis aureus, etc*.

Une édition plus ancienne, la première peut-être, est beaucoup plus complète. En voici la description :

95. *Musæum hermeticum reformatum et amplificatum, continens tractat. Chimicos XXI præstantissimos*. Francofurti, in-4, 1625. — En réalité, l'ouvrage ne contient que les neuf traités marqués d'un astérisque dans l'édition suivante :

96. Même titre que le numéro précédent. Édition de 1677 et 1678, in-4, Francfurt.

I. *Tractatus aureus de lapide Philosophico, ab anonymo**.

II. *Aureum Speculum redivivum Henr. Madasthani, id est* Adrian Mynsicht*. (Voy. ce nom.)

III. *Hydrolithus sophicus, seu Aquarium Sapientium**.

IV. *Demonstratio naturæ*. Johan de Mehung*.

V. *Summarium Philosophicum* Nicol. Flamelli*.

VI. *Via veritatis Unicæ*.

VII. *Gloria Mundi, seu Tabula Paradisi**.

VIII. *Tractatus de Generatione Metallorum**.

IX. *Autor libri* Alze*.

X. Lambspringii *de Lapide philosophorum figuræ*.

XI. *Tripus Aureus Michaelis Mayeri.*

XII. THOMÆ NORTHONI *Crede mihi, seu Ordinale.*

XIII. CREMERII *Abbatis Wesmonasteriensis Testamentum.*

XIV. MICHAELIS SENDIVOGII *Novum Lumen chimicum.* (Voy. ci-après au mot NOVUM, n° 97, pour plus de détails.)

XV. DU MÊME. *Novi Luminis chymici Tractatus de sulphure.*

XVI. PHILALETHÆ *Introïtus Apertus ad Regis Palatium.*

XVII. MICHAELIS MAYERI *Allegoria super secreta chemiæ.*

XVIII. PHILALETHÆ *Metallorum Metamorphosis et Manuductio ad Rubinum celeste.*

XIX. DU MÊME. *Fons chimiæ veritatis.*

XX. JOHAN FREDERICI HELVETII *Vitulus aureus.*

XXI. JANITOR PANSOPHUS.

97. *Novum Lumen chimicum.* Regiamonti, 1614, in-12; Coloniæ, 1617; Lutetiæ, in-16, 1608, *apud* Ruell. — C'est ce traité de Cosmopolite, qui a de nombreuses éditions sans nom et sans pseudonymes, qui figure dans diverses collections, notamment dans le *Museum Hermeticum.* (Voir ci-dessus, n° 95, § XIV.)

97 *bis. Œuvre Physique (L').* Manuscruit de la Bibliothèque de l'Arsenal. Paris, Sc. et A., n° 170.

98. *Opera chymiatrica, a Rhenano.* 1685, avec fig. d'appareils chimiques.

99. *Philosophie naturelle (La) rétablie en sa pureté.* In-8, Paris, 1651.

100. PHILALETHE (Pseudonyme de l'anglais THOMAS VAUGAM). *Traité de la transmutation des métaux.* In-12, Paris, 1754. A été réimprimé dans la Bibliothèque des Philosophes chimiques.

101. *Moelle de l'alchimie.* Manuscrit in-4 de la Bibliothèque de l'Arsenal de Paris, Sc. et A., n° 159.

102. PHILOLETHÆ (IRENÆI PHILOPONI) *Nucleus alchimiæ.* In-8.

103. *Pilote de l'onde vive* (Le), par Eyquem de Martineau. In-12, Paris.

104. *Rares expériences sur l'esprit minéral pour la préparation et transmutation des corps métalliques*, par M. D***. In-8, Paris, 1668.

104 *bis. Remède souverain naturel; du sel de Sapience, tiré de l'or par art spagyrique, accompagné de la quint'Essence de la flamme du feu.* In-8, Paris, chez Pierre Deshayes, 1619.

104 *ter. Ruine des souffleurs alchimistes de notre temps.* In-16, Paris, 1612. Pamphlet contre les alchimistes.

104 *quater. Table sommaire de la Transmutation métallique*, réduite en deux parties, etc.

105. *Theatrum chemicum.* 3 vol. in-8, Ursellis, 1602. — Dans l'édition suivante, de Strasbourg, qui est plus complète, nous donnons tous les traités de l'édition d'Ursel.

106. *Theatrum chemicum precipuos selectarum auctorum, Tractatus de chimia et de lapidis Physici compositione, continens.* 6 vol. in-8, Argentorati, *ab anno* 1613 *ad annum* 1622; et 1661.

107. *Idem, editio ultima Argentorati ab anno* 1659 *ad annum* 1661. C'est l'édition la plus estimée; voici les traités que contient chaque volume, ceux qui sont marqués d'un astérisque figurent aussi dans la Bibliothèque de Manget.

TOME PREMIER

1. ROBERTUS VALLENSIS, *de Veritate et Antiquitate Artis chimiæ, ex variis auctoribus.*

2. * JOANNES CHRYSIPPUS FANIANUS, *de Jure artis Alchimiæ.*

3. * ARNOLDI DE VILLANOVA *Testamentum.*

4. THOMAS MUFFETUS ANGLUS, *de Jure et Præstantia medicamentorum chimicorum.*

5. IDEM, *Epistolæ V medicinales.*

6. * THEOBALDUS DE HOGHELANDE, *de Alchimiæ difficultatibus.*

7. GEBARDI DORNEI *Clavis totius Philosophiæ Chemisticæ, pars prima.*

8. IDEM, *pars secunda, Philosophia Specutiva.*

9. IDEM, *Artificium supernaturale.*

10. IDEM, *Physica Genesis.*

11. IDEM, *Physica Hermetis Trismegisti.*

12. IDEM, *Physica Trithemii.*

13. IDEM, *Philosophia meditativa.*

14. IDEM, *Philosophia chemica.*

15. IDEM, *Vita Brevis.*

16. IDEM, *Duellum Animi cum corpore.*

17. IDEM, *de Gemmarum structura.*

18. *Congeries Paracelsicæ chemiæ, de Transmutationibus metallorum.*

19. IDEM, *Genealogia mineralium ex Paracelso.*

20. BERNARDI G. PENOTI, *de Vera præparatione et usu medicamentorum, chimicorum tractati varii.*

21. * BERNARDUS COMES TREVISANUS, *de Chemico Miraculo, quod Lapidem Philosophicum appelant.*

22. * DIONYSII ZACHARII GALLI *Opusculum Philosophiæ naturalis metallorum.*

23. *Annotata ex* NICOLAO FLAMELLO GALLO.

24. *Aliæ Annotationes, ex variis auctoribus.*

25. *Collectanea ex variis scriptoribus.*

26. *Collecta ex* DEMOCRITO.

TOME SECOND

27. GASTONIS CLAVEI *Apologia Chrysopoeiæ et Argyropoeiæ.*

28. * ÆGIDII DE VADIS *Dialogus inter Naturam et Filium Philosophiæ.*

29. IDEM, *Tabula chimica Metallorum.*

30. * GEORGII RIPLÆ *Duodecim Portarum axiomata.*

31. IDEM, *Alia Axiomata Philosophica.*

32. *Physicæ chimicæ Trithemicæ axiomata.*

33. ALBERTUS MAGNUS, *Breve Compedium de ortu Metallorum.*

34. ISAACI HOLLANDI *Fragmentum de opere Philosophorum.*

35. BERNARDUS G. PENOTUS, *Quæstiones et Responsiones Philosophicæ.*

36. IDEM, *Regulæ, seu Canones Philosophici.*

37. IDEM, *Extractio Mercurii ex Auro.*

38. IDEM, *Dialogus de Arte Chimica.*

39. JACOBI QUERCETANI *ad Jacobi Auberti Vendonis de Ortu et causis metallorum Responsis.*

40. JOANNIS DE'E *Londinensis Monas Hieroglyphica.*

41. LAURENTII VENTURÆ *Liber de conficiendi Lapidis Philosophici ratione.*

42. AURELLII AUGURELLI *Ænigma versibus latinis.*

43. *JOAN. FRANCISCUS PICUS MIRANDINUS, *de Auro.*

44. * ROGERII BACHONIS, *Speculum alchimiæ.*

45. * RICHARDII ANGLICI *Correctorium alchimiæ.*

46. ANONYMI ROSARIUS MINOR, *de Rerum Metallicarum cogitatione.*

47. ALBERTUS MAGNUS, *de Alchimia.*

48. JOAN. AUGUSTINUS PANTHEUS, *Ars et Theoria transmutationis Metallicæ cum Voarchadumiæ numeris et iconibus.*

TOME TROISIÈME

49. INCERTI AUCTORIS *de Alchimia Liber* 56 *capitibus.*

50. AUCTOR INCERTUS, *de Lapidis Magni compositione.*

51. * ARISTOTELES, *de Perfecto Magisterio.*

52. * ARNALDI DE VILLANOVA, *Perfectum Magisterium.*

53. IDEM, *Lumen Luminum.*

54. IDEM, *Flos Florum.*

55. IDEM, *Practica.*

56. EFFERARIUS MONACHUS, *de Lapide Philosophorum.*

57. IDEM, *Thesaurus Philosophæ.*

58. RAYMUNDI LULLII *Praxis Universalis Magni Operis.*

59. M. ODOMARI *Practica.*

60. *Arcanum Philosophorum ex Saturno.*

61. *Salis præparatio ad Làpidem.*

62. *Historia argenti in aurum Versi.*

63. *Tractatus de Marchasita.*

64. *Tractatus de Arsenico.*

65. RHASIS, *Præparatio Salis Armoniaci.*

66. JANI LACINII PULVIS, *in Malcum et dulcedinem metallis, ferro fusibilitatem.*

67. *De Sale Alcali.*

68. *An Lapis philosophorum valeat contra pestem ?*

69. *Epistola de Metallorum materia et Artis imitatione.*

70. *Practica* CARAVANTIS HISPANI.

71. * JOANNES DE RUPE-SCISSA, *de Lapide philosophorum.*

72. JO. AUREL. AUGURELLI *Chrysopoeia, Carminibus.*

73. THOMÆ AQUINATIS *Secreta alchimiæ.*

74. IDEM, *Thesaurus alchemiæ secretissimus.*

75. JOAN DE RUPE-SCISSA, *Liber Lucis.*

76. *RAYMUNDI LULLI *Clavicula et Repertorium.*

77. JO. ISAACI HOLLANDI *Opera Mineralia, sive de Lapide Philosophico.*

78. EWALDUS VOGELIUS, *de Lapidis Philosophici conditionibus.*

79. JUSTI A BALBLIANI FLANDRI, *Tractatus septem de Lapide Philosophico.*

80. JODOCI GREWERII *Secretum.*

81. ALANI PHILOSOPHI *Dicta de Lapide.*

82. ANONYMI *Rosarium abbreviatum.*

83. ANONYMI *Septem de lapide Tractatus.*

84. JOANN. PONTANUS, *de Lapide Philosophico.*

85. *Carmina varia de lapide.*

86. * NICOL. BERNAUDUS, *In Epitaphium Ænigmaticon.*

88. *Carmen de Lapide.*
89. LAMBSPRINCK. *figuræ 15 et carmina.*
90. ANONYMI DELPHINATIS *Secreta maxima.*
91. *Extractum Cymbali aurei.*
92. ANONYMI *Arcanum Philosophorum.*
93. NICOL. BERNAUDI *Elucidatio hujus arcani.*
94. *Triga Chimica.*
95. *Quadriga aurifera.*
96. *Auriga chimicus, sive Theosophiæ Palmarium.*
97. *Epistola de Occulta Philosophia.*
98. *Dicta Sapientium de Lapide.*

TOME QUATRIÈME

99. * RAYMUNDI LULLII *Pratica.*
100. IDEM, *Compendium Arte transmutationis ad Rupertum regem.*
101. * ARTEFII *Clavis Majoris Sapientiæ.*
102. *Heliæ artistæ nova disquisitio.*
103. HIERONYMI ZANETI *Conclusio et Comprobatio alchimiæ.*
104. *Versus aliquot de Lapide.*
105. NICOLAI NIGRI HAPELII *Cheiragogia de Auro Philosophico.*
106. *Carmen Apollineum Helianum.*
107. WINCESLAUS LÆVINUS MORAVUS *de Cœlo terrestri.*
108. NIC. NIGRI HAPPELII *Disquisitio Heliana.*
109. IDEM, *Aphorismi Basiliani sive Canones Hermetici.*
110. AND. BRENTZII *collectio 17 Processuum.*
111. GASTO CLAVEUS, *Dulco de Triplici præparatione Auri.*
112. IDEM, *de Ratione progignendi Lapidem.*
113. * SENDIVOGII *vel* COSMOPOLITÆ *aut divi* LESCI *genus amo, Tractatus XII.*
114. IDEM, *Ænigma Philosophicum.*
115. * IDEM, *Dialogus Mercurii alchimistæ et naturæ.*
116. *Aurelia Occulta Philosophorum duabus partibus.*
117. * ARNOLDI DE VILLANOVA, *Speculum alchimiæ.*
118. * IDEM, *Carmen.*
119. IDEM, *Quæstiones ad Bonifacium VIII.*
120. ANONYMI *Arcanum philosophicum.*
121. *XXII Propositiones de Veritate Artis.*
122. JOAN. DE LASNIORO, *de Lapide Philosophico.*
123. JOAN. TRITHEMII *Tractatus Chimicus.*
124. * HERMETIS TRISMEGISTII *Tractatus Aureus.*
125. IDEM. *Ab anonymo illustratus.*
126. DAVIDIS LAGNEI *Harmonia chemicorum.*
127. *Epitaphium chimicum.*
128. ANONYMI *Arcanum Philosophicum versibus.*
129. ALBERTI MAGNI *Concordantia Philosophorum de Lapide.*
130. IDEM, *Compositum de compositis.*
131. IDEM, *Liber Octo capitum de Philosophorum Lapide.*
132. * AVICENNÆ *Epistola de re recta.*
133. * IDEM, *Declaratio Lapidis, filio suo.*
134. * IDEM, *De Congelatione Lapidum.*
135. GUILLELMI TICINENSIS, *Lilium de Spinis.*
136. M. ORTHOLANI *Practica alchimiæ probata.* Parisiis, An. 1358.
137. *Lumen Juvenis experti.*
138. M. VALENTINI *Opus præclarum ad utrumque.*
139. INCERTI, *Tractatus.*
140. IDEM, *Opus ad album.*
141. THOMÆ DE AQUINO, *Lilium benedictum.*
142. ANONYMI *Tractatus duo.*
143. *Opus* PETRI DE SILENTO.
144. ANONYMI *Tractatus ad album et rubrum*
145. PAULI ECK DE SULTZBACH, *Clavis Philosophorum.*

TOME CINQUIÈME

146. * *Turba Philosophorum ex antiquo manuscripto.*
147. * *In turbam anonymi sermo.*
148. * *Allegoriæ sapientum et distinctiones* 129. *In Turbam.*
149. * MICRERIS *Tractatus alchimicus, suo Discipulo.*
150. PLATONIS *Liber quatuor cum commento Hamech.*
151. * KALID *Regis Liber trium verbarum.*
152. SENIORIS ZADITH, *Tabula chimica.*
153. GUILLEL. MENENS, *Aureum Vellus Libris III.*
154. * ANONYMI *Concilium conjugii, seu de Massa Solis et Lunæ.*
155. *Petri Boni Lombardi Margarita Pretiosissima.*
156. MICHEL SCOTUS, *de Natura Solis et Lunæ.*

157. LUCÆ RHODARGIRI *Pisces Zodiaci, sive de Solutione philosophica.*

158. IDEM, *Ænigma Versibus.*

159. ALFONSI *Regis Castellæ Clavis sapientiæ.*

160. ARISTOTELES, *de Lapide ad Alexandrum Magnum.*

161. MONACHII BENEDICTINI *ad Hermannum Coloniensem Archiepiscop., de Lapide Epistola.*

162. *Theoria artis alchimiæ secundum Platonem.*

163. *Via vera Lapidis.*

164. *Testamentum* ARNOLDI DE VILLANOVA.

165. GEORGIUS PHÆDRO *de Hermaphrodito.*

166. THOMAS AQUINAS *de Essentia mineralium.*

167. CORNELIUS ALVETANUS *de Lapide Philosophico.*

168. ANONYMI *Animadversiones chimicæ quatuor.*

169. * ROGERIUS BACHO, *de Secretis Operibus Artis et naturæ.*

170. CHRISTOPHORUS HORNIUS, *de Auro Medico.*

TOME SIXIÈME

171. BLASIUS VIGENERUS, *de Igne et Sale.*

172. JOAN. COLLESSON, *Idea Philosophiæ Hermeticæ.*

173. ANONYMI *Instructio de Arbore Solari.*

174. CHRISTOPHORI PARISIENSIS, *Elucidarium artis Transmutatoriæ.*

175. DE LA BROSSE, *de Compositione Sulphuris et Menstrui vegetabilis, seu de Auro potabili.*

176. * JOAN. GROSSEI *Arcana Arcani, de naturæ mysteriis.*

177. IDEM, *Consensus Philosophorum.*

178. IDEM, *Lilium inter spinas.*

179. IDEM, *Praxis auctoris.*

180. IDEM, *Figura Cabalistica.*

181. IDEM, *Physica naturalis.*

182. ANONYMUS, *de Auro potabili.*

183. *Responsio Frat. Roseæ Crucis.*

184. * ORTHELII *Comentar. in Novum Lumen chimicum Sendivogii.*

185. GUILLEL. TROGNIANI *Scripta de Lapide.*

186. ANDRÆ BLAVEN *de Auro potabili Epistola.*

187. ORTHELLII *Discursus de præcedenti Epistola.*

188. ANONYMUS, *de Principiis Artis Hermeticæ.*

189. *Excerpta ex Libro Aromatici... Philosophorum Plinii.*

190. *Excerpta ex interlocutione* MARIÆ *et* AARON.

191. ORTHELLII *Interpretatio Verborum* MARIÆ.

192. JOAN. PONTANI *Epistola de Lapide.*

193. ORTHELII *Commentarium Epistolam Pontani.*

194. HAYMONIS *Epistola de lapidibus Philosophicis.*

195. CORNELII ALVETANI *Epistola de Lapide.*

196. *Astronomia inferior.*

197. *Rithmi de Lapide.*

198. *Concordantia gloriæ Mundi.*

199. *Opus singulare ex Theophrasto redivivo* PEZZELLI.

200. *Sententiæ ex Duello Equestri Mercurii, Solis et Martis.*

201. * ANONYMI, *Disciputi Grassæi, Mysterium occultum naturæ.*

202. ANONYMI, *Discipuli Guidonis de Monte, Tractatulus de Adrop.*

203. *Calcinatio Metallorum.*

204. *De Ovo Philosophorum.*

205. ISAAC HOLLANDUS, *de Spiritu Urinæ.*

206. JOAN. CHARTIERI *de Plombo sacro seu antimonio.*

207. JOAN. POLEMANNI *Novum Lumen de Mysterio Sulphuris.*

208. SOLINI SALZTAL *de Medicina universali, seu Lapide Philosophico.*

209. *Tabula Smaragdina Hermetis.*

210. HENRICUS DE ROCHAS, *de Observationibus novis, aquis mineralibus et Spiritu universali.*

Cette collection contient d'excellents traités mais aussi des œuvres de peu de valeur.

FIN DU *Theatrum chimicum*

SUITE DES ANONYMES

108. *Tombeau de la pauvreté.* In-12, Francofurti, 1672. (Voy. TOLLI.)

109. *Tractaculus de Adrop, Discipuli Guidonis de Monte.* (Voy. ci-dessus THEATRUM CHIMICUM, n° 202.)

110. *Tractatus duodecim e naturæ fonte et manuali experientiâ de prompti* (*de Lapide Philosophico*). In-8, Francofurti, 1611.

111. *Trésor de l'Univers* (Le), attribué à Raymond Lulle. Manuscrit de la Bibliothèque de l'Arsenal, Sc. et A., n° 159.

112. *Trinum Magicum, seu Opus secretorum.* In-12, Francofurti, 1680 et 1672; Argentorati,

(texte allemand). Ces trois traités sont de : VINCENT KOFFSKI (voy. ce nom), ALPHIDIUS, RAYMOND LULLE (*la Clef de*).

113. *Trinum chimicum secundum.* In-8, Argentorati, 1700 (allemand).

114. *Trinum Epistolarum chimicorum.* In-8, Hamburgi, 1673.

115. *Trois traités de la philosophie naturelle.* In-8, Paris, 1618. (Artephius, N. Flamel et Synesius. (Voy. ARNAUD DE LA CHEVALLERIE.)

116. *Vérité* (La) *sortant du puits hermétique.* 1 vol., in-12, Londres, 1753.

FIN DES ANONYMES

117. ANRACH ou AURACH (Georgius). *De Lapide philosophorum qui de antimonio minerali conficitur.* In-8, Basilæ, 1686. C'est l'auteur de *Hortus divitiarum.*

118. ANTARVETI (Johannis) *Apologia pro judicio Scholæ Pariensis de alchymia ad Harvetii et Baucyneti recoctam cramben.* In-8, Parisiis, 1604; in-12, Francofurti, 1604.

119. *Animadversiones in Johan. Antarveti Apologiam de alchimia.* In-8, Francofurti, 1604.

120. *Antimonio* (L'), *cioe trattato delle vertù dell' Antimonio commune, e particolarmente dell' antimonio che si raffina hoggidi.* In-8, Torino, 1628.

121. ANTONIUS. *Apologia Veritatis illucescentis, pro auro potabili, seu essentia auri ad Medicinalem potabilitatem reducti a Franc. Antonio Philosopho et Medicinæ doctore anglo.* In-4, Londini, 1616. Il existe une édition anglaise.

122. FRANC. ANTONII *Londinensis Panacœa aurea.* In-8, Hamburgi, 1508 et 1618.

123. *De Lapide Philosophico; in Decade. Harmoniæ chimico Philosophiæ* JOHN. RHENANI. In-8, Francofurti, 1625.

124. *Assertio medicinæ chimicæ et veri potabilis auri.* In-8, Cantabrigiæ, 1610.

125. *Antrum naturæ et artis Reclusum.* In-8, Norimbergæ, 1710. (Texte allemand.)

126. *Aphorismes chimiques.* (Voy. ANONYMES, n° 49.)

127. *Apocalypses.* (Voy. ANONYMES, n° 46.)

128. *Apologie.* (Voy. ANONYMES, n° 47.)

129. *Aquarium sapientum.* (Voy. ANONYMES, *Hydrolithus sophicus in* MUSEUM HERMETICUM, n° 95, § III.)

130. *Aqua aurea. In* COLLECTION de différents auteurs imprimés de la chimie hermétique. (Voy. COLLECTIONS.)

131. ARAS (G.). *Enchiridion Hermetico-medicum.* In-12, Venetiis, 1666.

132. *Arbre ou abrégé des mystères*, etc. (Voy. ANONYMES, n° 48.)

133. ARCHELAUS, *Archelai Philosophi carmen Jamblicum de eodem argumento* (*Ars sacra*). Manuscrit grec écrit dans l'île de Crète l'an 1486.

Il existe du même : 1° *de Arte sacra;* 2° *de Arte chimica* (322 vers) ; 3° *de Arte sacrâ et divinâ* (en vers). Le même auteur figure aussi dans la *Varia chymica* de la Bibliohèque de Leyde avec *Ostanès*, *Démocrite*, *Cléopâtre*, *Porphyre* et autres, qui comportent *in fine* un glossaire grec des termes de chimie du XVe siècle. Ce manuscrit est indiqué dans le *Catalogus Bibliothecæ publicæ Lugduno Batavæ*, p. 397. In-fol., Lugduni Batavorum, 1716. (Voy. OSTANÈS, DÉMOCRITE, CLÉOPATRE, PORPHYRE, etc.)

133 *bis.* ARCHELAUS. *Archelai Philosophi carmen Jamblicum de eodem argumento.* Manuscrit latin écrit dans l'île de Crète l'an 1486, contient :

a. *De Arte sacra ;*

b. *De Arte chimicâ*, 322 vers ;

c. *De Arte sacra et divina*, également en vers.

134. ARÉTINUS (Andre Cæs.). *De Metallicis libri tres.* P. in-4, 1602, Noribergæ, C. Agricola.

135. ARISLÆI *De Lapide philosophico, in formam Dialogi opus ; cum Denario medico Penoti.* In-8, Bernæ, 1608.

136. ARISTOTELES, *de Perfecto magisterio. In* COLLECTION de divers auteurs hermétiques éd. de Nuremberg, in-4, 1511, dans le tome III du *Theatrum chimicum* et dans la Bibliothèque Manget, *Liber secundus sectio tertia*, § 3, même paragraphe du même :

137. *Tractatulus de practica Lapidis Philosophi.* Les deux numéros précédents sont également imprimés dans le *Recueil* de Gratarole de 1561 et 1572 ; ils ne sont pas l'œuvre du fameux Aristote, le précepteur d'Alexandre, mais d'Aristote, disciple d'Avicenne.

138. ARLENSIS (Petri) *de Scadalupis, Sympathia septem metallorum, ac septem Selectorum lapidum ad Planetas.* In-8, Paris, 1610.

ARISTÉ, ARISTÆUS. (Voy. ÆNIGMATA, n° 6.)

138 *bis.* ARNAUD DE LA CHEVALLERIE a traduit sous le titre de : *Trois traités de la philosophie*

naturelle des traités d'Artéphius, de Nicol. Flamel et de Synésius. In-8, Paris, 1618.

139. ARNAUD DE VILLENEUVE, *Perfectum magisterium; Lumen Luminum; Flos Florum; Practica, in* tome troisième du *Theatrum chimicum, Speculum alchimiæ; ibidem*, tome quatrième.

140. ARNOLDUS DE VILLANOVA, *Medicus, qui Lullium artem convertendi metallæ edocuit ex Lacinio, cujus vita a Simphor. Campegio concinnata extat. cum operibus Arnaldi Villanovani omnibus.* Infol. Lugduni, 1520 et 1532; Basileæ, 1585; Argentinæ, 1613.

141. *Rosarium Philosophorum.*

142. *Tractatus de Lapide Philosophorum.*

143. *Novum lumem.*

144. *Flos florum, gaudium completum seu Tractatus perfecti Magisterii.*

145. *Epistola ad Regem Neapolitanum et Electuarium quoddam.*

146. *Carmen.*

147. *Practica, seu Breviarium ad quendam papam.*

148. *Quæstiones essentiales ad Bonifacium.*

149. *Quæstiones accidentales.*

150. *Rosarium Petri Villanovani, Fratis Arnaldi.*

151. ARTEFIUS et ARTEPHIUS. *Philosophie naturelle de trois anciens philosophes Artephius, Flamel et Synesius*, traitant de l'art occulte et de la transmutation métallique, avec un petit *Traité du Mercure* de Ripleus. In-4, Paris, 1682 — Il existe de nombreuses éditions, celle-ci est la meilleure.

152. DU MÊME. *Secret Livre de l'art occulte et transformation métallique, imprimé avec les hiéroglyphes de Nicolas Flamel.* In-4 et in-8, 1609. — C'est le même ouvrage que le précédent. Il existe aussi une édition de 1659.

153. DU MÊME. *Clavis Majoris Sapientiæ*, dans le *Theatrum chimicum.* In-8, Paris, 1609.

154. DU MÊME. *De Vita proroganda, aitque se anno* 1025 (*sic*) *ætatis suæ scripsisse librum suum.*

155. DU MÊME. *La Clef majeure de Sapience et Science des secrets de la nature.* In-8, s. d. et sans lieu d'impression.

156. ARTEFII *Arabis Liber secretus.* In-12, Francofurti, 1785, et dans *Theatrum chimicum*, tome IV.

157. ARTOCOPHINUS, *Synthesis Physico-Chimico Medica.* In-4, Hanoviæ, 1621.

158. HENRICI ARTOCOPHINI *Prodromus Mysterium naturæ Mysteriosissi morum, et Aurora Medicinæ Universalis consurgens.* In-4, Stetini, 1620.

159. ASHMOLE, *Theatrum chimicum Britanni. cum per. Eliam Ashmole.* In-4, Londini, 1754. (Texte anglais.)

Ce *Theatrum* est un recueil de poèmes anglais sur la pierre philosophale. — Dans les grandes bibliothèques de l'Angleterre il existe de nombreux manuscrits d'Ashmole.

160. ATHENAGORAS, *Du Vrai et parfait amour.* In-12, Paris, Michel Sonnius, 1599, et in-12, Paris, 1612. — Dans ce roman, il y a un chapitre qui fournit les moyens *d'arriver au but secret de la pierre philosophique.*

161. AUBERT (JACOBUS-AUBERTUS), *Epistola conviciatoria de metallorum ortu et causis contra chimistas.* In-8, Lugduni, 1575.

162. DU MÊME. *Apologeticæ duæ responsiones ad quercetanum, ubi alchimiam esse vanam ostenditur.* In-8, Lugduni, 1676. — Ces deux ouvrages sont des critiques de l'alchimie.

163. D'AUBRY (Jean) de Montpellier. — *Le Triomphe de l'Archée et la Merveille du monde ou la Médecine universelle et véritable pour toute sorte de maladies les plus déscspérées, qu'elle guérit par les sueurs et les transpirations insensibles en rafraîchissant sans aucune incommodité ni vomissement et sans aide de l'art magique, comme l'on s'était persuadé. Nouvellement découverte.* — Dédié à la Reine des des Anges. Paris, 1668, in-4, 5e édition.

164. DU MÊME. *Epistola de quinta Essentia, aliisque remediis, hactenus incognitis.* In-4, Argentorati, s. d.

Aubry était abbé, prêtre et médecin.

165. AUGURELLE (AURELIUS AUGURELLUS ARIMINENSIS), *De Chrisopoeia, Carminum libris III, in Theatro chimico et cum Brachesco.* In-8, Antwerpiæ, Plantin, 1582, *et alibi ut cum cosmopolitano*, etc.

166. Le même ouvrage en français avec ce titre : *Facture de l'Or.* In-32, Lyon, 1548.

167. Autre édition française en vers, avec les sept chapitres d'Hermès. In-8, Paris, 1626. — Augurelle, bien que mort pauvre, savait opérer la transmutation.

On prétend que, lorsqu'il présenta son livre à Léon X, ce pape, pour le récompenser, ne crut pas devoir lui offrir plus qu'une bourse pour y mettre l'or qu'il savait faire.

168. AVICENNE, *de Tinctura Metallorum*. In-4, Francofurti, 1530.

169. DU MÊME, *Porta Elementorum*. In-8, Basileæ, 1572.

170. DU MÊME, *Epistola ad regem Hasen, de re recta; et Lapidis Philosophici declaratio filio suo Alboali*. Dans le *Theatrum chimicum*, tome IV.

171. DU MÊME, *De Congelatione et conglutinatione Lapidum*.

Dans le GEBER, éd. de Dantzick de 1682, se trouve imprimé le *De Mineralibus* d'AVICENNE.

171 *bis*. AVICENNA et GEBER, *Artis chimiæ principes, quorum alter nunquam hactenus, alter vero figuris auctus prodit*. In-8, Basileæ, 1572. — On préfère à cette édition celle de Dantzick, de 1682.

172. BACCERI (Jean), *Thesaurus chimicus Experimentorum certissimorum, fide justi Reneceri*. In-8, Lipsiæ, 1609 ; in-12, Francofurti, 1620.

173. BACCIUS. *And. Bacci Disputatio de generatione auri in locis subterraneis*, avec son traité : *de Gemmis et Lapidibus*. In-8, Francofurti, 1643.

174. BACHOU (Jean), *La Philosophie naturelle rétablie en sa pureté, où l'on voit à découvert toute l'économie de la nature, et où se manifestent quantité d'erreurs de la philosophie ancienne, estant rédigé par canons et démonstrations certaines; avec le Traité de l'ouvrage secret de la Philosophie d'Hermez qui enseigne la matière de façon à faire la pierre philosophale*. Traduit du latin de d'Espagnet. — Cet ouvrage est très estimé des adeptes et la traduction très recherchée. In-12, Paris, 1651.

175. BACON (Roger), *Sanioris medicinæ magistri Rogerii Baconis Angli, de Arte chimiæ scripta, cum opusculis ejusdem authoris*. In-8, Francofurti, 1603.

176. DU MÊME, *Thesaurus chimicus*. In-8, Francofurti, 1603 et 1620. — Cet ouvrage contient les traités suivants : *Liber de utilitate scientiarum ; Alchimia major ; Breviarium de Dono Dei ; Verbum albreviatum, de leone viridi ; Secretum secretorum ; Tractatus trium ; Speculum verbarum ; Speculum secretorum.*

177. DU MÊME, *Epistola de secretis operibus Artis et naturæ, ac nullitate Magiæ, cum notis*. In-8, Hamburgi, 1598, 1608, 1618, et *in Theatro chimico*, tome I.

178. DU MÊME, *De l'Admirable Puissance de l'Art de la Nature, où il est traité de la pierre philosophale*, traduit par Jacques Girard de Tournus. In-8, Lyon, 1557; in-8, Paris, Billaine, 1629.

179. DU MÊME. *De Tinctura, seu oleo stibii, in curru triumphali Antimonii, cum notis P. Fabri, medici Castrinovidariensis*. In-8, Tolosæ, *apud* Bosc, 1646.

180. DU MÊME, *Speculum alchimiæ, septem capitibus*. In-4, Norimbergæ, 1614, et dans le *Théâtre chimique*, tome II.

181. DU MÊME. *Le Miroir d'Alchimie*. In-12, Lyon, 1557.

182. Édition contenant aussi le *Calid* et le *Vademecum* de Raymond Lulle. In-8, Paris, Sevestre, 1612, et in-8, Paris, Hulpeau, 1627.

183. BAILLIF (R. Le). *Conformité de l'ancienne médecine d'Hippocrate à Paracelse*. In-8, Rennes, 1592.

184. DU MÊME. *Le Demosterion*. In-4, Rennes, 1578.

185. BAIRO (Petro). *Secreti Medecinali*. In-8, Venetia, 1592.

186. BALBIAN ALOSTANUS (Justus). *De Lapide Philosophico Tractatus septem*. In 8, Lugduni Batavorum, Raphelingius, 1599.

187. BALBIANO FIAMINGO. *Specchio chimico*, traduit du latin par Giusto. In-8, Roma, 1624.

188. BALDUINUS (Christ. Adolf.). *Phosphorus Hermeticus, sive Magnes luminaris*. In-12, Lipsiæ, 1674.

189. DU MÊME. *Hermes curiosus*. In-12, Lipsiæ, 1680.

190. DU MÊME. *Hermes curiosus, sive inventa et experimenta Physico-chimica nova*. In-12, 1680 et 1682, sans nom de lieu ni d'imprimeur.

191. DU MÊME. *De Auro auræ et ipsum hoc aurum auræ*. In-12, 1674.

192. DU MÊME. *Epistola viri cujusdam doctissimi, continens judicium de « Auro auræ. »* In-4, Lispsiæ, 1676.

193. DU MÊME. *De Regerminatione argenti, novo artificio inventa*, inséré *in Miscellaneis curiosis, sive Ephemeridibus medico Physicis Germaniæ annis*, 4 et 5. In-4, Lipsiæ, 1676.

194. DU MÊME. *Venus aurea, in forma chrysocallæ fossilis, cum fulmine cœlitus delapsa*

prope Haynam, die 28 Maii 1677. In-12, Haynæ, 1677, et *in Miscellanea curiosa.* In-4, Lipsiæ, 1678.

195. Balfour Stewart Tait. *L'Univers invisible; Études physiques sur un état futur.* Gr. in-8, Paris, 1883.

196. Barba. *Arte de los Metales, enque se enseña el verdadero beneficio de los de auro y plata, per acoque el mode de fondir los todos y como se han de Resiñar,* per Alboro-Alfonso Barba. In-4, Madrid, 1640. — Cette édition contient le Traité suivant:

196 *bis. Trattado de las antiquas minas de España,* de Diego Davila Croy, marquès de Casa-Sosa.

197. Barchusen (Johan Conrad). *Pyrosophia succincte Iatrochimiam rem metallicam et chrysopeiam pervestigans.* In-4, Lugduni Batavorum, 1698. La seconde et la troisième partie de cet ouvrage concernent la métallique et l'hermétique.

198. Du Même. *Acromata, in quibus complura ad Iatrochemiam atque Physicam spectantia, jucundâ rerum varietate explicantur.* In-8. *Trajecti ad Rhenum,* 1710.

199. Du Même. — *Compendium ratiocini chimici.* In-8, Lugduni Batavorum, 1712.

200. Barent-Coenders van Helpen. *Thrésor de la Philosophie des anciens, où l'on conduit le lecteur par degrés à la connaissance de tous les métaux et les minéraux, de la manière de les travailler et de s'en servir pour arriver enfin à la perfection du Grand-Œuvre* (mis en lumière par). Cologne, in-fol., 5 pl., 3 grav., 1693.

201. Barlet (Annibal). *Ars Dei, vel theotechnia ergocosmica.* In-4, Parisiis, 1653.

202. Du Même. *Le Cours de Physique résolutive ou chimie représentée par des figures pour connaître la théotechnie ergocosmique ou l'art de Dieu en l'ouvrage de l'Univers.* In-4, Paris, 1657.

Le livre suivant est un abrégé de celui-ci.

203. *Abrégé des choses plus nécessaires au cours de la chimie ou physique résolutive, extrait de la Théotechnie ergocosmique ; c'est-à-dire l'art de Dieu en l'ouvrage de l'Univers.* In-12, Paris, sans date.

204. Barnaudus (Nicolas). *Triga chimica, seu de Lapide philosoph. tractatus tres.* In-8, Lugd. Batav., Rapheling., 1600.

205. Du Même. *Quadriga Aurifera.* In-8, Lugd. Batav., 1599. Ce sont quatre traités de divers auteurs sur la science hermétique.

206. Du Même. *Epistola de Occulta Philosophia cujusdam patris ad filium.* In-8, Lugd. Batav., 1601, et *in Theatro chimico.*

207. Du Même. *Theosophiæ palmarium, tractatulus chimicus anonymi cujusdam philosophi antiqui.* In-8, Lugduni Batavorum, *apud Rapheling,* 1601.

208. Du Même. *Brevis elucidatio arcani Philosophorum.* In-8, Lugduni Batavorum, 1599.

Barnardus (Voy. Bernardus).

209. Barnerus (Jacobus). *Jacobi Barneri Chimica Philosophica perfecte delineata.* In-8, Norimbergæ, 1689.

210. Bartoleti (Fabricii). *Encyclopædia Hermetico-Medica.* In-4, Bononiæ, 1619.

Basile Valentin. (Voy. Valentin.)

211. Batailhes (Jean). *La Grande et Admirable Préparation de l'or et de l'argent potables.* In-8, Toulouse, 1693.

212. Baven (André de). *Epistola ad Matthiolum, de multiplici auri potabilis parandi ratione.* Au livre IV des *Lettres de Matthiole,* fol. 175; *Operum Matthioli.* In-fol., Basileæ, 1674.

213. *Beani et alphabetarii Herman. Schlern, alias Scholastici castigatio, contra asininas oppositas solutiones Conr. Schulero authore ipso Donato redivivo.* In-8, Coloniæ, *apud* Rinocer., 1613.

214. Beatus. *Azoth, seu Aureliæ occultæ Philosophorum, materiam primam et decantatum illum lapidem Philosophorum, filiis Hermetis solide explicantes M. Georgio Beato, Fr. interprete:* In-8, Francofurti, 1613.

215. Beausoleil (Baron de). *De Sulfure Philosophorum libellus.* In-8, s. d.

216. Du Même. *Diovismus de materia lapidis.* In-8, Acquis Sextiis, 1627.

217. Becher. *Joh. Joachimi Becheri Phisica subterranea.* In-8, Francofurti, 1668; in-8, 1689, fort vol. de 810 pages. Ces deux éditions sont assez rares, mais le volume suivant l'est beaucoup plus encore.

218. Du Même. *Experimentum chimicum novum, quo artificialis et instantanea metallorum generatio et transmutatio ad occulum demonstratur.* In-8, Francofurti, 1671.

219. Du Même. *Physica subterranea cum specimine Sthalii.* In-8, Lipsiæ, 1702, 1703 et 1738,

2 vol. in-8. — Il y a de nombreuses éditions de ce livre célèbre ; mais l'une des meilleures est celle de Staal, bien que cet éditeur ait omis dans son édition le traité de Becher intitulé : *De Mercurificatione.*

220. Du Même. *Armamentarium supellectile chimicum.* — C'est le plan d'un laboratoire chimique portatif.

221. Du Même. *Institutiones chimicæ, seu Manuductio ad Philosophiam Hermeticam.* In-4, Moguntiæ, 1662; in-12, Amstelodami, 1664.

222. Du Même. *Œdipus chimicus aperiens mysteria obscuriorum chimicorum.* In-12, Francofurti, 1664, 1705, 1716 ; et in-12, Amstelodami, 1665.

223. Du Même. *Laboratorium chimicum.* In-8, Francofurti, 1680.

224. Du Même. *Concordantia magna.* In-4. (Texte allemand.)

225. Du Même. *Urna sortis fortuitæ chymica, seu Concordantia chymica et collectio major* 1500 *Processuum chimicorum.* In-4, Francofurti 1684. (Texte allemand.)

226. Du Même. *Chymicum novum.* In-8, Francofurti, 1671.

227. Du Même. *Tripus Hermeticus fatidicus pandens Oracula chimica.* In-8, Francofurti 1689.

228. Du Même. *Mineralogia.* In-8, Francofurti. (Allemand.)

229. Du Même. *Experimentum de minera, arenaria perpetua.* In-8, Francofurti, 1680.

230. Du Même. *Opuscula chimica rariora.* In-8, Norimbergæ, 1719.

231. Du Même, Lancelotti et autres. *Epistolæ quatuor chimicæ.* In-4, Amstelodami et Hamburgi, 1673.

232. Becker. *Danielis Bekeri Dantiscani, Microcosmus seu Pharmacopœa Spagyrica Microcosmi.* In-4, Lugd. Batavorum, 1633 et 1638; in-8, Rostochii, 1622 ; in-8, Londres, 1660.

233. Du Même. *Le Médecin de soi-même.* C'est la traduction française du précédent ouvrage.

234. Belias (Joannis). *Tractatulus novus.* Dans le *Recueil* in-8, de Geismariæ, 1647.

Belin (Albert). Voy. Anonymes, n° 63, *Avantures du Philosophe, etc.*

235. Benedictus. *Nucleus Sophicus, seu Explanatio in tincturam Physicorum Theophrasti Paracelsi et Tractatus brevis de lapide Philosophico.* In 8, Francofurti, Lucas Jennis, 1623. *Commentaire sur la teinture de Paracelse.*

236. Benzelius (Laurent). *De Re metallicâ Suevo-Gothorum...*

237. Benzius. *Lapis Philosophorum, seu medicina universalis.* In-8, Francofurti, 1714.

238. Du Même. *Thesaurus processuum chimicorum germanicè et latinè.* In-4, Nuremberg, 1715.

239. Berge. *Catalogus medicamentorum spagiricè præparatum.* In-4, 1607. Sans lieu d'impression. Il existe une édition en allemand.

240. Du Même. *Gallicè sub titulo : Opuscule de philosophie...*

241. Berlichius. *De Medecina universali Dissertatio.* In-4, Ienæ, 1679.

242. Bernard Trévisan. *Bernardi Comitis, Liber de chimia,* traduit du français en latin par Combachius. In-12, Geismariæ, 1647.

243. Du Même. *Opus de chimia.* In-8, Argentorati, 1567.

244. Du Même. *Traité de la nature de l'œuf des Philosophes.* In-12, Paris, 1659.

245. Du Même. *Epistola qua respondet Thomæ de Bononia, medico Regio,* en latin et en français. In-4...

246. *La Tourbe des philosophes et la parole délaissée.* Il existe de nombreuses éditions de ces œuvres ; l'une d'elles est suivie de deux traités de Drebbel ; voy. Drebellius.

247. Du Même. *Trois traités : sçavoir la Tourbe des Philosophes ; La Parole délaissée et les Douze portes d'Alchimie, autres que celles de Riplœus.* In-8, Paris, 1618, et in-12, 1672.

248. Du Même. *Opus historicum et dogmaticum de chimia,* traduit du français en latin. In-8, Ursellis, 1598 ; et in-8, Francofurti, 1625.

249. Du Même. *De Chimico Miraculo, quod lapidem Philosophiæ appellant.* In-8, Basileæ, 1583 et 1600. Dans ces éditions se trouvent : *La Parole délaissée* (*Verbum Dimissum*) et *la Tourbe des Philosophes* (*Turba philosophorum*). Ces mêmes ouvrages se trouvent aussi dans le *Theatrum Chimicum.*

250. Bernardus Trevisanus, Redivivus. Francofurti, 1625.

251. Béroalde de Verville (Philippe-Franç.). *Histoire de trois princes fortunés.* 2 vol. in-8 et in-12, Paris, 1610. — Dans cette histoire, l'auteur déguise les matières sous des anagrammes comme celles-ci : qui-mêlée, pour alquemie ; mexifurerec, pour mercure fixe, etc.

252. Du même. *Appréhensions spirituelles.* In-12, Paris, 1584.

253. Du même. *Le Palais des Curieux.* In-12, Paris, 1612.

254. Berthelot. *Les Origines de l'Alchimie.* 1 vol. gr. in-8, Paris, 1885.

255. Du même. *Collection des anciens alchimistes grecs.* 4 vol. gr. in-8, Paris, Steinhel, 1887.

256. Bertemau (Martine). *Dame de Beausoleil, Restitution de Pluton.* In-8, Paris, 1640.

257. Bézard. *J.-B. Bezardi Vesontini Antrum Philosophicum, arcana chimica et de Lapide physico.* In-4, Augustæ Vindilicorum, 1617.

258. Beslerus (Michael-Rupertus). *Gazophilacium rerum naturalium e regno vegetabili animali et minerali, cum figuris.* In-fol., Lipsiæ et Francofurti, 1716.

259. Beuther (David), alchimiste qui vivait vers 1575 à 1580. *Universale et Particularia.* In-8, Hamburg, 1718.

Bibliothèque des philosophes chimiques.
(Voy. Collections.)

260. Bicker (J.). *Hermes redivivus.* In-8, Hanoviæ, 1620.

261. Billikius (Anton.-Gunther). *De tribus chimicorum principiis et quinta-essentia.* In-8, Bremæ, 1621.

262. Du même. *Deliria chimica, Laurenbergio.* In-8, Bremæ, 1625.

263. Du même. *Assertionum chimicarum Sylloge, opposita Petro Laurenbergio.* In-8, Helmestadii, 1624.

264. Du même. *Thessalus redivivus.* In-8, Francofurti, 1640; in-4, *ibidem*, 1643.

265. Du même. *De natura et constitutione spagirices emendatæ exercitatio.* In-4, Helmestadii, 1623.

266. Du même. *Observationes et Paradoxa chimiatrica.* In-4, Lugduni Batavorum, 1631.

267. Birellus. *Alchimia di Giov. Battista Birelli.* In-4, Firenze, 1602 et 1661.

268. Birrius (Martinus), *Tres tractatus de metallorum transmutatione ; quorum :*

I. *Agit de metallorum metamorphosis ;*

II. *Inscribitur brevis manuductio ad Rubinum cœlestem ;*

III. *Fons chimicæ veritatis.*

Adjunctata est appendix medicamentorum antipodagricorum. In-8, Amstelodami, 1668.

On attribue ces traités au Philalethe.

269. Blawenstein (Salomon de). *Interpellatio brevis ad Philosophos veritatis, tam amatores quam scrutatores pro Lapide philosophorum, contra P. Athanasium Kircherum Jesuitani.* In-4, Viennæ, 1667.

Ce réquisitoire contre le célèbre Jésuite a été réimprimé dans la Bibliothèque de Manget.

270. Bodenstein (Adamus à). Cet auteur est le fils du célèbre réformateur André Carlostad. Adam, né en 1528 et mort en 1577, était disciple de Paracelse. — *De Lapide Philosophorum, inter opera varia ejusdem auctoris.* In-fol., Basileæ, 1581.

271. Bodin (Jean). *Universæ naturæ Theatrum.* In-12, Hanoviæ, 1605.

272. Boehrave. *De chimia suos errores expurgante.* In-4, Lugduni Batavorum, 1718. — Boehraave est le célèbre professeur de Leyde, fondateur de l'enseignement clinique; né en 1668, il est mort en 1738. Il a fait insérer dans les *Mémoires de l'Académie royale des sciences*, année 1734, p. 55 et 539, un mémoire sur le mercure qui a été également imprimé dans les *Transactions philosophiques* de Londres (année 1733, n° 430, article 1er) et dans lequel il donne tous ses titres; les voici : *Expériences sur le Mercure*, par M. Hermann Boerrhave, maître ès arts, docteur en philosophie et en médecine, professeur en l'Université de Leyde, président du collège de chirurgie de la Société royale de Londres et de l'Académie royale des Sciences de Paris. On remarquera que l'orthographe de son nom est variable.

273. Bohem (Jacob). *Miroir temporel de l'éternité.* In-8, Francofurti, 1669. (Traduit de l'allemand.)

274. Du même. *Metallurgia.* In-12, Amsterdam, 1695. (Allemand.)

275. Du même. *Theosophia revelata.* 2 vol. in-4, Amsterdam, s. d. — Cet ouvrage tend à prouver que l'*Ancien* et le *Nouveau Testament* renferment le secret du Grand Œuvre.

276. Bolnest (Édouard). *Aurora chimica.* In-8, Hamburgi, 1673 et 1675.

277. Bonard. *Minera del mondo de Giov. Maria Bonardo.* In-8, in Mantoa, 1591.

278. Bonus. *Introductio in divinam chimiæ artem integram Petri Boni Lombardi.* In-4, Basileæ, 1572. — Même ouvrage que celui du numéro suivant.

279. Mag. Petri Boni Lombardi, Ferrariensis *Margarita Novella et ad alchimiam introductio.* In-8, Basileæ, 1572 et Argentorati, 1608 ; et dans *Theatrum chimicum*, t. IV, sous ce titre : *Introductio in artem divinam alchimiæ.* Se trouve aussi dans la Bibliothèque Manget.

280. Petri Boni *Margarita pretiosa et introductio in artem chimiæ.* Ante annos 270 composita. In-8, Monsbelgard. apud Foliet, 1602.

281. Du même. *De Secreto omnium secretorum Dei Dono Lib.* In-8, Venetiis, 1546. — C'est la meilleure édition de cet ouvrage.

282. Bonneau (I. D. B. C. Jean de). *De l'Astronomie inférieure et naturelle.* In-4, Paris, par Senleque, 1653.

283. Borde (De la). *Explication de l'énigme trouvée à un pilier de l'église Notre-Dame de Paris.* In-4, Paris, 1636.

284. Borel. *Petri Borelli, Med. Castrensis, Observationes medico physicæ stupendæ, in quibus quœdam chimica sunt.* In-12, Castres, 1653.

285. Borri. *La Chiave del cabinetto del cavaliere Giuseppe Franc. Borri, col favor della quale si ve dono varie lettere scientifiche, chimiche, è curiose etc. Aggiontovi une Relatione della sua vita.* In-12, Colonia (Ginevra), 1681.

286. Borrichius (Olaus). *Olai Borrichii Dissertatio de ortu et progressu chimiæ.* In-4, Hasniæ, 1668.

287. Du même. *Conspectus scriptorum chimicorum celebriorum.* In-4, Hamburgi, 1697. — Ces deux numéros se trouvent dans la Bibliothèque Manget.

288. Du même. *Ægyptiorum et chimicorum Sapientia, ab Hermanni Conringii animadversionibus vindicata.* In-4, Hasniæ, 1674.

289. Du même. *Docimastice metallica clarè et compendiario tradita.* In-4, Hasniæ, 1677 et 1680.

290. Bolduc. *Manière de faire le sublimé corrosif en simplifiant l'opération.* Dans les *Mémoires de l'Académie royale des Sciences*, année 1730, p. 357 et suiv.

291. Boyle (Robert). *Opera omnia philosophica et chimica.* 4 vol. in-4, Genevæ, 1714.

292. Braceschus. *Joan. Braceschi Brixiani de Alchimia Dialogi duo, quorum prior Gebri sensum explicat.* In-4, Lugduni, apud Beringos fratres, 1548, et in-8, Hamburgi, 1673.

Cette dernière édition est moins estimée que celle de Lyon. Il existe une édition in-fol. dans la collection Gratarole de l'an 1561.

293. Brachel (Petrus van). *Instructions contre ceux qui se persuadent de faire l'or potable à l'exclusion de la pierre philosophale.* In-8, Coloniæ, 1607. (En allemand.)

294. Bradley (Richard). *État philosophique du travail de la Nature pour la formation des minéraux, des végétaux et des animaux.* 2 vol. in-fol., Londres, 1721. (Texte anglais.)

294 *bis*. Brandaw (Matheus Erbineus à). *Equitis Bohemi duodecim columnœ naturæ et artis, cum quinque processibus alchimicis.* In-8, Lipsiæ, 1689.

294 *ter*. Du même. *Descriptio medecinæ universalis.* In-8, Lipsiæ, 1689. (Texte allemand.)

295 Brebils (Joan.-Freder.). *Concursus Philosophorum.* In-8, Ienæ, 1726. (Texte allemand.)

296. Brendlius (Zacharias). *De chimia in artis formam redacta, ubi de auro potabili agit.* In-8, Ienæ, 1630 et 1640 ; in-12, Lugduni Batavorum, 1671, et in-4, Francofurti, 1686. — Ces éditions sont toutes les quatre annotées par Rolfincius Guerinus. (Voyez ce nom.)

297. Brentzius Patavinus (Andreas). *Farago Philosophorum ; hoc est varii modi processus et sententiæ philosophorum perveniendi ad Lapidem philosophicum.* In-8, 1606, Ambergæ, 1611 ; et dans *Theatrum chimicum*, sous ce titre : *Variæ philosophorum sententiæ perveniendi ad Lapidem benedictum.*

298. Breton (Le). — *Clefs de la philosophie spagirique.* In-12, Paris, 1726.

Brosse (De la). (Voy. Theatrum chimicum.)

299. Brouhault (J.-D.). *Abrégé de l'Astronomie inférieure*, expliquant le système des planètes et autres constellations du ciel hermétique, avec un essai de l'astronomie naturelle. In-4, Paris, 1644.

300. Brukmann (Fr.-Ernestus). *Magnalia Dei in locis subterraneis.* In-fol. Brunswici, 1727.

301. Burchelatus (Bart.). *Opus, Charitas seu Convivium Dialogicum septem Philosophorum.* In-4, Trevisis, 1603.

302. Burgrave (Joh.-Ernest). *Introductio in vitalem philosophiam et morborum astralium et materialium curatio.* In-4, Francofurti, 1623, et Hanoviæ, 1643.

303. Du même. *Balneum Dianæ, magnetica*

priscorum Philosophorum Clavis. Lugduni Batavorum apud Elzevirium, 1600.

304. Du même. *Biolychnium et cura morborum magnetica, ex Paracelsi Mummia*. In-8, Franckeræ, 1612 et 1629.

305. Du même. *Achilles redivivus*. In-8, Amstelodami, 1612.

306. Du même. *Biolycnium, seu Lampas vitæ et mortis*. In-8, Lugduni, Batavorum, 1610, et in-12, Francofurti, 1630.

307. Du même. *Septimana philosophica*. In-4, Francofurti, 1620.

308. Cabala Chimica. In-8, Hamburgi, 1680.

309. Cælestinus (Claudius). *De his quæ mundo mirabiliter eveniunt cum Bacone de potestate artis et Naturæ*. In-4, 1542.

310. Cæsar (Théophile). *Alchimiæ speculum*. In-8, Francofurti, 1613. (En allemand.)

311. Cæsius (S.-J. Bernard). *Mineralogia, sive naturalis Philosophiæ thesauri, in quibus metallicæ concretiones, medicatorumque fossilium miracula continentur*. In-fol., Lugduni, 1636.

312. *Calcinatio metallorum*, dans *Theatrum chimicum*, tome VI, n° 202.

313. Calid. *Regis liber secretorum sive Lapidis Philosophici Secreta secretorum*. In-8, Francofurti, 1615. — On prétend que ce traité a été traduit de l'hébreu en arabe, puis de cette langue en latin ; il se trouve dans le Recueil de Gratarole de 1561, dans le tome V du *Théâtre chimique*, dans la Bibliothèque de Manget, enfin dans la collection de différents auteurs imprimés de la chimie hermétique, tome Ier, n° 8.

314. Campegius (Menardus). *Epistola de transmutatione metallorum*. In-4, Lugduni, 1583.

315. Canale Bresciano (Florian). *Secreti*. In-8, in Brescià, 1613.

316. Caneparius (Pet.-Maria). *De Atramentis*. In-12, Venetiis, 1619 et 1629.

317. Du même. *De Atramentis cujusque generis*. In-4, Londini, 1660 ; in-4, Rotterodami, 1718.

318. Carenta (Jac.). *De Natura auri arte facti et num fit cordiale Pharmacum*. In-4, Saviliani, 1623.

319. Caravantis Hispani, Practica, dans *Theatrum chimicum*, tome III.

320. Carellis (Vincent de). *De Auri essentia ejusque facultate in medendis morbis*. In-8 de 76 pages. Venetiis, 1646.

321. Carerius Patavinus (Alexander). *Quæstio an metalla artis beneficio permutari possint*. In-4, Patavii, 1579 ; in-8, Basilæ, 1582. — Souvent à la fin de ce volume se trouve imprimé le *Traité de Villestein*, de *Quinta-Essentia*.

322. Casali de Novellara (Stef). *Il de singannò chimico diviso in IX capitoli*. In-12, Venetia, 1685 ; livre assez rare qui ne comporte que 62 pages ; il traite de la génération des métaux.

323. Casi (J.). *Lapis Philosophicus*. In-4, Oxonii, 1599 et 1609.

324. Casius (Andreas). *De Extremo illo et perfectissimo naturæ officio, auro*. In-8, Hamburgi, 1685.

325. Castagne (Gabriel de), était cordelier et aumônier de Louis XIII. Ses œuvres médicinales et chimiques comprennent : 1° *le Paradis terrestre ; 2° le Miracle de la nature métallique ; 3° l'Or potable ; 4° la Médecine métallique*. In-8, 1665. On trouve imprimés séparément :

326. Du même. *Le Grand Miracle de la nature métallique*. In-18, Paris, 1615.

327. Du même. *L'Or potable qui guérit tous les maux, avec le trésor de la médecine métallique*, traduit de l'italien par l'auteur. In-8, Paris, 1611.

328. Castelli (Petri). *Responsio chymica, de effervescentiâ et mutatione calorum in mixtione liquorum chimicorum*. In-4, Messanæ, 1654. L'auteur de cet ouvrage a écrit vingt traités sur des sujets d'histoire naturelle.

329. Castillo (Juan-Fernandez de). *Tractado de Enseyadores*. In-8, Madrid, 1623. — Ouvrage de métallurgie très rare et qui renferme peu d'hermétisme.

330. Catalogue des livres d'astronomie, d'astrologie, de magie, pronostications, philosophie occulte, alchimie, magnétisme animal de la Bibliothèque de Ch. Vogt. In-8 de 34 pages, Paris, 1863.

331. Catena aurea Homeri. In-8, Francofurti, 1623.

332. Cato chimicus. In-12, Lipsiæ, 1690 ; et dans la Bibliothèque de Manget.

333. Cephali (Arioponi). *Mercurius triumphans et hebdomadas eclogarum hermeticarum*. In-4, Magdeburgi, 1600.

334. Cæsalpinus (Andreas). *De Metallicis libri 3*. In-4, Romæ, 1596, et in-4, Norimberg, 1602. Cæsalpinus était médecin du pape Clément VIII,

il est l'auteur du livre de la médecine des anciens Égyptiens, dont nous avons donné un compte rendu dans l'INITIATION, numéro de février 1892.

335. CESTRENSIS (Rases). *Liber luminum, in harmonia imperscrutabili chimica philosophica :* Decade I. In-8, Francofurti, 1625. (Voy. HARMONIA.)

336. CHARLES VI, roi de France. *Œuvre royale de Charles VI et Trésor de Philosophie* de Nicolas Flamel, avec le *Livre des douze portes d'alchimie.* In-8, Paris, S. D. — Ouvrage allégorique.

337. CHARTIER (Isaac), médecin. *De la science du plomb sacré des Sages ou antimoine.* In-4, Paris, I. Senleque et Lecointe 1651. Se trouve *in* THEATRO CHIMICO, t. VI.

338. CHEVALIER (Sab. H. de). *La Clef du sanctuaire philosophique.* 8 vol. in-12, 1784.

339. CHEVALIER IMPÉRIAL (Le). *Le Miroir des Alchimistes.* In-16, 1609.

340. CHEVEL-DESSAUDRAIS. *Clef des phénomènes de la nature ou terre vivante.* In-8, Paris, 1805.

341. CHEVREUL. Examen critique au point de vue de l'histoire de la chimie, d'un écrit alchimique intitulé : *Artefii Clavis majoris sapientiæ,* etc. In-4 de 58 pages, Paris, 1867.

342. CHIARAMONTE. *Trattato della Povere, o Elixir vite di Girolamo Chiaramonte.* In-4, in Genova, 1590.

342 *bis.* CHIMISTES ARABES (Manuscrits). — Notre Bibliothèque nationale renferme des manuscrits arabes sur l'alchimie ; voici les plus importants :

1. *Tractatus seu Liber definitionum, sive aphorismorum duodecim* OSTHANIS *sapientis de lapide glorioso, sive philosophico e Græca lingua in Persicam et Chorasmicam deinde in Arabicam ab anonymo conversus.* Le même ouvrage se trouve dans la Bibliothèque de Leyde.

2. *Opus qui titulus liber Divitiarum, tractatus chimicus et pars octava quingentorum illorum, quos de hoc argumento litteris consignavit Abou Moussa* GIABER *ben Haijam al sosi, qui vulgo* GEBER *nuncupatur.*

3. *Alia quædam* OSTHANIS *sapientis opuscula ubi de arte chimicâ.* Ce manuscrit fut acheté au Caire par un Allemand du nom de Vansleb, ainsi que le suivant :

4. *Opus inscriptum epistola, qua obscura philosophiæ chymicæ, in gratiam studiosorum explicantur, auctore incerto.*

5. *Tractatus cujus titulus gradus sapientis et introductio ad doctrinam, opus chymicum in quator capita divisum ubi de lapide philosophico, illius que preparatione fuse disseritur auctore* ABOUL-CASSEN *ben Ahmed Cordubensi.*

6. *Opus inscriptum claves misericordiæ et lampades sapientiæ, pars prima auctore* MOHIEDDINO *Hossaim filio ali, filio Mohammedis Tograi, ex urbe Ispaham, qui ibi totus est in exponendis alchimiæ mysteriis, illudque in hominum tenuiorum gratiam.* — Ce manuscrit qui provient de la Bibliothèque de Colbert est écrit sur un papier léger et date de 1528.

7. *Prima pars libri, cujus titulus lucerna, auctore* ALGIABDACHI : *in eo totus est ut alchymiæ mysteria et ænigmata pate faciat;* ce manuscrit date de l'an 1094 de l'Hégire. (1683.)

343. CHIMISTES GRECS (Manuscrits). — Les manuscrits grecs sur l'alchimie sont assez nombreux ; ils sont disséminés dans de nombreuses bibliothèques ; beaucoup sont traduits en français. (Voy. BERTHELOT). Nous allons donner ici la nomenclature de ceux que nous connaissons; ils appartiennent, les uns à notre Bibliothèque nationale, les autres sont disséminés un peu partout, ou même en partie perdus; nous donnerons pour ces deux catégories les noms des anciens bibliophiles qui les possédaient avant leur dispersion ou leur perte.

I. Manuscrits de la Bibliothèque nationale dont l'écriture date du XVIe siècle :

1° ZOZIMUS. *De Virtute et Compositione aquarum.*

2° DU MÊME. *De Aquâ divinâ.*

3° DU MÊME. *De Auri conficiendi ratione.*

4° SALMANA. *Arabs, quomodo grando Sphærica fieri possit.*

5° COSMAS. *Hieromonachus de auri conficiendi ratione.*

6° HÉLIODORUS. *Philosophus christianus, de arte sacrâ chimicorum, ad Theosium Imperatorem.*

7° THEOPHRASTUS *Philosophus christianus, de sacrâ et divinâ arte.*

8° HIEROTHACI *Philosophi christiani.*
9° ARCHELAI *christiani.*
10° PELAGII.
11° OSTANIS.
} *Philosophorum opuscula, de eodem argumento.*

12° Olympiodori, *Philosophi Alexandrini, in Zozimum. Mercurium aliosque philosophos expositio.*

13° Zozimus. *De instrumentis chimicis et fornacibus.*

14° Anonymus. *De Lapide philosophico.*

Nous ne donnerons pas une suite de manuscrits grecs beaucoup plus modernes qui font également partie des collections de notre Bibliothèque nationale, parce qu'ils sont en partie des reproductions des précédents manuscrits, nous nous contenterons de mentionner les deux suivants qui présentent, par leur titre et leur composition même, quelque intérêt.

15° Isis. *Ægypti Regina, de sacrâ arte, ad filium suum Horum.*

16° Nomina *autocrum artis sacræ:* sunt autem illi :

1. Plato.
2. Aristoteles.
3. Hermès ou Mercurius.
4. Joannes Pontifex.
5. Democritus.
6. Zozimus.
7. Olimpiodorus Magnus.
8. Stephanus Philosophus.
9. Sophar Persa.
10. Synesius.
11. Dioscorus, sacerdos magni Serapidis.
12. Hostanes Ægyptius.
13. Comarius Ægyptius.
14. Maria.
15. Cleopatra.
16. Porphyrus.
17. Pebechius ou Epibuchius.
18. Pelagius.
19. Agathodæmon.
20. Heraclius Imperator.
21. Theophrastus.
22. Archelaus.
23. Petasius.
24. Claudianus.
25. Petosiris.
26. Sergius.
27. Memnon ou Menès philosophus.
28. Additur divinam illam artem in Ægypto, Thraciâ, Cypro, in urbe Alexandriâ et templo Memphitico potissimum ex coli.
29. Lexicon alphabeticum metallorum ac fossilium quorum in hocce libro fit mentio.

Notre Bibliothèque nationale possède également des manuscrits grecs sur papier ; modernes et assez mal écrits et caligraphiés, ils proviennent du fonds Letellier, archevêque de Reims, et du cardinal Mazarin ; parmi ceux-ci nous mentionnerons de la Bibliothèque Letellier :

1. *Sapientissimæ Mariæ, de Lapide philosophico præscripta.*
2. *Tractatus de bonâ auri constitutione* 53 *capitibus, quorum* 35 *inscribitur, Zozimi Panoplitæ opus sincerum de auri et argenti faciendi sacrâ et divinâ arte, in Epitomen contractum.*

De la Bibliothèque de Mazarin :

1. *Democriti physica et mystica.*
2. *Synesii philosophi ad Dioscorum liber, qua Democriti Physica explicatur.*

Avant de terminer ce qui concerne les manuscrits grecs alchimiques, nous devons mentionner un manuscrit grec moderne de la Bibliothèque impériale de Vienne (Autriche). Il a été copié à Venise en 1564 et ne contient pas moins de 32 traités, ouvrages ou opuscules, des mêmes alchimistes grecs.

Chortalasse (*Crassus*). Voy. Manget (Bibliothèque de).

Chrysippus. Voy. Fanianus.

344. Christophorus. *Christophori Parisiensis elucidarium chimicum.* In-8, Paris, 1649. Voy. Theatrum chimicum.

Chrysorrhas. Voir Collection, § Gratarole.

345. Claf. *Cyriaci Lucii de claf. Brevis de Litosophisticâ erroneâ quorumdam, de lapide philosophico disceptantium et de lapide christosophico.* In-4, Ingolstadii, 1582.

346. Clarke (Guill.). *De generatione et artificiali extratione nitri.* In-8, Londini, 1674; une autre édition in-8, Francfort et Hambourg, 1675 ; une autre in-8, Amsterdam, 1709. Cette dernière édition est la plus recherchée parce qu'elle renferme un autre traité de Schelamer sur le même sujet. Il existe de cet ouvrage une édition anglaise. Londres, 1670.

347. Clauderus. *Gabrielis Clauderi dissertatio de Tinctura Unisali, vulgo Lapide philosophico.* In-4, Altemburgi, 1678.

348. Du même. *Inventum Cinnabarinum.* In-4, Ienæ, 1684.

349. Claves (Estienne de). *Médecine des principes de nature.* In-8, Varennes, éditeur, Paris, 1635.

350. Du même. *Des minéraux en 3 livres.*

351. Du même. *Cours de Chimie.* In-8, Paris, 1646.

352. Du même. *Traité des Pierres précieuses.*

353. Du même. *Nouvelles lumières philosophiques.*

354. Clavis. *Gastonis Clavei dicti Dulconis Apologia Argyropoeiæ et Chrysopoeiæ.* In-8, Nivernis, 1590, et in-8, Coloniæ Allobrogum, 1598 et une autre édition de 1612. Voy. Dulco.

355. Cleopatra regina. *De mensuris et ponderibus,* dans les manuscrits des chimistes grecs.

356. Clopinel (Jean), dit Jean de Mehun. *La Remonstrance de nature de l'alchimiste errant.* In-12, Paris, 1735; réimprimé dans le tome III du *Roman de la Rose* du même auteur. Ce traité est en vers ainsi que le suivant du même auteur.

357. Du même. *La Réponse de l'alchimiste à la nature.* 1 vol. in-8, Paris, Guill. Guillard, 1561. Cette œuvre a paru également dans la dernière édition du *Roman de la Rose,* Paris, 1735.

358. Cnofellius. *Andreæ Cnofellii Responsum ad positiones de spiritu Mundi, quod in se continet referationem tumbæ Semiramidis* dans la Bibliothèque de Manget (V. ce nom).

359. *Cogitationes circa liquorem alchaest.* In-8, Francofurti, 1708.

Collectanea ou Collections.

360. *Collectanea chimica Leydensia quibus varii processus continentur.* In-8, Ienæ, 1696. (Texte allemand).

361. *Collectanea chimica, sive analysis triplicis regni.* In-4, Francofurti, 1693.

362. *Collectanea chimica medico philosophica Polonica Will. Davidsonii.* In-4, Antwerpiæ, 1698.

363. *Collectanea ex variis.* Voy. ci-dessus, nos 105 et 106. Theatrum chimicum, tome premier, nos 25 et 26.

364. *Collectanea ex Democrito.* Voy. ci-dessus, nos 105 et 106. Theatrum chimicum, tome premier, nos 25 et 26.

Collections des différents auteurs de la chimie hermétique.

I

365. *Volumen tractatuum scriptorum de alchemiâ.* In-4, Norimbergæ, 1541. — Ce recueil contient les traités suivants :

I. Gebri, Arabis. *De Investigatione perfectionis metallorum liber.*

II. Du même. *Summæ perfectionis metallorum, libri II.*

III. Du même. *De inventione veritatis seu perfectione metallorum liber.*

IV. Du même. *De fornacibus construendis.*

V. Rogerii Bacchonis. *Speculum alchemiæ.*

VI. Richardi anglici. *Correctorium alchemiæ.*

VII. Rosarius minor. *De Alchemiâ incerti auctoris.*

VIII. *Liber secretorum Alchemiæ Calidis, filii Jazichil Judæi.*

IX. *Tabula smaragdina Hermetis Trismegistii.*

X. Hortulanus. *Super Tabulam Smaragdinam Hermetis commentatio.*

II

366. *De Alchimiâ dialogi duo, quorum primus genuinam librorum Gebri sententiam, de industriâ ab auctore celatam et figurato sermone involutam detegit et certis argumentis probat; alter Raymundi Lullii mysteria in lucem producit, quibus permittuntur propositiones 129. Idem argumentum compediose complectentes.* In-8, Lugduni, 1548.

III

367. *De Alchimiâ opuscula complura veterum philosophorum.* In-4, Francofurti, 1550, 2 tomes. Ce recueil renferme les traités suivants :

dans le tome premier :

I. *Correctio eorum qui absque studio philosophico conantur artis alchemisticæ fructum percipere.*

II. *Clangor buccinæ.*

III. *Semita semitæ, seu de lapide vegetabili*

IV. Avicennæ. *Tractatulus de tinctura metallorum.*

V. *Compendium animæ transmutationis ruperto anglorum regi per Raymundum Lullium transmissum.*

VI. *Scala philosophorum.*

VII. *Opus mulierum.*

VIII. Raymundus Lullius. *De Tincturis metallorum.*

IX. Aristoteles. *De practica lapidis philosophici.* — Cet Aristote est un disciple d'Avicenne, et non le précepteur d'Alexandre-le-Grand.

DANS LE TOME SECOND :

Rosarium Philosophorum.

IV

368. *Vera Alchemiæ artis que metallicæ doctrina, certus que modus.* In-folio, Basileæ, Perna, 1561.

Autre édition, 2 vol. in-8, Basileæ. C'est la célèbre collection de Guillaume GRATAROLE ; le premier volume contient les œuvres suivantes :

I. *Chrysorrhoas, sive de arte chemica dialogus.*
II. *Lignum vitæ, Dialogus Braseschi de materia Lapidis.*
III. TRAULADANI. *Animadversio in Braseschum.*
IV. DEMOGORGON. *Dialogus.*
V. *Speculum alchemiæ Rogerii Bacchonis.*
VI. *Correctorium* RICHARDI, anglici.
VII. ROSARIUS minor.
VIII. ALBERTUS magnus, *de Alchimia.*

SECOND VOLUME :

I. *Incertus autor de magni lapidis compositione.*
II. ARISTOTELES. *De Perfecto Magisterio.*
III. ARNOLDI VILLANOVI. *Liber perfectionis magisterii.*
IV. EFFERARIUS. *Monachus de thesauro philosophorum.*
V. *Practica Magistri Odomari.*
VI. *Tractatus de Marchasita.*
VII. *Epistola vetus de metallorum materia.*
VIII. Johan de RUPECISSA. *De confectione veri Lapidis.*
IX. DU MÊME. *De Quinta-Essentia.*
X. *De viribus aquæ ardentis.*
XI. Michael SAVONAROLA. *De conficienda aqua vitæ.*
XIII. Joan-Augustini AUGURELLI. *Chrysopocia.*
XIV. DU MÊME. *Geronticon liber.*
XV. *Saccosa Carduina* ARNOLDO *attributa.*

V

369. *Artis auriferæ quam chemiam vocant. Volumina duo.* In-8, Basileæ, 1572, 2 vol.

Autre éd., 2 vol., in-8, Basileæ, 1593.

Autre éd., 3 vol., in-8, Basileæ, 1610.

PREMIER VOLUME

I. *Propositiones artis chimicæ.*
II. *Turba philosophorum.*
III. *Turbæ philosophorum, aliud exemplar.*
IV. *Allegoriæ supra librum turbæ.*
V. *Ænigmata ex visione Aristei.*
VI. *Exercitationes in turbam.*
VII. *Aurora consurgens.*
VIII. ROSINUS. *Ad Euticiam.*
IX. DU MÊME. *Ad Saratantam Episcopum.*
X. DU MÊME. *Liber Definitionum.*
XI. MARIÆ. *Prophetissæ practica.*
XII. *Liber secretorum* CALIDIS *filii Jazichi.*
XIII. DU MÊME. *Liber trium verborum.*
XIV. ARISTOTELES. *De lapide philosophorum.*
XV. AVICENNA. *De conglutinatione Lapidis.*
XVI. *Expositio epistolæ* ALEXANDRI *Magni.*
XVII. *Ignotus autor de secretis Lapidis.*
XVIII. MERLINI, *Allegoria de arcano Lapidis.*
XIX. RACHAIDIBUS. *De materiâ Lapidis.*
XX. AVICENNÆ *Tractatulus de alchimiâ.*
XXI. *Semita Semitæ.*
XXII. *Clangor buccinæ.*
XXIII. *Correctio fatuorum.*
XXIV. *Incertus autor de arte chimicâ.*

SECOND VOLUME

I. MORIENUS romanus. *De transmutatione metallorum*, ou *de compositione alchemiæ.*
II. Bernardi TREVISANI. *Responsio ad Thomam de Bononia.*
III. *Incertus autor de arte chimica.*
IV. *Scala philosophorum.*
V. *Ludus puerorum.*
VI. *Rosarium Anonymi.*
VII. ARNOLDI DE VILLANOVA *Rosarium.*
VIII. DU MÊME. *Novum lumen.*
IX. DU MÊME. *Flos florum.*
X. DU MÊME. *Epistola ad Regem Neapolitanum.*
XI. Rogerius BACCHO. *De Potestate artis et naturæ.*

TROISIÈME VOLUME

I. Raymundi LULLII. *Ultimum testamentum.*
II. DU MÊME. *Elucidatio testamenti ad Regem Odoardum.*
III. *Potestas divitiarum cum expositione testamenti Hermetis.*
IV. *Compendium artis magicæ ad compositionem Lapidis.*
V. *De Lapide et Olea philosophorum.*
VI. *Modus accipiendi aurum potabile.*
VII. *Compedium alchimiæ.*
VIII. *Lapidarium.*

IX. ALBERTI magni *secretorum tractatus.*

X. *Abbreviatio de secretis secretorum.*

XI. ARNOLDI DE VILLANOVA. *Quæstiones de arte transmutationis metallorum.*

XII. ARNOLDI. *Testamentum.*

VI.

370. *Ars chimica, quod sit licita, recte exercentibus probationes doctissimorum juris consultorum.*

371. DU MÊME. *Tractatus seu capitula Hermetis Trismegisti.*

372. *Tabula Smaragdina cum commento Hortulani, et studium confilii conjugii de massa solis et lunæ.* In-8, Argentorati, 1567.

VII

373. *Triga chemica de lapide philosophico tractatus tres, editore et commentatore Nicolao Bernando Delphinate.* In-8, Lugduni Batavorum, 1599.

Cet ouvrage contient les traités suivants :

I. LAMBSPRINGI, nobilis Germani. *De lapide philosophico.*

II. *Antiqui philosophi Galli Delphinatis Anonymi, liber secreti maximi totius mundanæ gloriæ.*

III. *Extractum ex Cymbalo aureo antiquissimo manuscripto, ad rem chemicam faciens.*

VIII.

374. *Quadriga aurifica nunc primum a Nicolao* BERNANDO *Delphinate in lucem edita.* In-8, Lugduni Batavorum Christophorus Raphelingius, 1599.

Ce volume contient les quatre traités suivants :

I. *Tractatus de philosophiâ metallorum a doctissimo et expertissimo viro anonymo conscriptus.*

II. Georgii RIPLÆI. *Liber duodecim portatum.*

III. DU MÊME. *Liber de mercurio et lapide philosophorum.*

IV. *Anonymi scriptum, Elixir solis Theophrasti Paracelsi tractans.*

Ces trois traités se trouvent également dans le tome troisième du *Théâtre chimique.*

IX.

375. *Tractatus septem de lapide philosophico, è vetustissimo codice desumpti, in lucem dati a Justo a* BALBIAN *alostano.* In-8, Lugduni Batavorum Raphelingius, 1599.

Dans ce traité se trouvent les ouvrages suivants qui sont également dans le tome troisième du *Théâtre chimique :*

I. *Rosarium abbreviatum.*

II. *De lapide philosophico, auctor incognitus.*

III. *De minerâ philosophicâ, auctor incognitus.*

IV. *Compedium utile ad credendum.*

V. *Rosarium philosophorum per* TOLETANUM.

VI. *Parvus tractatus de Marcano philosopho.*

VII. *De lapide philosophico, incertus auctor.*

X

376. *Philosophiæ chimicæ quatuor vetustissima scripta, ex arabico sermone latina facta et nunc primum in lucem producta.* In-4, Francofurti, 1605 ; autre édition, 1650.

Ce Recueil contient les œuvres suivantes :

I. Senioris ZADITO fil. *Hamuelis tabula chimica.*

II. *Innomati philosophi expositio tabulæ chimicæ.*

III. HERMETIS TRISMEGISTI *Liber de compositione.*

IV. ANONYMI. *Veteris philosophi consilium conjugii, seu de massâ solis et lunæ, libri III.*

XI

377. Divers traités d'alchimie traduits en français. In-8, Lyon, 1557 ; ces traités sont les suivants :

I. *Miroir d'alchimie*, de Roger BACON.

II. *Les Secrets*, de CALID.

III. *Le Miroir*, de JEAN DE MEUN. (MEHUNG).

IV. *L'Élixir des philosophes.*

V. *L'Art transmutatoire* de JEAN XXII.

XII

378. *Tractatus aliquot chimici singulares, summum Philosophorum arcanum continentes.* In-8, Geismariæ, 1647.

Cette collection, assez rare, contient les traités suivants :

I. *Liber de Principiis naturæ et artis chimicæ, incerti auctoris.*

II. Joannis BELLÆ *Tractatulus novus et alius* BERNARDI TREVISIANI.

III. FERRARII *Tractatus Integer.*

IV. Joannis DAUSTENNI *Rosarium.*

XIII

379. *Opuscula diversorum authorum de chimiâ.* In-8, Francofurti, 1614.

XIV

380. *Harmonia imperscrutabilis chimico philosophica, sive Hermani* CONDESIANI *Decades tres.* In-8, Francofurti, 1625.

Cette collection comprend divers traités de chimie hermétique, dont Jean Rhenanus a donné la suite, voyez le n° suivant.

XV

381. Joan RHENANUS. *Harmonia imperscrutabilis chimico philosophicæ. Decades duæ, quibus continentur auctores de Lapide.* In-8, Francofurti, 1625.

PREMIÈRE DÉCADE

I. ANONYMUS. *De principiis naturæ et arte alchimiæ.*

II. *Planetarum, metallorum, magistrorum et elementorum proprietate natura, transmutatione, qualitatibus et mixtione.*

III. RASIS *Castrensis liber luminum.* (En vers.)

IV. DU MÊME. *Lumen luminum.* (En vers.)

V. MERLINI, *Philophi Angli laudabile secretum.* (En vers.)

VI. Guido de MONTANOR. *Decreta chimica.*

VII. Joan. SAURE. *Ternagensis, de lapide philosophorum.*

VIII. ANONYMUS. *De lapide philosophorum.*

IX. Joan WITTICHIUS. *Bolleflaviensis, de lapide philosophorum.*

X. ANONYMI *Concordantiæ philosophorum.*

SECONDE DÉCADE

I. *Hortus amoris Joh. Dumbeleii Angli.*

II. GRATIANI. *Epistolæ binæ, de lapide Philosophorum.*

III. Magist. ANTONIUS *De lapide philosophorum, de lapide rebis.*

IV. *Aurora, sive aurea hora beati* THOMÆ *de Aquino.*

V. Le même ouvrage, *in turbam breviorem commentarius.*

VI. ANONYMI *Liber de lapide philosophorum.*

VII. *Visio Joan. Dastin.*

SALOMONIS, *Regis Sapientiss. liber de lapide philosophorum.* (Bien entendu, ce livre est absolument apocryphe.)

IX. ALLEGORIA *sapientum, sive Distinctio prima philosophorum.*

X. *Lilium alchimiæ, quod composuit Rosarius minor.*

XVI

382. *Gynicæum chimicum, seu congeries auctorum, qui de lapide philosophico scripserunt.* In-8, Venetiis, 1679 et une édition Lugduni, 1679.

XVII

383. BIBLIOTHÈQUE CHIMIQUE. (Voy. ALBINUS, n° 22).

XVIII

384. BIBLIOTHÈQUE des Philosophes chimiques. (V. BIBLIOTHÈQUE, n° 61).

XIX

385. BIBLIOTHÈQUE MANGET. (Voy. MANGET.)

XX

386. MUSŒUM *Hermeticum reformatum.* (Voy. ci-dessus n°s 94 à 96.)

XXI

387. THÉATRE CHIMIQUE, *Theatrum chimicum.* (Voy. ci-dessus n°s 105 à 107.)

En terminant ce qui concerne les grandes collections des écrits alchimiques, nous devons mentionner :

1° *Les Mémoires de l'Académie royale des sciences de France* depuis l'année 1699 ; beaucoup d'œuvres alchimiques sont disséminées dans cette importante collection.

2° Les *Miscellanea Curiosa sive Ephemerides observationum physicarum Germanicæ Academicæ Cæsaro Leopoldinæ naturæ curiosum ab anno* 1670 ; environ 80 ou 90 volumes in-4, publiés à Francfort et à Leipsig.

3° *Les Transactions philosophiques* publiées par l'Académie royale de Londres depuis l'année 1665. In-4 ; une partie de ce vaste recueil a été traduite en allemand, en français et en latin.

FIN DES COLLECTIONS.

390. Collesson. *L'Idée parfaite de la philosophie hermétique, ou l'Abrégé de la théorie et pratique de la pierre des philosophes.* In-12, Paris, 1719. — Il existe une édition latine de cet ouvrage dans le tome sixième du theatrum-chimicum ; elle a pour titre : *Idea philosophiæ Hermeticæ.* (Voy. n° 107, § 172.)

Collegium chimicum, Voy. Cramer, n° 419.

391. Colletet (Guillaume). *La Clavicule ou science de Raymond Lulle,* avec toutes les figures de rhétorique, par le sieur Jacob et la *Vie* du même Raymond Lulle, par M... In-12, Paris, 1653.

392. Colson (Lancelloti). *Philosophia maturata, oder ein Tract von stein der Weissen.* In-8, Hambourg (texte en allemand).

Columnæ naturæ et artis duodecim. (Voy. Brandaw, n° 294 bis.)

393. Comarius. *Expositio in librum Comarii philosophi et pontificis, qui Cleopatram docuit sacram et divinam artem lapidis philosophici.* Manuscrit grec sur papier moderne de la Bibliothèque nationale (fonds Letellier).

394. Combachius. *Ludovici Combachii Tractatus de vero sale secreto philosophorum et de universali mundi spiritu, gallicè primo conscriptus a D. de Nuisement, nunc latinè versus.* In-8, Cassellis, 1651. — Il existe une édition In-12, Ludgduni Batavorum, 1672.

395. Lud. Combachius, *medicus, chimicos varios edidit tractatus, cum doctis præfationibus, ab eo concinnatis, nempe Riplœi, Kellœi, Ferraris, Daustenii, Bernardi comitis et Belye.*

Combat de la Sagesse. (Voy. Flud, n° 574, 4°).

396. Comitibus (Ludov. de). *De Duobus Artis, et naturæ miraculis, sive Alkaest.* In-4, Venetiis, 1661. — Ed. in-12, Francfort, 1664. (Voy. Manget, 890.)

397. Du même. *De Metallis, sive metallorum et metallicorum naturæ operum elucidatio, ex orthophysicis fundamentis.* In-8°, Coloniæ, 1665.

398. Comtes (de). *Discours philosophique de l'alkaest et de la Médecine Universelle.* In-12 Paris, 1669, et une autre édition de 1678.

399. Condeesyanus et Joan. Rhenanus. *Harmonia imperscrutabilis chimico-philosophica, seu Philosophorum antiquorum consentientium Decades.* (*Prima ab Hermano Condeesyano, secunda et tertia ab Joan. Rhennano.*) In-8, Francofurti, 1625.

Confession de la Rose-Croix. (Voy. Philalethes [Eugenius]).

Conradi vel Kunrath, (Voy. Kunrath, n°s 782 et suiv.)

400. *Consensus philosophorum chimicorum.* In-12, Paris, 1611.

401. *Consensus et Dissensus chimicorum.* In-8, Lipsiæ, 1715 (texte allemand).

Consilium conjugii, etc. (Voy. Collections des différents auteurs de la chimie hermétique, n° 367, X, iv.)

Conspicilium notittiæ etc. Voy. Neuhusii.

402. Constantini *genere Græci et Britanniæ regis chimici, floridæ sententiæ Græcæ versibus rytmicis conscriptæ cum præfatione D. de Richebourg.* In-4, Amstelodami, 1721.

403. Coringius. *Hermani Coringii de Hermetica Ægyptiorum vetere et Paracelsicorum nova medicina.* In-4, Helmestadii, 1648 ; autre édition en 1669.

404. Du même. *Disputatio de sale.* In-4, Helmestadii, 1639.

405. Cornachinus. *Marci Cornachini D. M. Methodus qua omnes humani corporis affectiones ab humoribus, copiâ, vel qualilate peccantibus, chimicè et galenicè curantur, cum Hartmanno et cum Mylio.* In-4, Florentiæ, 1619.

406. Cortes. *Tractado de los secretos de naturaleza, por Géron Cortes.* In-8, Madrid, 1664.

407. Cortesana. *Secreta della signora Isabella Cortesana, quale si contegone cose minerali, medicinali, profumi, Belleti, artificii et alchimici.* In-8, Venetiis, 1642.

408. Cosmas, *Hieromonachus, de Auri conficiendi ratione.* Manuscrit grec de la Bibliothèque nationale.

409. Cosmæ *præsbyterii Opusculum quo explicatur auri conficiendi ratio,* manuscrit grec de la Bibliothèque nationale.

410. Cosmopolite (Michel Sendivogius). *Novem Lumen chimicum.* In-8, Pragæ Bohemiorum, 1604 ; in-8, Francofurti ; in-8, Parisiis et 1606 ; Coloniæ, 1610 ; est imprimé dans le theatrum chimicum. (Voy. ces mots, n° 107.)

411. Du même. *Divi Leschi genus amo, seu Michaëlis Sendivogii ut hoc anagrammatismo patet ; de Lapide philosophico tractatus 12, cum Epilogo.* In theatro-chimico, n° 107 ; inséré aussi dans la Bibliothèque Manget avec quelques lettres inédites.

412. Du même. *Ænigma philsophicum ad filios veritatis.* In THEATRO-CHIMICO, n° 107.

413. *Les Œuvres du* COSMOPOLITE, dans lesquelles sont expliquées les trois principes des philosophes chimiques, sel, soufre et mercure. In-8, Paris, 1691.

414. COSMOPOLITE ou *Nouvelle Lumière de la physique naturelle*, traduit par Bosnay et imprimé à la Haye avec le traité du sel de NUISEMENT (Voy. ce nom).

414. *Idem* avec *le Désir désiré de N. Flamel.* In-8, Paris, 1609 ; autre édition in-8 Paris, chez Hulpeau, 1629 ; une autre in-8, Paris, chez Sébastien Chapelet, 1618.

415. Le COSMOPOLITE, ou *Nouvelle Lumière chimique, pour servir d'éclaircissement aux trois principes de la nature, avec ses lettres philosophiques.* 2 vol. in-12, Paris, 1691.

416. Du même. *Dialogus Alchimistus cum mercurio et natura.....*

417. Du même. *Tractatus de sulfure.....*

418. COURTIN (Germain). *Disputatio adversus Paracelsi opiniones de tribus principiis auropotabili, totaque Pyrotechnica.* In-4, Paris, 1549.

419. CRAMER (Gaspar). *Collegium chimicum.* In-8, s. d. n. l.

420. Du même. *Dissertatio de transmutatione metallorum.....*

421. CRAMERI (Joan. Andræ) *Elementa artis Docimasticæ, duobus tomis comprehensa, quorum prior theoriam, posterior praxim ex vera fossilium indole.* 2 vol. in-8, Lugduni Batavorum, 1730. — Cet auteur a beaucoup puisé dans les travaux d'Agricola, Ercker et Borrichius.

422. CRASSEUS. *Joannis Crassei, alias chortalassei, Arca arcani artificiosissimi de summis naturæ mysteriis*, dans la Bibliothèque de MANGET (Voy. ce nom).

423. CREILINGIUS (Joan. Conrard). *Dissertatio de vellere aureo aut possibilitate transmutationis metallorum.* In-4, 88 pag. Tubingæ, s. d.

424. CROLLIUS. *Oswaldi Crolii Basilica chimica, à Joanne Hartmanno aucta.* In-8. Genevæ, 1558.

425. CROLLIUS, *redivivus ab anonymo, de Lapide philosophorum.* In-4, Francofurti, 1635 (texte en allemand).

426. LE CROM. *Plusieurs expériences utiles et curieuses* concernant la médecine et la métallique ; l'économie et autres curiosités avec un traité du sel des philosophes en forme de dialogue où sont enseignés les préparations, les vertus et l'usage de ce sel merveilleux, un vade mecum philosophique en faveur des enfants de la science hermétique. In-12, Paris, 1718.

CROSSET DE LA HAUMERIE. (Voy. HAUMERIE, n° 685).

427. Danielis CRUSII. *Methodica Physicæ peripathetico-hermeticæ delineatio.* In-8, Erphord, 1617.

427 *bis.* Nicolaus de CUSA. *Cardinalis quædam chimica interseruit operibus suis.* In-fol., Basileæ, ex officina Henrici, Petri, 1565.

427 *ter.* CYLIANI, *Hermès dévoilé.* In-8, s. l., 1832.

428. DAMMY. *Mémoires de Mathieu*, marquis de Dammy, contenant des observations et recherches curieuses sur la chimie, le travail des mines et minéraux, écrits par lui-même, in-8, Amsterdam, 1739.

429. JOH. DASTIN ou DAUSTENIUS. *Daustenii visio seu de lapide philosophico*, *in decade* II. *Harmoniæ chimico-philosophicæ à* JOANNO RHENANO. In-8, Francofurti, 1625.

430. Du même. *Rosarium correctius a Combachio publicatum.* In-8, Geismariæ, 1647. Cf. Pierre BOREL *In Bibliothecâ chimicâ*, page 73 ; cet auteur donne des détails curieux sur Combachius, qu'il qualifie même de cardinal ; nous ne connaissons pas de cardinal de ce nom. Peut-être était-il cardinal laïque, comme il en existe, paraît-il, à notre époque, le Sar Joséphin Péladan entre autres.

431. G. DAVISSONE. *Observations sur l'antimoine.* In-8, Paris, 1651.

432. Du même. *De Natura Antimonii.*

433. Du même. *De Sale et lege Saliçâ.* In-8, Paris, 1641.

434. Edmundi DEÁNI *Tractatus alchimiæ.* In-4, Francofurti, 1630.

435. JOANNIS DE'E, *Londinensis Propæ de mata aphoristica. De Naturæ virtutibus.* In-4, Londini, 1568.

436. Du même. *Parallaticæ Commentationis, praxeosque Nucleus quidam.* In-4, Londinensis, 1573.

437. ARTHUR DE'E. *Fasciculus chimicus.* In-12,

Basileæ apud Pernam, 1575; autre édition 1629 et in-8, Paris, 1635.

438. Démocrite. *Democritus Abderita, de Arte sacrâ sive de rebus naturalibus, cum Synesii, Pelagii, Stephani, Alexandrini, et Michaëlis Pselli Scholiis, ex versione dominici Pisimentii Vibonensis.* In-8, Batavii, 1573. C'est la première édition de cette œuvre, si souvent éditée, comme le lecteur le verra dans le numéro suivant.

438. Democriti Abderitæ *de Arte sacrâ, sive de Rebus naturalibus et mysticis libellus ex venerandæ Græcæ vetustatis de arte chimicâ reliquiis erectus, necnon Synesii et Pelagii antiquorum Philosophorum in eumdem commentaria Interprete Dominico Pizimentio vibonensi Italo.* In-8, 2e édition, Coloniæ, Janus Birckmannus, 1574 (texte grec) auquel on a joint le traité d'Antoine Mizaldus, *Memorabilium sive arcanorum omnis generis centuriæ novem.* Autre édition in-8, Francofurti, 1592, in-12, Francofurti, 1613 et 1673, in-8, Nuremberg, 1717 (texte allemand), cette dernière édition contient le *Tumba Semiramidis Hermeticè sigillata.*

440. Desaguillier. *A Course of Experimental Philosophy.* In-4 avec figures, London, 1734.

441. Dethardinus (G.), *Auri invicti invicta veritas.* In-4. Stettini, 1650.

442. Dethargings (Georg.). *Chymischer Probier afen des Joh. Agricolæ.* In-4, Stletein, 1648. (Allemand).

443. Deuceri (Johan.), *Metallicorum corpus juris.* In-fol., Leipzig, 1624.

444. *Dialogue de Marie et d'Aros,* réimprimé dans la Bibliothèque des philosophes chimiques.

445. Dichiaratione *di Enimmi degl'antichi filosofi alchimisti.* In-4, Roma, 1587.

446. Dickinson (Edmundus). *De Chrysopoeia sive quinta essentia philosophorum.* In-8, Oxoniæ, 1686, autre édition, 1705, autre in-8, Augustæ Vindelicorum, 1721.

Dicta de lapide. (Voy. Alanus, et Theatrum chimicum, n° 107).

Dictionnaire chimique. (Voy. Dorneus, Dorn, au n° 468).

Dictionnaire Mytho-Hermétique. (Voy. Pernetty).

Dictionnaire Hermétique. (Voy. Doux (Le) n° 470.

447. Digby (le chevalier). *Discours sur la poudre de sympathie.* In-12, Paris, 1658.

448. Du même. *Secrets pour la beauté des dames,* avec le *Traité de la poudre de sympathie.* In-12. La Haye, 1700.

449. Digopius (Joh.). *Alchimia, sive Auri multiplicatio.* In-8, Parisiis, apud Dionisium a prato 1573.

Diodore Euchiont. (Voy. Euchiont, n° 519).

450. *Disceptatio. De Lapide Philosophico contra Anonymum de Tumba Semiramidis.* In-8, 1876.

451. *Dispensatorium chimicum.* In-8, Francofurti, 1626. (Voy. Anonymes).

452. *Disputatio Salis et Mercurii cum lapide Philosophorum, in curru triumphali antimonii, cum Petri Joan. Fabri notis.* In-8, Tolosæ, 1646.

Divus Leschus. (V. Cosmopolite, n° 411).

453. Dobrzenski de Nigroponte (Jacobus Will). *Nova et amenior de admirando fontium genio, philosophia.* In-fol. avec fig., Ferrariæ, 1659.

454. Dolce (Lud.). *De Gemmis variis e terra provenientibus, Italicè.* In-8, Venetiis, 1566.

Donato (Fra), *Eremita.* (Voy. Rocca Devandrus).

455. Dorcas. Interpréiation des secrets hébrieux (*sic*), Caldéens et Rabins du prince Dorcas, philosophe éthiopien, pour augmenter l'or et l'argent à dix pour cent de profit chaque semaine. In-8, Paris, Pierre Ramier, 1622. Le véritable nom de l'auteur était de Mérac.

456. Dorneus (Gérard) (Dorn). *Clavis Philosophiæ chimicæ.* In-8. Herbornæ Nassaviorum, 1594. C'est la dernière édition de cette œuvre célèbre qui en a eu de nombreuses; voici les principales : in-12, Lugduni, 1567; in-8, Francofurti, 1583. Quelques éditions portent comme titre : *Clavis totius philosophiæ chimicæ.*

457. Du même. *Astromiæ Paracelsii compendium et mysteria.* In-8, Francofurti, 1584.

458 Du même. *Lapis metaphisicus aut philosophicus, qui universalis medicina vera fuit patrum antiquorum, ad omnes indifferenter morbos et ad metallorum tollendam lepram.* In-8, Basileæ, 1569. Autres éditions 1570 et 1574.

459. Du même. *Fasciculus Paracelsicæ Medicinæ.* In-8, et in-4, Francofurti, 1581.

460. Du même. *Chimia paracelsica de Metallorum transmutationibus, cum mineralium, metal-*

lorumque omnium genealogiæ. In-8° Francofurti, apud Aubrios, s. d.

461. Du même. *Artificium supernaturale cum clavi philosophiæ.* In-12, Francofurti, 1583; autre édition, Herbornæ, 1594.

462. Du même. *De Summis naturæ Arcanis nempe de spiritibus planetarum, de occulta Philosophia et Medicina Cœlesti, seu duodecim signis eorumqne mysteriis.* In-8.

463. Du même. *Liber de natura lucis Philosophicæ ex genesi desumpta, in quo continentur Physica Genesos, Hermetis Trismegesti philosophia meditativa et chimica.* In-8, Francofurti, 1583; traduit en allemand et inséré dans le Theatrum chimicum, voyez n° 105 à 107.

464. Du même. *Congeries chimiæ Paracelsicæ de transmutationibus Metallorum et genealogia Mineralium atque Metallorum omnium.* In-8, Francofurti, 1581, et dans le Theatrum Chimicum, n° 105 à 107.

465. Du même. *Tractatus dictus vita brevis et Duellum animæ cum corpore, item gemmarum structura...*

466. Du même. *Artificium naturæ chimisticum: Prima pars.* In-8, Francofurti, 1568 et 1598.

467. Du même. *Artificii chimistici, physici, metaphysici secunda pars et tertia.* In-8, Francofurti, 1569.

468. Du même. *Dictionarium chimicum, Dornei, Garlandii, Thurneisseri Rullandi, Toxitis Lulli, etc.*, In-8, s. d.

469. Du même. *In Paracelsi auroram Philosophorum Thesaurum et mineralem œconomiam commentaria, cum quibusdam chimicis argumentis.* Francofurti, 1583

Enfin, ce grand commentateur de Paracelse a écrit diverses œuvres publiées ensemble ou séparément, telles : 1° *Anatomia viva Paracelsi*; 2° *Compendium Paracelsi*; 3° *Commentar. inarchidoxa Paracelsi*; 4° *Defensio Paracelsi*; 5° *Monarchia physica; de Restituta utriusque medicinæ Praxi.*

470. Doux (Le). *Ditionnaire hermétique*, avec deux traités, l'un de la triple préparation de l'or et de l'argent, l'autre de la manière de produire la pierre philosophale, tous deux de Gaston Le Doux dit *de Claves.* In-12, Paris, 1695. (Voy. Dulco, n° 482.

471. *Draconis Caudam devorantis mystica et chimica interpretatio* (manuscrit grec, écrit en l'an 1486.

472. Drapier (J.). *Discours chimique sur la préparation des métaux.* In-12, Orange, 1650.

473. Drebellius, *seu* Dreppels (Cornelius) Belga; *de Natura elementorum et de quintessencia liber, cum ejusdem Epistola de mobilis perpetui inventione, e Belgico idiomata in latinum versa a Petro Laurembergio.* In-8, Hamburg, 1621.

474. Du même. *De Natura elementorum.* In-8, Francofurti, typis Gaspari Rotelli, 1628.

475. Du même. *Genevæ cum pace Med. Vegæ.* In-8, 1628.

Dreppel. (Voy. ci-dessus n° 473.)

475 *bis.* Dubourg Saint-Saturnin (Jacques). *De la Chimie transmutatoire.....*

476. Duboys. *L'Œuvre physique de Duboys.* Manuscrit de la Bibliothèque de l'Arsenal S. et A, n° 170.

477. Dubuisson (Ludovicus). *Aurum Philosophorum potabile.* In-4, Francofurti, 1661.

478. Duchesne. *Les Œuvres diverses de M. Duchesne,* sieur de la Violette. 6 vol. in-8, Paris, 1635.

479. Du même. *Le Grand Miroir du monde.* In-8, Lyon, 1593.

480. Duchesne (Joseph). *Recueil des plus curieux et rares secrets touchant la médecine métallique.* In-8, Paris, 1641; autre édition, Paris, 1645.

481. Duclos. *Recueil de M. Duclos sur la transmutation des métaux.* Manuscrit in-4 de la Bibliothèque de l'Arsenal, S. et A.

482. Dulco. *Gastonis Dulconis-Clavei Philosophia chimica.* In-8, Coloniæ Allobrogum (Genevæ), 1612; autre éd. Lugduni, 1612.

483. Du même. *De triplici preparatione auri et argenti Liber.* In-8, Nivernis, 1592 et in Theatro Chimico, n°s 105 à 107.

484. Du même. *De recta et vera ratione propignendi Lapidis Philosophici seu Salis aurifici et argentifici tractatus duo.* In-8, Nivernis, 1592 et in Theatro Chimico n° 107.

485. Du même. *Apologia argyropoeiæ et chrysopoiæ contra Erastum.* In-8, Nivernis, 1590.

486. Du même. *Tractatus cum tractatu de triplici auri et argenti preparatione.* In-8, Francofurti, 1602.

487. DUMBELEIUS, *Joan. Dumbeleii Hortus amoris, in quo docetur creatio verissimæ arboris Philosophicæ. In decade II Harmoniæ chimico-philosophicæ.* In-8, Francofurti, 1625. (Voy. RHENANUS.)

488. DUPUY (J.). *Traité des Mines des montagnes Pyrénées.* In-12, s. d. ni l.

489. DUSAULT. *Palinodie en vers français contre la chimie.* In-4, s. d. ni l.

489 *bis.* DUVAL (Antoine). *Lettre philosophique,* traduite de l'allemand en français. In-12, Paris, 1674.

490. ECK DE SALTZBACK (Paul). *Clavis Philosophorum,* in THEATRO CHIMICO. (Voy. THEATRUM, n° 107.)

491. DU MÊME. *Opus cum tractatu de lapide philosophico anonymi, ex editione Tanckii Med.* In-8, Francofurti, 1064.

Eclaircissement de la pierre philosophale. (Voy. ANONYMES, n° 73).

EDELPHE BRETON. (Voy. ROCH LE BAILLY.)

492. EFFERARIUS Monachus. *De Lapide Philosophorum.* In-8, Argentorati, 1659.

493. DU MÊME. *Thesaurus philosophiæ.* Argentorati, 1659.

494. EGLINUS (Raphaël). *Disquisitio de Helia artista.* In-8, Lipsiæ, 1606. (Voy. THEATRUM CHIMICUM, n° 107, tome IV.)

495. EIDIMIR BEN-ALI-BEN EIDEMIR GELDE KEI. *Commentarius in poemata, Habul Hasan ali Ben casim Hispani Ansaræi, de Arte abscondita, et ars solis vocatur quam alchimiam dicunt. Poemata sunt ordine alphabetico et commentarius Valde Luculentus tres tomi.* Alchimiste arabe. (Manuscrit de la Bibliothèque de Leyde.)

Éléments chimiques et spagiriques. (Voy. ANONYMES, n° 74.)

Elixir solis Theophrasti Paracelsi tractans. (Voy. COLLECTIONS, § 8, n° 374.

Elixir des Philosophes. (V. COLLECTIONS, § 11, n° 377, IV.)

496. ELSHALTIUS (Joan. Sigism.). *Distillatoria curiosa, item Utis Udenii nonentia chimica et guerneri Ralfincii chimia in artis forma redacta.* In-8, Berolini, 1674.

497. *Elucidarius chimicus, uber die, Fama fraternitatis Roseæ-Crucis.* In-8, Magdeburg, 1617.

Emblemata de secretis naturæ, etc. (Voy. ANONYMES, n° 75.)

498. ENCELIUS. *Christophori Encelii Libri III, de Re metallicâ, sive de origine et naturâ corporum metallicorum, gemmarum ad medecinæ usum deserventium.* In-8, Francofurti, 1557, et ANONYMES, n° 77.

Enchiridion. (Voy. ESPAGNET, n° 515, et ANONYMES, n° 77.)

ENIMMI*A ntichi.*(Voy. DICHIARATIONE, etc., n° 445.)

Entretiens sur les sciences secrètes. (Voy. GABALIS, n° 588.)

Ephémérides. Observationum Physicarum, etc. (Voy. COLLECTIONS, *in fine* 2° *Miscellanea curiosa.*)

499. *Epistola cujusdam Patris ad Filium.* In-8, Lugduni, Batavorum, 1601.

500. *Epistola Vetus de metallorum materia,* collection Gratarole, vol. II, VII.

501. *Epistola Monachii Benedictini ad Hermannum Coloniensem archiepiscop. de Lapide;* in THEATRO CHIMICO, tome V. 159. (Voy. THEATRUM, n° 107.)

501 *bis. Epistola Vetus de metallorum materiâ,* in COLLECTIONS, n° 368, second volume, VII.

502. *Epistola de occulta philosophia in Theatro chimico,* tome III. Voy. n° 107.

503. *Epistola ad Reverand. Fraternitatem Roseæ-Crucis.* In-8, Francofurti, 1613.

504. *Alia Epistola metroligata ad eumdem missa à L. G. R. Philosophiæ Hermeticæ amatore.* In-8, Francofurti, 1615.

505. *Epistola ad illustrem Fraternitatem Roseæ-Crucis.* In-8, Francofurti, 1613.

506. *Epitaphium chimicum,* in THEATRO CHIMICO, tome IV.

507. *Epitaphe énigmatique* de Bernandus, in THEATRO CHIMICO, tome III. Voy. n° 107.

508. *Variante de cette Épitaphe,* n° 890; Bibliothèque chimique de MANGET, tome II, section III, § 6, p. 713.

509. *Épreuves de chimie,* d'après Agricola, par G. Dethargins. Texte allemand.

510. *Épreuves des métaux,* texte allemand, avec le titre latin suivant: *Docimastice metallica, hoc est, Tractatus de ponderibus et mensuris et de examine metallorum authore Cyriaco Schreittmann.* In-8, Francofurti, 1578.

511. ERASTUS. *Thomæ Erasti Disputatio de auro potabili.* In-8, Basileæ, 1578; autre édition,

1584. — Éraste, ennemi de la pierre philosophale, a été réfuté par Gaston LE DOUX (Voy. ce nom) *dit de Claves*.

512. ERCKER (Lazare). *De Re metallicâ*. In-fol. Francofurti, 1629.

513. DU MÊME. *Aula subterranea et appendix cum notis Beckeri*. In-fol., Francofurti, 1703 (en allemand).

514. *Escalier des Sages, ou la Philosophie des anciens*. In-fol. avec fig. Groningue, 1689. (Voy. ANONYMES, n° 79).

515. ESPAGNET (d'). *Enchiridion physicæ restitutæ cum arcano Philosophiæ Hermeticæ*. In-8, Paris, 1623; autre édition in-8, Paris, 1623; autre édition in-8, Paris, 1638. (Voy. ANONYMES, n° 77.

516. DU MÊME. *Enchiridium philosophiæ Hermeticæ sub anagrammate penes nos unda Tagi*. In-8, Paris, 1638. Autre édition in-32, Paris, 1647 et 1650. Cet ouvrage forme la seconde partie de l'enchiridion.

517. DU MÊME. *La Philosophie naturelle rétablie en sa pureté*, avec le traité de l'ouvrage secret de la philosophie d'Hermès (sans nom d'auteur). In-8°, Paris. 1651.

518. EXPOSITIONE (L'). *Di Geber filosofo, nella quale si dechiaranno molti secreti della natura*. In-12, Venetia, 1544.

519. EUCHIONT. *Diod. Euchiontis libri IV, de polychimia scilicet: I. de Aquis; II. de Oleis; III. de Salibus; IV. de lapide philosophorum*. In-8, Francofurti, 1567, et in-8, 1609. Autre édition in-8, Amstelodami, 1604.

520. EYGUEM, sieur de Martineau Bordelois (Mathurin). *Le Pilote de l'onde vive, ou le Secret du flux et du reflux de la mer et du point fixe*; philosophie naturelle. In 12, Paris, 1678.

521. FABER. *Petri Joannis Fabri Opera Medico-chimica*, 2 vol. in-4, Francofurti, 1652. Autre édition, 3 vol. in-4, Francofurti, 1656.

522. DU MÊME. *Opera chimica*, 2 vol. in-4, Hamburgi, 1713 (texte allemand).

523. DU MÊME. *Myrothecium Spagyricum*. In-8, Tolosæ, 1648.

524. DU MÊME. *Alchimista Christianus*. In-8, Tolosæ, 1632.

525. DU MÊME. *Hercules Piochimicus*. In-8, Tolosæ, 1634.

526. DU MÊME. *de Auro potabili medicinali*. In-4, Francofurti, 1678.

527. FABRE (Pierre-Jean). *L'Abrégé des secerts chimiques*, où l'on voit la nature des animaux entièrement découverte, avec les vertus et propriétés des principes qui composent et concernent leur estre et un traité de médecine générale. In-8, Paris, chez P. Billaine, 1636.

528. DU MÊME. *Hydrographum spagiricum, in quo de mire fontium essentiâ et originâ chimiæ agitur*. In-8, Tolosæ, apud Bosc, 1639. Autre édition, *ibidem*, 1646.

529. DU MÊME. *Palladium spagyricum*. In-8, Tolosæ, apud Bosc, 1645.

530. DU MÊME. *Panchimicum*, 2 vol. in-8, Tolosæ, *apud* Bosc, 1646.

531. DU MÊME. *In Currum triumphalem Antimonii, F. Basilii Valentini annotatus*. In-12, Alios libellos chimicos. In-8, Tolosæ, 1646.

Enfin, Fabre a écrit divers opuscules disséminés dans divers recueils ou publiés à part; mentionnons notamment : 1° *Propagnaculum chimiæ*; 2° *Chirurgia spagirica*; 3° *Theses medico-chimicæ*; 4° un *Traité de la peste*, en un vol. in-8, édité à Castres par A. Barconda, en 1653.

532. FABRE. (Albert Ott). *Tractatus de auro-potabili ejusque virtute*. In-8, Francofurti, 1678.

533. FABRICIUS *Ernesti Frederici Fabricii Medicinæ Hermeticæ et Galenicæ anatome*. In-fol., Francofurti, 1693.

534. FABRICIUS (Guil.) *Hildanus de medicamentorum chimicorum preparatione*.

535. FABRICIUS (Georgius). *De rebus metallicis observationes variæ et eruditæ*. In-8, Tiguri, 1565; in-8, Basileæ, 1612, et in-8, 1665.

536. FALETTE (François). *Livres des véritables opérations de la pierre philosophale et d'autres secrets curieux*. Manuscrit In-4, bibliothèque de l'Arsenal de Paris, n° 179.

537. FALLOPIA. *Secreti diversi miraculosi, raccolti del Gabriel Fallopia*. In-8, in Venetia, 1578; autre édition, 1602.

538. DU MÊME. *Lib. III de secretis*. In-4.

539. FANIANUS. *Joh. Chrysippi Faniani de Artis alchimiæ veterum authorum et præsertim jurisconsultorum judicia et responsa ad quæstionem: An Alchimia sit ars legitima*. In-8, Basileæ 1576 et in THEATRO CHIMICO. (Voy. THEATRUM, n° 107.

540. DU MÊME. *De Arte metallica et jure alchimiæ*. In 8, Basileæ, Wark.

541. DU MÊME. *Liber de metamorphosi metal-*

licâ et an sit. In-4, Basileæ, 1576; autre édition in-8, 1660; autre, Montisbelgardi, 1602.

FARABIUS. (Voy. CHIMISTES ARABES, n° 342 *bis*.)

542. FAUSTIUS. *Joh. Michaël Faustii Philaletha illustratus.* In-8, Francofurti, 1706.

543. DU MÊME. *Pandora Chimica.* In-8, Francofurti, 1706. Fort volume ne renfermant que des extraits de divers auteurs sur la pierre philosophale.

544. FENOTA. *Jo. Ant. Fenotæ Alexipharmacum, sive Antidotus apologetica ad virulentias Josephi cujusdam Quercetani evomitas in Lib. Auberti, de Ortu et causis metallorum contra chimistas, in quâ, præter quorumdam paracelsiorum medicamentorum discussionem, omnia ferè argumenta chimistarum repelluntur cum epistola ad Quercetanum.* In-8, Basileæ, 1576 et 1589.

545. FERNELIUS (Joannes), *Libro de abditis rerum causis.* 2 vol. in-8, Parisiis, 1560.

546. FERARIUS. *Fratris Ferarii tractatus integer, hactenus enim mutilatus datus tantum fuerat, opera Combachii publicatus, cum aliis authoribus chimicis.* In-12, 1647.

547. FERRO (Josué). *Trattato de' Meravigliosi secreti.* In-8, In Venetia, 1606.

548. FIGUIER (Louis). *L'Alchimie et les alchimistes*, ou essai historique et critique sur la philosophie hermétique. In-12, Paris, 1855.

549. FIGULUS. *Benedicti Figuli paradisus aureolus Hermeticus, in quo demonstratur quando aureola Hesperidum poma, ab arbore benedicta philosophica sint des cerpenda.* In-4, Francofurti, 1600.

550. DU MÊME. *Auriga benedictus spagiricus.* In-12, Norimbergæ, 1609.

551. FIGULUS (Georgius). *Georgii Figuli Medicinæ universalis speculum.* In-12, Bruxellis, 1660.

552. FILARETO. *Breve Raccolto di secreti delle Done di Filareto.* In-8, in Firenze, 1573.

553. *Filet d'Ariadne (Le), pour entrer en sûreté dans le labyrinthe de la philosophie hermétique.* In-8, Paris, 1695.

553bis. FILUM ARIADNES. *Seu Discursus chimicus de alchimistarum erroribus et vero modo ad summum secretum perveniendi*, per Henric. à Batfdorff Hermundurum. In-8, 1636.

554. FINCKIUS *Joh. Vincent. Finckii Enchiridium Hermetico-dogmaticum.* In-16, Lipsiæ, 1626.

555. FINELLI. *Salium Empiricum. soliloquium.* In-12, Neapoli, 1649.

556. FIORAVENTI. *Secreti rationali, da Leonardo Fioraventi.* In-8, in Venetia, 1660.

557. FLAMEL (Nicolas). *Le Grand Éclaircissement de la pierre philosophale pour la transmutation de tous métaux.* In-8, Paris, 1628; édition in-12, Paris, 1782. Il existe de nombreuses éditions de cet ouvrage, comme du reste de tous les autres du même auteur.

558. DU MÊME. *Le Désir désiré, ou Trésor de philosophie de Nicolas Flamel*, dit autrement le *Livre des six paroles*, avec divers autres traités où est le cosmopolite, et l'œuvre de Charles VI. In-8, Paris, 1629.

559. DU MÊME. *Les Figures hiéroglyphiques de Nicolas Flamel*, comme il les a mises en la 4e arche du cimetière de St-Innocent à Paris, qu'il a bâtie, expliquées par lui-même avec Artephius et Synesius, traduit du latin par P. Arnaud, sieur de la chevalerie, gentilhomme poitevin. In-4, Paris, chez Guill. Mariette, rue St-Jacques, au Gril, près St-Benoît, 1612. In-4, Paris, 1659, 1665 et 1682.

560. DU MÊME. *Le Livre rouge*, résumé du magisme, des sciences occultes et de la philosophie hermétique. In-12, Paris, 1841.

561. DU MÊME. *Sommaire philosophique*, appelé autrement le *Roman de Flamel*, en vers, avec *la Fontaine des amoureux de science* et l'opuscule du Trévisan. In-8, Paris, 1561.

Il existe aussi un volume de Flamel qui a pour titre : *la Musique chimique;* quant au volume *Annotationes in Dionisium Zacharium*, qu'on attribue au même auteur, et qui figure *in* THEATRO CHIMICO, il n'est pas de Flamel.

562. FLORETUS. *Vision advenue en songeant à Ben Adam*, au temps du règne du roy d'Adama, laquelle a été mise en lumière par Floretus, à Bethabar. — Manuscrit de la Bibliothèque de l'Arsenal de Paris. In-8, Sc. et A., n° 168.

563. FLORUS. *La Tourbe des philosophes chimiques*, ou *l'Assemblée des disciples de Pythagoras*, Bibliothèque des Philosophes chimiques, tome Ier.

564. FLUD (Robert). *De fluctibus. Opera omnia.* 5 vol. in-fol., Oppenheim, 1617, 6 vol. in-fol., Francofurti, 1619.

565. DU MÊME. *Philosophia mosaïca.* In-fol., Goudæ, 1638.

566. Du même. *Clavis philosophiæ et alchimiæ*, 2 vol. in-fol., Francofurti, s. d.

567. Du même. *Roberti Flud Angli (alias de Fluctibus) Philosophia sacra et vere christiana seu metereologia comisca...*

568. Du même. *Pulsus seu nova et arcana pulsuum medicina catholica, seu mysticum artis medicandi sacrarium*, 2 tomes en 1 volume in-fol., Francofurti, 1629.

569. Du même. *Integrum morborum mysterium sive medicinæ catholicæ, tomi primi Tractatus secundus.*

Tomi secundi tractatus secundus, de præternaturali utriusque mundi historia ubi de De Meteoris, etc. Francofurti, in-fol., 1621.

570. Du même. *Tractatus secundus naturæ Simiæ, seu technica microcosmi Historia, in partes II divisa.* In-fol., Francofurti, 1624.

571. Du même. *Spongia Fosteriana, seu Responsio ad Fosterium.* In-fol., Goudæ, 1638.

572. Du même. *Tractatus apologeticus, integritatem Societatis de Roseâ-Cruce defendens contra Libarium.* In-fol., Lugduni Batavorum, 1617.

573. Du même. *De Anatomiâ triplici.* In-fol., Francofurti, 1623.

574. Sous ce numéro, nous classerons diverses œuvres de Flud, dont nous ne connaissons pas les éditions plus ou moins nombreuses : 1° *Pronosticum arithmeticum, seu Arithmetica Divinatrix ;* 2° *Anatomia et anatomiæ amphitheatrum ;* 3° *Sanitatis mysterium ;* 4° *Sophiæ cum moria certamen ;* 5° *Speculum criticum ;* 6° *Summum Bonum, quod est Magiæ, Cabalæ, Alchimiæ, fratrum Roseæ-Crucis verorum et adversus Mersenium calumniatorem.*

Fodinæ Regales. (Voy. Petty.)

Fons Gratiæ. (Voy. Sociétés secrètes, § Rose-Croix.)

575. Fontaine (Jehan de la). — *La Fontaine des amoureux de science*, en vers, composé par Jehan de la Fontaine de Valenciennes, en Hénaut, in-16, à Paris, chez Guillard.

576. Le même ouvrage, revu et corrigé par Antoine du Moulin. In-16, Lyon, chez Jean de Tournes, 1547. — Cette *Fontaine des amoureux* se trouve aussi dans le tome III du *Roman de la Rose*, éd. in-12, Paris, 1735.

Il existe aussi une édition plus ancienne, format in-8, qui contient *l'Amoureux transi* et autres pièces en vers, de Narcissus et Echo.

Enfin ce poème hermétique a été publié par Achille Genty. In-12, Paris, Poulet-Malassis, 1861.

577. *La Fontaine périlleuse ou le Songe du verger*, en vers, avec les annotations de Gohory. In-8, Paris, 1572.

578. Fradin (P.). *Alector*, histoire fabuleuse. In-8, Lyon, 1560.

579. Franci (Joan). *Epistola de arte chimicâ.* In-4, Budissæ, 1636.

Franck (Ad.). (Voy. Tiffereau.)

580. Franckenberg. *Gemma magica.* In-8, Amstellodami, s. d.

581. Fratta. *Catacospia minerale o vero modo di far Saggio d'ogni miniera metallica da Marco Fratta Montalbano.* In-4, Bologna, 1676.

582. Freind. *Prælectiones chimicæ, in quibus fere omnes operationes chimicæ ad vera principia rediguntur.* In-8, Amstelodami, 1710.

583 Freitagius (Joh. Henricus). *Catalogus testium veritatis chimiatricæ, id est observationes de Curationibus.* In-4, Limburg, 1635.

Friben. (Voy. Manget [Bibliothèque de].)

584. Frischus (Gebhardi). *Anatomia alchimiæ.* In-8, 1696.

585. Frickius (J.). *De auro potabili Sophorum et potabili Sophistarum.* In-4, Hamburgi, 1704.

586. Frandeck (Lud. à). *De Elixire arboris vitæ.* In-8, Hagæ Comitis, 1660.

587. Furichius (Joh. Nicolaus). *De Lapide Philosophico, seu chryseidos libr. IV, cum annotationibus ejusdem.* In-8, Argentorati, 1622. Autre édition in-4, Argentorati, 1631.

588. Gabalis (Le comte de). *Entretiens sur les sciences secrètes.* Cet ouvrage, qui est tiré en grande partie de la *Chiave del cabinetto* di Cavalieri Barri, a eu de nombreuses éditions. Voici la note que nous trouvons dans un volume d'Occultisme (1). On sait que l'auteur des *Entretiens sur les sciences secrètes* est l'abbé de Montfaucon de Villars. (Voir Barbier). Cet abbé est né en 1635 près de Toulouse, de la famille de Camillac de Villars ; il était neveu du Bénédictin de Montfaucon ; il vint à Paris en 1667. (Vigneul de Marville parle du comte de Gabalis, *Mélanges*,

(1) Isis dévoilée *ou l'Égyptologie sacrée*, par Ernest Bosc, p. 72, 1 vol. in-8, Paris, s. d. Chamuel et Cie, éditeurs. Orné d'un portrait de l'auteur.

tome Ier, page 28.) La première édition est celle que nous venons de mentionner ci-dessus (1671); quand elle parut, le livre fit une sorte de scandale auprès des dévots, surtout à cause de ces mots : « L'ancienne religion de nos pères les philosophes » (p. 65 et 66). La deuxième édition est de 1684. — Ce pauvre abbé mourut assassiné à 38 ans, sur la route de Lyon, en 1673. Ce qui prouve peut-être qu'à cette époque, il était dangereux d'étudier et surtout d'écrire des livres sur l'occultisme.

Voici quelques éditions de ce livre, qui fit tant de bruit lors de son apparition : in-12, Paris, Claude Barbin, 1671; in-12, 2e édition, Paris, 1684; in-12, Amsterdam, Pierre du Coup, 1715, cette édition, la plus complète, est la meilleure; in-12, Paris, 1701, etc., etc. (Voy. Génies assistants, no 599.)

589. Gabelchoveri (Wolffg). *Disputatio de Generatione auri et ejus temperamento.* — Cet opuscule ne se trouve généralement qu'à la fin de la version que cet auteur a faite du traité des pierres précieuses d'André Bauens, qui a pour titre : *de Gemmis et lapidibus.* In-8, Francofurti, 1634.

590. Gabella (Philippus à). *De Lapide philosophico, seu Secretioris Philosophiæ brevis consideratio una, cum confessione fratrum Roseæ-Crucis.* In-4, Cassellis, 1615.

591. Gamon. *La Semaine de Christophe de Gamon.* In-12, Lyon, 1609.

592. Du même. *Trésor des Trésors de l'alchimie*, en vers français. 2 vol. in-12, Lyon, 1610 (rare). — Le même ouvrage en français et en latin, avec les commentaires de J. Linthaut. (Voy. ce nom.)

593. Garlandus (Joannes). *Dictionnarium artis alchimiæ, cum ejusdem artis compendium, de Metallorum Tincturâ et preparatione.* In-8° Basileæ, apud Basilius Joan, Herald, 1560; autre édit. 1571.

594. Gault (du). *Palinodie chimique où les erreurs de cet art sont réfutées.* In-4°, Paris, 1588.

595. Geber. *Gebri, regis Arabum, summæ perfectionis Magisterii in sua natura libri IV, cum additione ejusdem Gebri reliquorum tractatuum, necnon Avicennæ, Merlini et aliorum opusculorum similis argumenti.* In-8°, Gedeni, 1682. — Cette édition, la meilleure de Geber, a été imprimée sur un exemplaire de la Bibliothèque Vaticane, puis elle a été réimprimée et traduite en français dans le tome Ier de la Bibliothèque des Philosophes chimiques. Au précédent volume est souvent joint : 1° *Testamentum Gebri*; 2° *De Investigatione perfectionis metallorum liber unus*; enfin dans une édition de Dantzic de 1682 ainsi que dans Manget, on trouve le *De Fornacibus* (voy. le numéro suivant). La même édition de Dantzic contient aussi les *De materiâ Philosophici Lapidis fragmentum philosophorum Rachaïdibi, Veradiani, Rhodiani et Zamidis.*

596. Du même. *De fornacibus construendis.* In-4° Bernæ, 1545.

597. Du même. *Liber qui flos naturarum vocatur.* In-4°, Bernæ, 1573. (Voy. Collections de divers auteurs achimiques, no 365, et chimistes arabes, no 342bis, 1., et ci-après Gerhard du no 600 à 603).

598. Anonyme. *De alchimiâ Dialogi, seu Expositio et Declaratio Librorum Gebri et Raymondi Lullii.* In-8°, Lugduni, apud Beringos fratres, 1548.

599. *Les Génies assistants.* In.-12, Amsterdam, s. d. — Cet ouvrage a été considéré comme une suite des entretiens du comte de Gabalis.

600. Gerhard (Joh. Conrard). *Joh. Cunrardi Gerhardi extractum chimicarum quæstionum, seu Responsum ad theoriam Lapidis Philosophici.* In-8° Argentinæ, 1616.

601. Du même. *Decas phisico-chimicarum quæstionum graviorum de metallis, cui adjuncta est medulla Gebrica, de lapide Philosophico.* In-8°, Tubingæ, 1643.

602. Du même. *Exercitationes, in Gebri Arabis libros chimicos.* In-8°, Tubingæ, 1643.

603. Du même. *Disputatio pro lapide philosophico.* In-8°, argentorati, 1616; autre édition in-8°, Tubingæ, 1641.

604. Du même. *Commentatio perbrevis in apertorium Lulii; de lapide philosophico, et interpretatio Testamenti novissimi Arnoldi de Villa-Nova.* In-8°, Tubingæ, 1641.

605. Du même. *Panaceæ Hermeticæ, seu medicinæ universalis assertio et defensio Galenico-chimica; ut et quæstio, an aurum infusum in jusculis, aliquid conferat? item arcanum Lullianum seu modus conficiendi universalem medicinam.* In-8° Marpurgi, 1630; autre édition, in-8°, Ulmæ, 1640.

606. Gerike (Petrus). *Fondamenta chimiæ rationalis Petri Gerike medeci, professoris in Academiâ Juliâ.* In-8°, Berolini, 1740. — C'est une sorte d'introduction à la chimie.

607. Germanus (Claudius). *Icon Philosophiæ occultæ, sive vera Methodus componendi magnam antiquorum Philosophorum lapidem.* In-8, Paris, 1672; autre édit. in-12, Roterodami, 1678 et in Manget (v. ce mot).

608. Germannus (Didacus). *Judicium philosophico-ethico-chimico-medicum, de illa veteri, jam mutilata et necdum resoluta controversia an detur lapis philosophorum.* In-8, 1682. Sans nom de ville ni d'impr.

609. Gertz (P.). *Recueil des secrets sur les métaux, l'Orphèvrerie, les Teintures,* etc.. par P. Gertz, à Santa-Cruce. In-8, Constantinopolis, 1720. (Texte Allemand).

610. Gerzan. *Le Vrai Trésor de la vie humaine* où on voit comme il est possible de chasser les maladies sans incommoder les malades par un remède qui guérit sans nous nuire et nettoye nos corps sans les user, par François du Sarcy, écuyer du sieur Gerzan. Première partie, in-4, et in-8, Paris, 1653. Imprimé aux dépens de l'auteur.

611. Du même. *L'Histoire Africaine,* roman mystérieux et chimique, 2 vol. in-8, Paris, 1627. Gerzan a tiré du Roman du parfait amour d'Athenagoras une sorte de dissertation sur la Philosophie Hermétique.

612. Du même. *Histoire asiatique mystique.* In-8, Paris 1634.

Enfin nous connaissons du même auteur trois autres volumes que nous avons vu cités dans divers ouvrages, mais nous n'en connaissons pas le format ni le lieu, ni la date de l'impression; ce sont les trois numéros suivants:

613. *Le Grand Or potable des anciens.*

614. *La Médecine Universelle...*

615. *Le Projet du Plan de la Création du Monde,* où il y a des curiosités inouïes renfermées en dix traités...

616. Gesner. *Evonymus Conrardi Gesneri seu de Remediis secretis liber Physicus, medicus et chimicus.* In-8° Tiguri, 1556, et Tiguri 1578. Voy. Liebault et Walphius.

617. Girolamus. *Nuova Minera d'oro, di Flavio Girolami, nella quale si demostra l'arte chimica esser verissima e con la Pietra filosophica pater si far l'Oro.* In-4°, in Venetia, 1590.

618. Givry (Petrus). *Arcanum acidulorum principiorum chimicorum.* In-12, Amstelodami, 1682.

619. Glaser (Christophe) *Traité de la Chimie.* In-8°, Paris, 1667, in-12, Bruxelles 1676; in-12 Lyon, 1676 et 1679. — Cet abrégé de chimie a eu beaucoup de réputation; son auteur fit quelques années de Bastille à cause de la Brinvilliers, dans le procès de laquelle il est aussi souvent cité que Charpi de Sainte-Croix. On sait que celui-ci mourut en étudiant des poisons qui l'asphyxièrent et ce fut cette mort qui fit découvrir les crimes de la Brinvilliers, car on trouva chez lui une cassette sur laquelle on lisait qu'il fallait la remettre sans l'ouvrir à la célèbre empoisonneuse. Le commissaire du Châtelet n'eût rien de plus pressé que de l'ouvrir et y trouva avec divers poisons des lettres de la Brinvilliers qui fournirent la preuve de ses crimes.

Glauber. Cet auteur a beaucoup écrit sur l'alchimie; nous avons dû faire de nombreuses recherches pour trouver ses ouvrages ou leurs éditions. Voy. Teil.

620. Glauber (Joan. Rudolph). *Opera varia.* 7 vol. in-8°, Amstelodami, 1661.

621. Du même. *Pharmacopœa Spagyraca.* 7 vol. ou parties, in-8° Amstelodami, 1654.

622. Du même. *Prosperitas Germaniæ ubi de Vini Frumenti et ligni concentratione.* 7 vol. in-8, Amstelodami, 1656.

623. Du même. *Furni philosophici, seu ars distillatoria.* 6 vol, in-8°, Amstelodami, 1661.

624. Du même. *Arca thesauris Opulenta.* In-8°, Amstelodami, 1660.

625. Du même. *Explicatio verborum Salomonis.* In-8°, Amstelodami, 1675.

626. Du même. *Miraculum mundi, seu de Mercurio et philosophorum.* In-8°, Amstelodami, 1653.

627. Du même. *Explicatio præcedentis tractatus.* In-8 Amstelodami, 1658.

628. Du même. *Libellus Dialogorum.* In-8°, Amstelodami, 1663.

629. Du même. *Novum lumen chimicum.* In-8, Amstelodami, 1664.

630. Du même. *Consolatio navigantium.* In-8, Amstelodami, 1657.

631. Du même. *De Auri tincturâ, sive Auro potabili*. In-8, Amstelodami, 1651.

632. Du même. *De tribus principiis metallorum*. In-8, Amstolodami, 1667.

633. Du même. *De Medicinâ universali*. In-8, Amstelodami, 1658.

634. Du même. *Opus minerale*. 3 vol in-8, Amstelodami, 1651 et 1659.

635. Du même. *Vini descriptio e fecibus*. In-8, Amstelodami, 1655.

636. Du même. *Apologia contra Farnerum*. In-8, Amstelodami 1655.

637. Du même. *De Tartaro, ex vini fecibus extrahendo*. In-8...

638. Du même. *De Signaturâ Salium metallorum et planetarum*. In-8, Amstelodami, 1658.

639. Du même. *Menstruum universale*. In 8, Amsterdam, 1653.

640. Glissenti (Fabius). *Trattato della Pietra de Phisosophi*. In-4, Venetia 1596. — Il existe une édition latine de ce traité, 1 vol. in-8, Giessæ, 1671.

641. Du même. *Discorsi morali contra il dispiacere del morire et molto curioso Trattato della Pietra de Filosofi*. In-4, in-Venetia, 1609. — 2e édition du précédent volume, la plus recherchée parce qu'elle contient les figures d'Holbein.

642. *Gloria Mundi, soustein Paradeis ta fel oder Erklarung von der Lapidis Philosophorum*. Voy. In-8, Hamburg. 1692, traduction. (*La Gloire du monde, ou le Nœud dénoué de la pierre philosophale.*)

643. Gohory. (Voy Fontaine). *La Fontaine périlleuse*, n° 577.

Gometius (Bernardini). *Diacepseon Libri IV, De sale*. In-8, Ursellis, 1605, et autre édit. 1705.

644. Goris (Gérard). *Mercurius Triumphator, continens argenti vivi historiam*. In-8, Lugdini Batavorum, 1717.

645. Du même. *Chimia ab inutile verborum pondere et compedibus Sophistarum et sciolorum liberata, sibique restituta*. In-8, Lugduni Batavorum, 1702.

646. *Grand Œuvre (Apologie du)*, par D. R. In-12 Paris, 1659.

647. *Grand Grimoire* (Le). In-12, 1702.

648. Granger (Guillaume). *Paradoxe que les métaux ont une vie*. In-8, Paris, 1640.

649. Grassot. *La Lumière tirée du chaos*. In-12. . 1784.

650. Grataroł (G). (Recueil de) *Veræ archemiæ, artisque metallicæ citra ænigmata Doctrina, certusque modus, scriptis tum novis, tum veteribus nunc primum et fideliter majori ex parte editis comprehensus*. In-folio, Basileæ 1561, et in-8, 1572. — Voy. Collections.

Gratiani, Voy. Collections.

651. Greveri (Jodoci) *Presbiteri secretum magnum magni Philosophi et dicta, ut et aliorum Tractatus de Lapide Philosophico*. In-8 Lugd. 1588; autre éd. in-8, Lugduni, Batavor., 1599.

652. Grevin (Jacques). *De l'Antimoine contre Launay*. In-4...

653. Du même. *Second discours de Jacques Grevin sur les vertus de l'antimoine*. In-8, à Paris, chez Jacques Dupuis, 1567.

654. Grimaldi (Jacinto), *dell'Alchimia opera, che con fondamenti di bicona philosophia e perspicacita ammirabile, tratta della realtà difficulta, e nobilita distanta scienza, delle maraviglia della natura, dell'arte e de metalli e delle regole et metodo, da osservarsi nella compositione dell'oro alchimico*. In-4, Palermo 1645.

655. Du même. *Œuvres posthumes, suivies du Discours hermétique*. In-12, Paris, 1745.

656. Grosparmy (N.) et Nicolas Valois. Œuvres manuscrites, in-4. Bibliothèque de l'Arsenal, S. et A, n° 166. — Grosparmy était le maître de Valois.

657. Groschedel (Joh. Baptistæ). *Groschedeli ab Aicha, proteus Mercurialis geminus, seu de lapide philosophico liber*. In-4, Francofurti, 1629.

658. Du même. *Mineralis, seu Physici metallorum Lapidis accurata descriptio*. In-8, Francofurti, 1629, et in-8, Hamburgi, 1706.

659. Grulingius. *Phil. Grulingii Florilegium chimicum, de preparationibus medicamentorum chimicorum*. In-4, Lipsiæ 1644.

660. Du même. *Curationes Dogmatico-Hermeticæ*...

661. Grutinius (Andreas). *Solus Philosophicus, sive medicinæ novæ et chimiæ compendiosa refutatio, libris 2 comprehensa*. In-4, Patavii 1591.

662. Gualdi (Trid.). *Chymische Medicin Womit er sein Leben auf, 400 Jahr gebracht*. In-12, Augsburg, 1700.

663. GUIBERTUS (Nicolaus). *Alchimia ratione et experientiâ impugnata et expugnata.* In-8, Argentinæ Zetnerus, 1603.

664. DU MÊME. *De interitu Alchimiæ, Metallorum transmutatione.* In-8, Tulli, 1614.

665. GUIDIUS (Johan). *De mineralibus, tractatus absolutissimus, ubi agitur de gemmis, de alchimisticis, de Thesauris,* etc. In-4, Venetiis, 1625; éd. in-4, Francofurti 1627.

GUIDE DE MONTE; Voy. THÉATRE CHIMIQUE, n° 107.

666. GUISSIONIUS. *De tribus chimicorum principiis,* imprimé dans les œuvres de Michel Poterius. In-8, Francofurti, 1666. — Voy. POTERIUS.

667. GUILIELMINUS (Dom.) *Dissertatio de salibus.* In-8, Lugduni Batavorum, 1707.

668. GUNTHERUS (Ant). *De naturâ et constitutione spagirices emendatæ exercitatio.* In-8, Helmelstad, 1623.

669. DU MÊME. *Liber de quinta essentia, de chimicorum tribus principiis.* In-8, Bremæ, 1621.

670. GUYM (Mathei). *Aurum non aurum, sive in assertorem chimicæ, sed veræ medicinæ desertorem, Joh. Antonium, adversaria.* In-4, Antwerpiæ, 1613.

Gynicæum Chimicum (Voy. COLLECTIONS, § XIV).

671. HADRIEN. *Hadrianeum Testamentum, de aureo Philosophorum lapide.* In-8, Rothomagi, 1651; autre édit. in-8, Lugduni, 1670.

672. HAFFEUREFFER. *Samuelis Haffeurefferi Officina Pharmaceutica et Hermetico-Paracelsica.* In-8, Ulmæ, apud Balth Kiich, s. d.

673. HAMA. (Rab.) *Clavis Salomonis.* In-4, s. l. 1716.

HAMECH. *Commentateur de Platon, in* THÉATRE CHIMIQUE (Voy. n° 107), Tome V.

674. HANARDUS (Johan.). *Dissertatio Physico-chimica de Salibus.* In-4, Basileæ, 1685.

675. HANNEMANN (Jean Ludovic). *Ovum Hermetico-Saracelsico-Trimegistum, sive tractatus de auro.* In-8, Francofurti, 1640. Cet ouvrage doit son origine, suivant Langlet Dufresnoy (1) à un traité de Mussaphia, médecin juif, qui le fit imprimer en hébreu et en latin, et le publia sous le nom de Mezahab avec le titre d'OR POTABLE. Morhoff a pris ce pseudonyme pour un ancien rabbin; mais Mussaphia pour détromper les crédules fit imprimer la lettre sous son nom en 1640 et Hannemann y a fait un commentaire. Mussaphia né en 1602 et mort à Amsterdam en 1674, c'est-à-dire âgé de 69 ans, fut médecin à Hambourg, puis à Gluckstad, enfin à Amsterdam.

(1) Histoire de la philosophie Hermétique Tome III, p. 343.

676. DU MÊME. *Pharus ad Ophir Auriferum, id est commentarius ad anonymi Galli arcanum Philosophiæ Hermeticæ.* In-4, Lubecæ, 1714. — Cet ouvrage est un commentaire sur le *Traité hermétique* du Président d'Espagnet, traité qui se trouve dans la seconde partie de son Enchiridion: *Physicæ Restitutæ.*

677. HAPELIUS (Nicolaus Niger). *Cheiragogia Heliana, de auro philosophico, necdum cognito.* In-8, Marpurgi, 1612.

678. DU MÊME. *Aphorismi Basiliani, sive canones Hermetici,* dans le tome IV du THÉATRE CHIMIQUE et dans le *Traité du ciel terrestre* de LAVINUS (Voy. ce nom).

679. *Harmonia imperscrutabilis chimico-philosophica, seu philosophorum antiquorum contientium Decades; Prima ab Hermno Condeesyano; 2 et 3 Joan. Rhenani.* In-8, Francofurti, Conr Eifrid, 1625.

Harmonie mystique (Voy. LAGNEAU).

HARPRECHT (Voy. LUCERNA n° 866).

680. HARTMANN. *Johan. Hartmanni operia omnia medico-chimica.* In-fol. Francofurti, 1684.

681. DU MÊME. *Praxis chimiatrica.* In-4, Francofurti, 1634; autre éd. in-8, Genevæ, 1683.

682. DU MÊME. *Dissertatio chimico-technica vel Disputationes chimico-medicæ.* In-4, Marpurg, 1613; et dans Crollium, in-4, Lipsiæ 1633 et Moguntiæ, 1647.

683. HARVET. *Israelis Harveti Demonstratio veritatis chimiæ, adversus Joh. Riolani comparationem Medicinæ antiquæ cum novâ.* In-8, Hanoviæ, apud Aubrios, 1605.

684. DU MÊME. *Defensio alchimiæ.* In-8, Parisiis, 1604.

585. HAUMERIE (Crosset de la). *Les Secrets les plus cachés de la philosophie des anciens,* découverts et expliqués à la suite d'une histoire des plus curieuses. In-12, Paris, 1722.

HAYMON (Voy. THÉATRE CHIMIQUE, tome VI, n° 107).

686. HELBIG. *Johan. Ottonis Helbigii Introitus in veram, atque inauditam Physicam.* In-8, Hamburgi, 1680.

687. DU MÊME. *Centrum naturæ concentratum, sive tractatus de regenerato Sale Naturæ, quod impropriè vocant lapidem Philosophorum.* In-12, Gedani, 1682.

688. Du même. *Judicium de viribus Hermeticis.* In-12, Amstelodami, 1683.

689. Helias, moine franciscain. *Speculum Alchimiæ.* In-8, Francofurti, 1614. Et dans d'autres ouvrages chimiques, notamment dans le théatre chimique.

690. Heliodore. *Ejus versi Græci, circa chimiam,* dans le tome VI de la Bibliothèque grecque de Fabricius. (Voy. Alchimistes grecs.)

691. Helmont (J.-B. van). Il y a de très nombreuses éditions des œuvres complètes ou partielles de cet auteur. L'édition in-4 publiée par le soin de son fils (*curis filii*) est, dit-on, tronquée, Pierre Borel le prétend du moins. Voici quelques éditions : *Opuscula medica, inaudita.* In-4, Amstelodami, 1648.

692. Du même. *Opera et Opuscula omnia Medica cum introductione et Clavi Michaëlis Bernardi Valentini.* In-4, Hastriæ, 1707. Autre édition, Francofurti, 1707.

693. Du même. *Opuscula medica inaudita ; I. de Lithiasi ; II. de Febribus ; III. de Humoribus Galeni ; IV. de Peste.* Coloniæ agripp. (Amsterdam). *Apud Lud. Elzev.* 4 tomes en 1 vol. *à la sphère,* 1644.

694. Du même. *Opuscula medica,* etc. Amsterdam, *apud Lud. Elzev,* 3 part. en 1 vol. in-4, 1648. Autre édition. Amsterdam, 1652.

695. Du même. *Ortus medicinæ, id est initia physicæ inaudita ; Progressus medicinæ novus morborum ultionem ad vitam longuam,* etc. In-4, Amstelodami, 1648.

696. Du même. *Jo. Baptistæ Helmontii medici et philosophi per ignem, propositiones notata dignæ, de promptæ ex ejus disput. De magneticâ vulnerum curâ.* In-8, Colon., 1624. Autre édition, in-8, Venise, 1628.

697. Hellwig (L. Christ.). *De verâ solutione auri.* In-8, Ienæ, 1702. (Voir plus loin Helwig, n° 699.

698. Helvetius. *Johannis Friderici Helvetii, vitulus aureus, seu de transmutatione metallorum.* In-8, Hagæ comitum, 1667 ; autre éd. 1702 ; autre éd., 1705, etc.

699. Helwig (Joan.-Otton). *Arcana majora, sive curiosæ descriptiones Physicæ, medicæ, alchimiæ, chirurgicæ et œconomiæ* (texte allemand). In-8, Lipsiæ, 1710.

700. Henckel (Joann.-Frédéric). *Appropriatio, seu mineræ Argenti Rubræ combinatio cum acido salis communis.* In-8, Dresde et Lipsiæ, 1727. Cet opuscule, qui ne contient que 126 pages, est fort rare.

Le même auteur a publié un volume in-8 intitulé *Pyritologie,* Leipzig, 1725 ; cet ouvrage est en allemand et traite de métallurgie.

701. Henri de Saxe. *Henrici de Saxonia, Alberti magni discipuli, liber de Secretis mulierum.* In-4, Augusto Vindelicorum, 1498.

702. Du même. *De secretis mulierum, de virtutibus herbarum, lapidum et quorumdam animalium.* In-12, Francoforti, 1615.

703. Hermès Trismégiste. *Hermetis Trismégisti (sive Mercurius Trismegistus) Regis Græcorum ex aurora consurgente, Tractatus verè aureus, de lapidis Philosophici secreto, in capitula septem divisus, operâ Domini Gnossi Belgæ V.M.D. in lucem editus.* In-8, Lipsiæ, 1600.

704. Du même. *Tabula Smaragdina, in ejus manibus in sepulchro reperta, in quam multa extant commentaria, præcipuè Hortulani expositiones duæ...*

705. Du même. Le même ouvrage en français avec commentaire de D. de Candolle. In-fol...

706. Autre édition avec la *Magie philosophique* de Franciscus Patricius. In 8, Hamburgii, 1593.

Obs. Dans le théatre chimique et dans la Bibliothèque de Manget, on trouve tout ce qui est attribué à Hermès sur la science alchimique.

707. Hermetis. *Signaturæ et aliorum sophorum, cum magnetica cura vulnerum Goclenii.* In-12, Marpurgi, 1609.

708. Hermophilus *Philochemicus, aphorismi Basiliani, sive canones Hermetici de Spiritu, anima et corpore Majoris et minoris Mundi.* In-8, Marpurgi, 1609. Autre édition, 1609. (Voir le numéro suiv.).

709. Hermopolus vel Hermophilus. *Philochemicas ; De anima corporea Spiritu majoris et minoris Mundi, seu Aphorismi Basiliani, vel canones Hermetis.* In-8, Marpurgi, 1608. Autre éd., 1624. — C'est une réedition presque littérale du numéro précédent ; le plus grand changement consiste dans le titre.

710. Hernandez (Franc.). *Historia plantarum, animalium, Mineralium Mexicanorum.* In-fol., Romæ. 1651.

711. Hierne (Urbanus). *Acta et tentamina chimica in Regis laboratorio Stokolmiensi elaborata et demonstrata, in Decades redacta atque*

divisa. In-4, Holmiæ, 1712. — Nos lecteurs savent que ce laboratoire alchimique fut construit par ordre de Charles XI, roi de Suède.

712. HIEROGLYPHICA. *Œgyptio-Græca.* (*De lapide philosophorum*). In-4, Basileæ, 1571.

713. HIEROTHÉE. *Hierothei Methodus faciendi auri, vel de arte sacrâ*; manuscrit de la Bibliothèque de Vienne (Autriche). (Voy. ALCHIMISTES GRECS.)

714. HIRCHENS. *Henrici Conrardi Hirchensis Magnesia catholica Philosophorum*. (Texte allemand.)

715. HOEFER (Ferdᵈ). *Histoire de l'alchimie*. 2 vol. in-8, Paris 1843.

716. HOFFMANN (Laur.). *De abusu medicamentorum chimicarum*. In-4, Hallæ Saxonum, 1611.

717. DU MÊME. *Rosarium minerale spagiricum*. In-4, Hallæ Saxonum, 1611.

718. HOFFMANN (Theod.), *Dissertationes phisico-medico chimicæ*. In-4, Hallæ, 1726.

719. HOGGHELANDE (Ewaldus ab). *Historiæ aliquot transmutationis metallicæ, pro defensione alchimiæ contra hostium rabiem; adjecta est Lulli vita et alia quædam*. In-8, Coloniæ, apud Bernardum Galtheri, 1604.

720. HOGGHELANDE (Theobaldus ab) *Mittelburgensis. De alchimiæ difficultatibus, in quo demonstratur quid facere, quidque vitare debeat veræ chimiæ studiosus ad perfectionem aspirans*. In-8, Coloniæ, 1594 et in THEATRO CHIMICO.

720 *bis*. HOLLANDUS (Isaac). *Fragmenta quædam chimica a Combachio edita*. In-12, Geismariæ, 1647.

721. DU MÊME. *De triplici ordine Elixiris et Lapidis Theoria*. In-8, Bernæ, 1608. On imprime avec cet ouvrage le *Denarium medicum* de Bernard PENATUS (Voy. ce nom).

722. DU MÊME. *Opera vegetabilia, ad ejus alia opera intelligenda necessaria, ubi de quintis essentiis, vinoque agitur, ut de Elixire vitæ, mellis essentia, rore salis Panacœa saccharo*, etc. In-8, Middelburg, 1602.

723. DU MÊME. *Opera universalia et vegetabilia, sive de lapide Philosophorum, quæ reperiri patuerunt omnia*. In-8, Arnhemii, apud Joh. Jansonium, 1617.

724. DU MÊME. *Mineralia opera, seu de lapide philosophico duo libri*. In-8, Middelburg, 1600.

725. DU MÊME. *De lapide philosophico*. In-8, Francofurti, 1669.

726. DU MÊME. *Libellus rarissimus, dictus secreta revelatio veræ operationis manualis, pro universali opere et lapide sapientum, sicut filio suo M. Johanni Isaaco Hollando, è Flandria, pater no animo, manu tradit*...

727. DU MÊME. *Alius libellus semper secretissime servatur et servandus, tractans occultata in arte dictus manus philosophorum secreta et occultata*, etc.

728. DU MÊME. *Rariores chimiæ operationes*. In-8, Leipsiæ, 1714 (texte allemand).

Enfin dans le *Currus triumphalis antimonii*, de Basile Valentin, on trouve l'*Opus Saturni* d'ISAAC HOLLANDUS. In-8.

729. HONORIUS. *Grimoire du pape Honorius*, avec un recueil des plus rares secrets, in-18, avec fig., Rome, 1760.

730. HORLACHER (Conr.). *Kern und stern der vornehinsten chymisch-philosophischen Schrifften, soin Mangeti Bibliotheca-chimica befindlich*. In-8, Franckfort, 1707.

731. HORNEUS. *Conrardi Hornei compedium naturalis philosophorum de lapidibus, metallis et mineralibus Medicis*. In-8, Helmelstadt, 1624.

732. HORNIUS. *Christophori Hornii, De auro medico philosophorum dialogus scholasticus*. In-8, Francofurti, apud cour. Bifrid, s. d. et dans le THÉATRE CHIMIQUE, tome V.

733. DU MÊME. *De auro potabile*. In-8.

734. HORTULANUS. *In tabulam hermetis smaragdinam expositiones duæ*. In-8.

735. DU MÊME. *Galicè dictus : le Philosophe des jardins maritimes*.

736. HORTULUS HERMETICUS, *cum figuris*. In-8, Francofurti, 1627.

HYDROLITHUS SOPHICUS (V. MUSEUM, HERMETICUM).

737. HYLEALISCHEN (von). *Das ist Pir-materialischen catholischen, oder naturl chaos*. In-8, Franckfort, 1708.

ISAAC HOLLANDUS (V. HOLLANDUS).

738. ISNARD (Abel). *L'Or potable des médecins hermétiques ou la Médecine universelle*. In-4, Paris, 1655.

JANITOR Pansophus. (Voy. MUSEUM HERMETICUM).

739 JEAN (Marie de Vernon du tiers ordre de Saint-François). *Histoire de Raymond Lulle*. In-12, Paris, 1668. Il existe de nombreuses biographies de Raymond Lulle : Guillaume COLLETET (V. ce nom), Perroquet, les Bollandistes en ont

donné d'intéressantes ; celle écrite par Perroquet renferme des pièces justificatives intéressantes.

. JEAN et JOHAN DE MEUN ou DE MEHUN (Voy. MEUNG).

740. JEAN XXII, pape. *L'Art transmutatoire dit l'Elixir des philosophes*, traduit du latin en français. In-8, Lyon, 1557. — Il y a eu de nombreuses éditions de cet ouvrage.

741. JEBSENIUS (Joc.). *De lapide philosophorum discursus*. In-4, Rostochii, 1645.

742. JOHNSON (Guillemi). *Lexicon chimicum, cùm obscurorùm verborum et rerum hermeticarum, tum phrasium paracelsicarum in scriptis ejus et aliorum chimicorum explicationibus*. In-8, Londini, 1557 ; aut. éd., 1660 ; autre in-8, Francfort, 1676 ; autre in-8, Leipsig, 1678.

Ces lexiques ne nous apprennent, en général, que peu de chose ; du reste, chaque alchimiste se servant, pour ainsi dire, d'une langue à lui, il faudrait presque autant de lexiques que d'alchimistes.

743. JOHRENUS (Conrad). *Praxis chimicatrica*. In-8 ...

744. JALY (Gabriel). *Les Sept Sceaux d'Égypte ou les Sept Chapitres dorés*. In-8, Paris, 1626.

745. JONSTON (Joan.). *Notitia regni mineralis*. In-12, Lipsiæ, 1661.

746. DU MÊME. *Thaumatographia naturalis, in classes X divisa*. In-12, Amstelodami, 1661. — C'est la 3e éd de cet ouvrage ; elle passe pour la meilleure.

747. JUNCKEN (Johan.-Helfricus). *Chimia experimentalis curiosa*. In-8, Francofurti, 1681, 1684, 1694 ; aut éd in-4, Francofurti, 1701.

748. DU MÊME. *Lexicon chimico pharmaceuticon*. In-8, Norimbergæ, 1699.

749. JUNCKERUS (Jo). *Conspectus chimiæ theoretico-praticæ, ex dogmatibus Becheri et Stahlii, in formâ tabularum representatus*. In-4, Halæ Magdeburgicæ, 1730.

750. DU MÊME. *Dissertatio de arcano Tartari*. In-4, Halæ Saxonum, 1733.

KALID (Voy. CALID).

751. KALLED. *Rachaidibi Liber trium verborum*.....

752. KALLEN (Bernard. à). *Apologia pro auri solutione, sine corrosivo*. In-4, Francofurti, 1653.

753. KELLÆUS (Edwardus) Anglus. *Tractatus de lapide philosophorum cum theatro astronomiæ terrestris*. In-8, Hamburgi, 1673 ; aut. éd., 1676.

754. DU MÊME. *Clavis aureæ portæ Riplei*, etc...

755. DU MÊME. *Fragmenta à Combachio edita*. In-12, Geismariæ, 1647.

756. DU MÊME. *Tres tractatus eximii nundum editi*.

I. *Joannis Ticinensis Processus de lapide philosophorum*.

II. *Antonius, De abbatia de lapide*.

III. *Kellæus, De eâdem materiâ*. In-12, Hamburgi, 1670 (en allemand).

757. KELLNERUS. *Dan. Kellneri Musæum metallicum*. In-12, Lipsiæ, 1701.

758. KERCKRINGIUS (Theod.). *Commentarius in currum triumphalem antimonii Basilii Valentini*. In-12, Amstelodami, 1671 ; aut. éd., 1685.

759. KERNER. *Arn. Kerneri Lipsiensis Tetras chimiatrica, seu De auro, mercurio, antimonio et vitriolo oppositâ mysochimicis*. In-12, Erphord, 1618.

760. KESLER (Thomas). *Processus chimici*. In-8, Francofurti, 1641. Aut. éd., in-8, Francofurti, 1666. — Cette dernière édition a paru aussi avec le titre suivant :

KESLERUS REDIVIVUS, *vel 400 chimicæ operationes Thom. Kesleri*. In-8, Francofurti, 1666 (texte allemand).

761. KIESER. *Fran. Kieseri azoth salificatum*. Mulhusii, 1666 (texte allemand).

762. KIRANI *Kiranides et ad eas Rhyakini (Rivinii) Koronides*. In-8, Francofurti, 1638.

763. KIRCHER (le P. Athanase). *Mundus subterraneus*. 2 vol. in-fol. Amstelodami, 1678. Par leur Institut même, les jésuites ne devaient pas s'occuper d'alchimie ; cependant le Père Kircher l'a beaucoup étudiée et pratiquée, mais sans y réussir pour cela ; aussi bien qu'il reconnaisse l'existence de la pierre philosohpale, il ne laisse pas que de décocher des satires contre les alchimistes ses *confrères*. Dans la Bibliothèque chimique de Manget, le lecteur trouvera ce que le célèbre jésuite a écrit pour ou contre la science hermétique. Pour d'autres ouvrages hermétiques de P. Kircher (Voy. MANGET).

764. KIRCHMAYER (Geog.-Gaspard). *De naturâ lucis, de igne philosophorum*. In-4, Vittembergæ, 1680.

765. KIRSTENIUS (Pet. med.). *Liber de canone canonis a filio sina, studio, sumptibus ac typis*

Arabicis, qua potuit fieri fide, ex Asiatico et Africano exemplari a MS. Cæsarino, arabicè per partes editus et ad verbum in latinum translatus natisque textum concernentibus illustratus. In-fol., Francofurti, apud Nic. Roth., 1610.

766. Kleinold. *Oder Schatz der Philosophen nemlich Lapis philosophicus, seu Medicina Universalis.* In-8, Francofurti, 1714.

767. Klinchamerus (Christian). *De naturâ Metallorum et Mineralium exercitationes quinque.* In-4, Lenæ, 1662.

768. Knorr (Lud.-Guil. de). *Basilius Valentinus redivivus.* In-8, Lipsick, 1716 (texte allemand).

769. Koffskei (Vincent). *Vonder Ehrste Tinctur Bürtzel.* In-4, Dantzick, 1681.

770. Konigius (Emi.). *Regnum minerale.* In-4, Basileæ, 1687; autre éd., in-4, 1698.

771. Krapffius (Joh.-Wolfang). *Tractatus de vitâ producendâ et reparandâ juventute.* In-8, Moguntiæ, apud Lippium, 1611.

772. Krauterman (Val.). *Regnum minerale.* In-8, Francofurti, 1717 (texte allemand).

773. Kretchmar (Bartholin). *Quatuor Tractatus chimiæ : 1° Lux lucens in tenebris; 2° De vitriolo ejusque oleo secretissimo; 3° De animâ rationali; 4° Aureum vitæ.* In-12, s. l., 1677 (texte allemand).

774. Kriegsmann (Guillelm.-Christophor). *Commentariolus interpres Tabulæ Hermetis smaragdinæ.* (*Sine loco et anno impressionis*).

775. Kruger (Rudolph.-Aug.). *De auro medico.* In-4, Brunswici, 1713.

776. Kunkel (Jo.). *Utiles observationes chimicæ : de salibus fixis et volatilibus, auro et argento potabili, et ex Germanicâ lingua in Latinam versæ, a Carolo Aloysio Ramsay; partes duæ.* In-12, Londini et Rotterdami, 1678.

777. Du même. *Observationes chimicæ, in quibus agitur de Principiis chimicis, diversis experimentis probatæ, ex Germanico in Latinum versæ, a Carolo Aloysio Ramsay.* In-12, Londini et Rotterdami, 1678.

778. Du même. *Philosophia chimica experimentis confirmata.* In-12, Amstelodami, 1694.

779. Du même. *Valkomene Glasmacher Kunst.* In-4°, Francforti, 1679.

780. Du même. *Aumerckung von den fire und fluchgtigen Saltzen auro et argento potabili, spiritu mundi.* In-8, Hamburgi, 1676.

781. Du même. *Collegium Physico-chimicum experimentale, oder laboratorium chimicum.* In-8°, Hamburgi et Lipsiæ, 1772.

782. Kunrath (Henri). *Magnesia catholica philosophorum.* In-8, Magdeburgi, 1599.

783. Du même. *Symbolum Physico-chimicum.* In-8, Hanoviæ, 1599.

784. Du même. *Amphitheatrum æternæ sapientiæ cabbalistico chimicum.* In-folio, Magdeburgi, 1608; aut. éd., in-fol., Hamburgi, 1611; aut. Francforti, 1653.

785. Du même. *Confessio de chao physico-chimicorum catholico : in quo catholicè habitat Azoth, sive materia prima mundi, hoc est mercurius sapientium : ubi magnesiæ conditiones fideliter recensentur.* In-12, Argentorati, 1599; éd. in-8, Magdeburgi, 1599.

786. Du même. *Medulla distillatoria.* In-4, Rostoch, apud Laur. Albert. S. D.

787. Du même. *De Igne magorum, Philosophorumque.* In-8, Argentorati, 1608 (texte en allemand).

788. Du même. *Opera.* In-8. Hamburg, 1619 (texte en allemand).

789. Du même. *Volumen secundum.* In-4, Hamburg, 1619 (texte en allemand).

790. Kunst ou Khunst (Joan. Christoph.) *Dissertatio de menstruo metallorum universali.* In-4, Halæ, 1737.

791. Kunstel (Joan. Wolffgangus). *Dissertatio medico-chimica : de salibus metallorum, præsertim auri et mercurii.* In-4, Lipsiæ, 1711.

792. Lacinius (Joannis). *Pretiosa Margarita; collectanea ex Arnoldo, Raymundo, Rhasi, Alberto et Michael Scotto, de occultissimo ac pretiosismo Philosophorum lapide.* In-8, Venetiis, Aldus, 1546. Belle édition très recherchée; autre in-4, Norimbergæ, 1554.

793. Du même. *Collectanea chimica, cum Margarita novella pretiosa Petri Boni Lombardi ab eo correcta prefetatione ejus, Epistola Petri Boni et tractatulo chimico cum figuris.* In-8, Basileæ, S. D.

794. Lagneau (David). *De medici harmonia seu consensus Philosophorum chimicorum, magno cum studio et labore in ordem digestus.* In-8, Paris, apud Claud. Morel, 1601. Ed. in-16, Paris, 1611, et dans le Théatre chimique.

795. Du même. *Harmonie mystique ou Accord*

des philosophes, traduit par le sieur Villutil du latin. In-8, Paris, 1636.

796. *Lampas vitæ et mortis.* In-12, Lugdini Batavorum, 1678.

797. LAMY (Guillaume). *Dissertation sur l'antimoine.* In-12, Paris, 1682. — Cet ouvrage traite surtout de médecine.

798. LANCILLOTTI (Carlo). *Guida alla chimica.* In-12, Modena, 1672; aut. éd. 1679.

799. DU MÊME. *Farmaceutica antimoniale o vero triomfo dell' antimonio.* In-12, Modena, 1683.

800. DU MÊME. *Il triompho del Mercurio nel qual si tratta del sua origina, natura e temperamenti.* In-16, Modena, 1677.

801. LANGELOTTI. *Espistola de quibusdam in chimia prætermissis.* In-12, Hamburgi, 1672 et in-8, 1673.

802. LANIS, Franç. (Tertii de). *Magisterium naturæ et artis, opus physico-mathematicum, in quo occultiora naturalis Philosophiæ manifestantur, etc.* 3 vol. in-fol. Brixiæ, 1684; aut. éd. 1692.

803. LANTOSCA (Auda da). *Compendio di Maravigliosi Segreti, medicinali, chimici et altri.* In-8, Roma, 1660; aut. éd. in-8, in Venetia 1663.

804. LASNIORO (Joh. de). *Tractatus aureus de lapide philosophico.* In-8, s. l. T. Schürer 1612; est aussi inséré dans le THÉATRE CHIMIQUE. (Voy. ce mot et TRACTATUS.)

LAUREMBERGIUS (Petrus). — Voy. DREBELLIUS, n° 473.

805. LAVINIUS. Venceslay (Moravus). *Tractatus de cœlo terrestri.* In-8, Marpurgi, 1612. — *Cum Nigri Happelii cheiragogia Heliana*, est inséré également dans le THÉATRE CHIMIQUE et dans la BIBLIOTÈQUE CHIMIQUE de Salmon.

806. LAZAREL (Louis) Italien. *Le Bassin d'Hermès.* In-8, Paris, 1577. — Le même auteur, a, paraît-il, écrit un traité sur la science hermétique; nous ne le connaissons pas et ne l'avons jamais eu sous la main.

807. LE DOUX (Gaston). *Dictionnaire Hermétique*, 1695. (Voy. DOUX, n° 486.)

808. LEMERY (Nicolas). *Traité de l'antimoine.* In-12, Paris, 1707. — Observations critiques sur ce traité. In-12, Paris, 1708.

Lemery était un chimiste distingué de la fin du XVIIe siècle; il a beaucoup écrit, et ses œuvres étaient fort répandues; ainsi son cours de chimie publié à Paris en 1701 a eu non seulement de nombreuses éditions, peut-être vingt, mais il a été traduit en latin, en allemand, en anglais et en italien. — La dernière édition de ce cours, parue en 1738, est la meilleure. — Les mémoires de l'Académie des sciences renferment les nombreux travaux de Lemery, ainsi que des études de son fils.

809. LEMNIUS (Levius). *De occultis naturæ miraculis.* In-8, Paris, 1567; in-8, éd. de Gaudavi, 1570; autre de 1572; éd. de Lugdini Batavorum, 1666.

Lemnius était médecin flamand; son livre a été traduit en français dans diverses éditions susmentionnées.

810. LENGLET-DUFRESNOY. *Histoire de la philosophie hermétique*, accompagnée d'un catalogue des écrivains de cette science avec le véritable *Philalèthe* revu sur les originaux. 3 vol. in-12, Paris, Huart, 1714.

811. *Leo suavius solitarius; Vita Paracelsi et catalogus librorum ejus.* In-8, Basileæ, apud Pernam, 1568. — On attribue ce livre à Jacques GOHORY. (V. ce nom et FONTAINE, n° 577.)

812. LEPELLETIER de Rouen. — Cet auteur a publié les livres suivants que nous ne connaissons pas: l'ALKAEST, 1704; ARCHIVES MYTHO-HERMÉTIQUES, 1780; CLEF DU GRAND-ŒUVRE, 1776.

LETTRE philosophique. (Voy. DUVAL, section DIVERS.)

813. *Lettre d'un philosophe sur le secret du Grand-Œuvre.* In-12, La Haye, 1686, et Paris, 1688.

814. LEURZEN (Joh. Gher.). *Chymische schauplatzes, id est auteintung zu der Whare chimia.* In-8, Francofurti, 1708.

815. LEUTMANNS. *Vulcanus famulans.* In-8, Wittembergæ, 1723.

LIBAVIUS. — C'est un des auteurs qui ont le plus écrit sur la *Science hermétique*, moins que Raymond Lulle cependant, et avec beaucoup moins de savoir. Voici ses œuvres :

816. LIBAVIUS. *Alchimia.* In-fol. Francofurti, 1595; aut. éd., in-fol., Francofurti, 1606.

817. DU MÊME. *Syntagma alchimiæ arcanorum.* In-folio, Francofurti, 1595.

818. DU MÊME. *Epistolæ chimicæ.* 3 tomes en 1 vol. in-8, Francofurti, 1595; aut. éd., 1599.

819. DU MÊME. *Alchimiæ praxis, hoc est de artificiosâ præparatione præcipuorum medica-*

mentorum chimicorum libri 2, quorum primus de distill., alter de lapide philosophico agit; annexus est libellus Jacobi Bessalii de ratione extrahendi olea, aquas, etc.; a medicamentis simplicibus. In-8, Francofurti, apud Kopssium, 1605.

820. Du même. *Opera omnia medica chimica*, 2 vol. in-fol., Francofurti, 1613; aut. éd. en 3 vol. in-fol., Francofurti, 1615. — C'est une vaste compilation sur l'opinion des hermétistes sur le Grand-Œuvre.

821. Du même. *Singularia.* 2 vol. in 8, Francofurti, 1599; aut. éd., 4 vol. in-8, Francofurti, 1601.

822. Du même. *Commentationes metallicæ, de arte probandi mineralia.* In-4, Francofurti, 1597.

823. Du même. *De Bituminibus.* In-4, Francofurti, 1698.

824. Du même. *Tractatus de medecina veterum, tam Hippocratia quam Hermetica, adversus Joh. Michelii Paracelsistæ ultimum conatum; exponitur item universale alchimistarum per Lullium Arnoldum.* In-8, Francofurti, 1599.

825. Du même. *Rerum chimicarum epistolica forma quatuor libri.* In-8, Francofurti, apud P. Kopssium, 1597; aut. éd., 1599.

826. Du même. *Appendix arcanorum chimicarum, cum deffensionibus adversus Henningum, Scheneumannum, Gramanum et Guibertum Lotharingum.* In-fol., Francofurti, 1615.

827. Du même. *Alchimia triumphans.* In-8, Francofurti, 1607.

828. Du même. *Characteres et de lapide conficiendo.* In-8, Francofurti, 1607.

829. Du même. *Alchimia, dogmatibus et experimentis aucta.* In-fol., Francofurti, 1603.

830. Du même. *Censura scholæ Parienses et Riolani...*

831. Du même. *Defensio alchimiæ transmutatoriæ.*

832. Du même. *Opus alchimiæ practicum...*

833. Du même. *Medicinæ Hermeticæ artificium catholicum, ad tuendam sanitatem et hydrargyrum, ac imperfecta metalla in aurum transmutanda.*

834. Du même. *Apocalypsis Hermetica...*

835. Du même. *De injusta collegii Gallici in academiâ Parisiensi censurâ...*

836. Du même. *Expositio sincera Lulli et Arnoldi, cum scholiis.* In-8°, Francofurti, 1599.

837. Du même. *Joh. Riolani Maniographia falsi convicta et funditus eversa, opus hermeticum, solida Hipocratis fundamenta explicans. Item de quintaessentia, lapidis, magisterio, principiis, extractis, oleis, aquis, salibus, elexiribus, etc.* In-8, Francofurti, 1607.

838. Du même. *Deffensio et declaratio alchimiæ transmutatoriæ apposita Nicolai Guiberti expugnationi virili et clavei apologiæ contra Erastum.* In-8, Francofurti, 1607.

839. Du même. *Sintagma selectorum arcanorum alchimiæ.* 3 tomes in-8.— *Libros digestum.* In-fol. Francofurti, apud Kopssium, 1615.

Il existe également une éd. en 2 vol. sous ce titre : *Selectorum Alchymiæ arcanorum tomi duo...*

840. Du même. *Sintagmatis pars secunda, ubi de quercetano, etc., agitur...*

841. Du même. *Alchimia recognita, emendata aucta, cum picturis variis instrumentorum chimicorum.* In-fol., Francofurti, apud Kopssium, 1606.

842. Du même. *Philosophia magica...*

843. Du même. *De Deâ Hypocratis...*

844. Du même. *De Instrumentis chimicis...*

845. Du même. *Notæ in Med. Hermeticæ artifices et aurum transmut.* In-8, Francofurti; *ubi agit. de Sendivogio, Hogelandeo, et multis altis rebus; reperietur, etc.* In-fol., Francofurti.

846. Du même. *Epitome Metallicarum variis tractatibus, nempe de arte probandi Mineralia, de aquâ permanente, de aquis mineralibus, etc.*, lib. 3. In-4, Francofurti, apud Kopssium, 1597.

847. Du même. *Quatuor libri commentationum metallicarum : de naturâ metallorum, mercurio philosophorum, azotho et lapide, seu tinctura Physicorum conficicienda.* In-4, Francofurti, apud Kopssium...

848. Du même. *Neo-Paracelsica adversus G. Amualdum, de Panaceâ.* In-8, Francofurti, apud Kopssium.

849. Du même. *Centuria Epistolarum de laudibus Panacæ Amualdinæ G. et vom Bald. glossema in Libavii epistola, de Panaceâ...*

850. Du même. *Responsio ad neo-paracelsicam.*

851. Du même. *Examen Philosophiæ Magicæ Crollii, et censura Philosophiæ vitalis,* Hartmanni.

852. Du même. *Schema medicinæ Hermeticæ...*

853. Du même. *Examen novæ philosophiæ*

ubi de magiâ Paracelsi de vivente Philosophiâ ex Severino et de Philosophiâ harmonico-magica fratres, Roseæ-Crucis. In-fol., Francofurti, apud Kopssium, 1615.

854. Du même. *Tractatus physici de unguinto armario et de cruentatione cadaverum...*

855. Du même. *Variæ controversæ, item de rerum originibus.*

Pour d'autres ouvrages de Libavius, voy. section VI, Philosophie occulte, § *Rose-Croix*.

856. Liberius Benedictin. *Liber dictus Theophrasti Paracelsi Nucleus sophisticus, seu Explanatio in Tincturam Physicorum, in quâ vera materia seu subjectum Philosophorum catholicum tum verum ac Paracelsi nova præparatio demonstratur, cui adjunctus est tractus brevis de apide philosophorum, more cabalistico scriptus.* In-8, Francofurti, apud Lucam Jennis, 1623.

857. Liébault (Jean). *Secrets de médecine et de philosophie chimique ou Remèdes secrets de l'Evonyme colligé*, traduit de l'allemand par J. Liébault. In-8, Lyon, 1595; in-8, Rouen, 1628; in-8, Lyon, 1557; cette édition porte un titre un peu différent, le voici : *Trésor des remèdes secrets ou l'Evonyme.* (Voy. Walphius.)

858. Linthault (H.). *L'Aurore*, recueil d'œuvres alchimiques, M. S. In-4, bibliothèque de l'Arsenal S. A., n° 779.

Linthault est un alchimiste du xvie siècle qui commente le *Trésor des Trésors* de Gamon. (Voy. ce nom, n° 592.)

859. Locatelli (Lud.) da Bergamo. *Theatro d'Arcani chimici.* In-8, Milano, 1646.

860. Du même. Autre édition de l'ouvrage qui précède avec : *L'Expositione de caracteri oscuri de Filosofi.* In-8, Venetia, 1648; aut. éd., 1667.

861. Le même ouvrage en latin : *Theatrum Arcanorum chymicorum.* In-8, Francofurti, 1656.

862. Locques (Jean Nico. de). *Rudiments de la Philosophie naturelle.* In-8, Paris, 1665; aut. éd. Paris, 1668. (Ouvrage assez rare.)

863. Longino (César). *Trinum Magicum, sive Secreta Magica.* In-12, Francofurti, 1616; aut. éd., 1630; aut. éd. 1673. (Ouvrage assez rare.)

864. Loos (H. de). *Le Diadème des sages ou Démonstration de la nature inférieure.* In-12, Paris, 1781.

865. Louis F. *Physiologie universelle. — Le Secret d'Hermès.* In-12, Paris, s. d.

866. Lucerna. *Salis philosophorum secundum mentem Sendivogii, Geberi et aliorum.* In-8, Amstelodami, 1658.

Ce curieux traité est de Jean Harprecht, de Tubinge.

867. Lucius (Cyriacus). *De Lithosophisticâ erroneâ quorumdam de Lapide Philosophico discertantium doctrinâ, Religionis Christianæ incommoda observatio, atque lapide Christo-sophico, admonitio.* In-4, Ingolstadii, 1582.

Lulle (Raymond) (Voy. Raymond Lulle).

868. Lullius Redivivus. In-8, Norimbergæ, 1703.

869. *La Lumière sortant des ténèbres ou Véritable théorie de la pierre philosophale.* In-12, Paris, 1687.

870. Macollon. *Iatria Chimica.* In-8, Londoni, 1622.

871. Maffei (G. Cam.) *Scala naturale, o vero fantasio in torno alle cose occolte desiderata, nella Filosofia.* In-8, Venetia, 1564.

Magisterium philosophorum. (Voy. ci-dessus Anonymes, n° 93).

872. Maier, Mayer ou Maierus (Michaël ou Michel). *Tractatus de ortu miraculoso, potius quam naturali, vegetabilium, animalium, hominum et supernaturalium quorumdam.* In-8 Francofurti, 1619.

873. Du même. *Michaëlis Maieri, medici Germani, Lusus serius, quo Hermes seu Mercurius, rex mundorum omnium sub homine existentium, post longuam discertationem in concilio octovirali habitam, homine rationali arbitro judicatus et constitutus est.* In-4, Francofurti, apud Luc. Jennis, 1617; aut. éd. in-4, Oppenheimii, 1619.

874. Du même. *Symbola aureæ Mensæ 12 nationum, hoc est Heroum 12 selectorum artis chimicæ, usu, sapientiâ et autoritate, parium argumenta, quibus adversarius jam tot annos ipsi, tam vitiosis argumentis, quam argutis convertiis, injuriam atrocissimam inferens confunditur et exarmatur; tum vero illi celebrantur, tum artis continuatio et veritas invicta 36 rationibus et experientia, librisque authorum plus quam 300 demonstratur; quod opus, ut chimicis, sic omnibus aliis antiquitatis et rerum lectu dignissimarum percupidis utilissimum 12 Libris explicatum et traditum figuris lucis passim adjectis.* In-4. Francofurti, apud Lucam Jennis, 1617.

875. Du même. *Tripus aureus, hoc est Tres tractatus chimici selectissimi, id est Basilii Valentini practica, una cum 12 clavibus et apendice; 2, Thomæ Nortoni Credè mihi, seu Ordinale ex Anglicano manuscriptû, in latinum translatum; 3, Cremeri testamentum hactenus nondum publicatum, nunc in diversarum nationum gratiam editum et figuris cupro affabrè incisis, ornatum.* In-4, Francofurti, apud Lucam Jennis, s. d., ouvrage qui se trouve imprimé dans le Museum Hermeticum, éd. de 1677.

875 *bis*. Du même. *Septimana philosophica, quâ enigmata aureola, de omni naturæ genere a Salomone sapientissimo rege Israëlitarum et Arabiæ Reginæ Sabæ, necnon Hyramo Tyri principe, sibi invicem in modum colloquii proponuntur et enodantur, ubi passim novæ cum ratione et experientiâ convenientibus rerum naturalium causæ exponuntur et demonstrantur; figuris cupro incisis singulis diebus adjectis.* In-4, Francofurti, apud Lucam Jennis, 1620.

876. Du même. *De circulo Physico quadrato, hoc est Auro, ejusque virtute medicinali sub duro cortice, instar nuclei latente, an et qualis inde petenda sit.* In-4, Francofurti, apud Lucam Jennis et Jo. Janson, 1616

877. Du même. *Michaëlis Maieri, medici imperatoris, arcana arcanissima, hoc est Hyeroglyphica Ægypto-Græca, ad demonstrandum falsorum apud antiquos deorum, dearumque heroum animantium et institutorum pro sacris receptorum, originem ex uno Ægyptiorum artificio, quod aureum animi et corporis medicamentum peregit deductam, etc.* In-4, Londini, 1614 (ouvrage très rare).

878. Du même. *Atlanta fugiens, hoc est Emblemata nova de secretis naturæ chimica* In-4, Oppenheimii, apud Joh. Theod. de Bry, 1618. — Cet ouvrage est très rare; le suivant est le même avec un titre différent.

879. Du même. *Secretioris naturæ Secretorum Scrutinium chymicum, emblematis ad rem egregie facientibus et epigrammatis illustratum.* In-4, Francofurti, 1687.

880. Du même. *Maieri viatorum, hoc est De montibus planetarum 7, seu metallorum.* In-4, Francofurti, apud Joh. Theod. de Bry, 1618.

881. *Cantilenæ intellectuales, in tridas novem distinctæ, de Phœnice redivivo, id est medicinarum pretiosissima quæ mundi epitome et speculum est, et clavis ternarum irreserabilium chimiæ arcanorum.* In-16, Romæ, 1622. Autre édition in-8, Rostschii, 1623. — De tous les ouvrages de Maier, c'est sans contredit le plus rare aujourd'hui.

882. Du même. *Examen fucorum pseudochimicorum detectorum.* In-4, Francofurti, apud Theod. de Bry, 1617.

883. Du même. *Verum inventum, hoc est Munera Germaniæ.* In-8, Francofurti, 1619.

884. Du même. *Civitas corporis humani.* In-8, Francofurti, 1621.

885. Du même. *Emblemata nova chimica.* In-4, Oppenheimii, 1618.

886. Du même. *Secreta naturæ chimica, novâ subtili methodo indagata.* In-4, Francofurti, 1687.

887. Du même. *Museum chimicum.* In-4, avec fig., Francofurti, 1708.

888. Du même. *Subtilis allegoria super secreta chimiæ,* in Museo Hermetico, anni 1677.

889. Du même. *Encomium Mercurii, in Amphitheatro Sapientiæ et Stultitiæ,* Gasp. Dornavii, in-folio, Hanoviæ, 1619. — Cette dernière collection est curieuse et rare, comme du reste tous les traités de Michel Maier.

Pour d'autres œuvres, voir la section VI, Philosophie Occulte, § Rose-Croix.

890. Manget. *Joh. Jacobi Mangeti Bibliotheca chemica curiosa, seu Rerum ad alchimiam pertinentium Thesaurus instructissimus.* 2 vol. in-folio, Coloniæ Albrogum, de Tournes, 1702.

Cette collection comprend les auteurs et les traités les plus connus et les plus estimés de la science Hermétique, savoir :

TOME PREMIER. — LIBER PRIMUS

Quo per varios variorum auctorum tractatus Alchimiæ, Scriptorumque de eâ præcipuorum Historia traditur, veritas pro et contra, allatis experimentisque non paucis et jurisconsultorum judiciis adjectis comprobatur termini, tum res, vel ipsarum etiam operationes spectantes explicantur; ac tandem cautiones in arte contra impostores adhibendæ et difficultates in eadem occurrentes abundè declarantur.

SECTIO PRIMA

De Alchimiæ primarium in eâ scriptorum Historia.

§ 1.

SECTIO SECUNDA

Quâ authores Greci et Arabes qui ab Aristeo tractatus turba Philosophorum dicti scriptore ad regem usque ad Gebrum existere cum suis commentatoribus afferunt.

§ I.

§ II.

§ III.

SECTIO TERTIA

Quâ authores qui a Rogiero Bacone Anglo ad Raymundum Lullium Majoricanum scripserunt, cum suis traduntur commentatoribus.

§ I.

Quæ a Rogiero Bacone scripta sunt.

§ II.

§ III.

§ IV.

§ V.

(1) Le Robert en question est Robert Bruce, roi d'Écosse, dénommé *Anglorum* parce que l'Écosse était sur le continent anglais.

J.-M. de V.

Ce livre est dénommé *Livre Muet* parce qu'il ne comporte que 15 feuilles de figures hiéroglyphiques expliquant les secrets de la Philosophie hermétique.

TOME DEUXIÈME. — LIBER TERTIUS

Quo authores in rebus alchimicis celebriores, qui a Raymundo Lullio ad nostra usque tempora scripsere, continentur.

SECTIO PRIMA.

Tractatus qui ab ipso Petro Bono Lombardo Ferrariensi ad usque anonymi Consilium conjugii massæ Solis et Lunæ, etc., complectitur.

SECTIO SECUNDA

Qua authores chimici, qui ab ipso Richardo Anglo ad usque Joannem Picum Mirandolanum inclusivè scripserunt, continentur.

§ V.

89. *Dialogus inter Naturam et filium Philosophiæ* 326

§ VI.

90. DIONYSII ZACHARII *Opusculum chemicum, cum adjuncto Nicolai Flamelli in illum librum commentario, item ejudem* FLAMELLI *Summario philosophico* 336

§ VII.

91. JOANNIS AURELII AUGURELLI *Chrysopoeia et vellus aureum, seu Chrysopoeia major et minor ad Leonem X pontificem maximum* . . . 371

92. NATHANIS ALBINEI, Doctor Medici, *Carmen aureum et ænigma* 387

§ VIII.

93. BERNARDI COMITIS MARCHIÆ TRÉVISANÆ *Librum de secretissimo Philosophorum opere chemico* 389

94. EJUSDEM *Responsio ad Thomam de Bononiâ, medicum Caroli Octavi, Francorum regis* 399

§ IX.

95. BASILII VALENTINI, Benedictini ordinis, *De magno lapide antiquorum sapientium* . 409

96. EJUSDEM *Duodecim claves* 413

97. EJUSDEM *Prima materia lapidis philosophici* 421

98. EJUSDEM *Appendix magni lapidis antiquorum sapientum* 422

§ X.

99. PARACELSICA *Chemiæ congeries de transmutatione metallorum* 433

§ XI.

100. SENDOVIGII Poloni *Vulgo cosmopolita lumen chemicum* 463

101. EJUSDEM *Dialogus mercurii alchimistæ et naturæ* 475

102. EJUSDEM *Tractatus de sulphure* . . 479

103. EJUSDEM *Epistolæ apographæ hactenus inœditæ* 493

104. ORTHELII *Commentarius in novem lumen Sendivogii* 516

§ XII.

105. JOANNIS FRANCISCI *Mirandulæ Domini, Concordiæ, opus aureum de auro* 558

SECTIO TERTIA

Qua authores qui ab ipso Joanne Grasseo Chortalasseo ad hæc novissima usque tempora continentur.

§ I.

106. JOANNIS GRASSEI, Alias CHORTALASSEI *Arca arcani artificiosissimi, de summis naturæ mysteriis* 585

§ II.

107. ANONYMI *Discipuli* JOANNIS GRASSEY CHORTHALASSEI *Mysterium occultæ naturæ, de duobus floribus astralibus agricolæ minoris, in ejus Arca arcani artificiosissimi contentis* . . . 619

§ III.

108. ANONYMI *qui tamen creditur Dominus* d'ESPAGNET, *Enchiridion Phisicæ restitutæ, continens duos tractatus; in primo Verus naturæ concensus et Philosophorum veterum errores continentur in 245 canonibus.* (Voyez ESPAGNET n° 515) 622

109. *In secundo continetur Arcanum Hermeticæ Philosophiæ* 438 *canonibus* 649

§ IV.

110. ANONYMI PHILALETHÆ Philosophi vulgo dicti, *Introitus apertus ad Occlusum Regis Palatium* 661

111. EJUSDEM *De metallorum metamorphosi* 676

112. EJUSDEM *Brevis manuductio ad Rubinum cœlestem* 686

114. JOANNIS FERDINANDI HERTODTATODFELD' *Epistola contra Philatetham* 697

115. ANONYMI *Ad præcedentem Epistolam Responsio* 699

§ V.

116. ANONYMI *Liber praxeos alchemiæ, cum additionibus* LIBAVII, en 22 chapitres. . . 700

§ VI.

117. NICOLAI BERNAUDINI à Crista Arnaudi Delphinatis *In Œnigmaticum quoddam epitaphium Bononiæ, ante multa secula marmoreo lapidi insculptum, commentariolus* . . . 713

118. *Extractum e* CAROLI CÆSARIS MALVASII *tractatu, super eodem epitaphio conscripto* . . 717

§ VII.

119. ANONYMI PANTALEONIS *Dicti Bisalium metallicum, seu Medicina duplex pro metallis et hominibus infirmis, sive Lapis philosophicus* 718

120. EJUSDEM *Tumulus Hermetis apertus*. 728

121. EJUSDEM *Examen Alchimisticum quo seu Lydio Lapide, adeptus à Sophista et verus Philosophus ab impostore dignoscuntur* . . . 736

122. EJUSDEM *Disceptatio de lapide physico in qua tumbam Semiramidis ab anonymo,*

phantastice, non Hermeticè sigillatam, jam vero reclusam 744

123. EJUSDEM *Tumba Semiramidis hermeticè sigillata.* 760

§ VIII

124. LUDOVICI DE COMITIBUS *Tractatus de Liquore alchaest et Lapide philosophorum et de sale volatili Tartari, etc.* 761

125. EJUSDEM *Metallorum ac metallicorum naturæ operum ex oriophisi eis fundamentis recens elucidatio* 781

126. *Appendix simbalicæ crucis aliqualem illustrationem exibens* 840

§ IX

Continens varios tractatus.

127. CLAUDII GERMANI *Icon Philosophiæ occultæ, sive Vera methodus componendi antiquorum philosophorum Lapidem.* 845

128. CHRISTIANI ADOLPHI BALDUINI *Aurum superius et infertus, auræ superioris et inferioris Hermeticum* 874

129. MELCHIORIS FRIBEN *Epistola, sive Brevis enumeratio hactenus à se in chemica actorum* 875

130. D. J. B. *De spiritu mundi positiones aliquot* 876

131. ANDREÆ CNOFELLII *Responsum ad positiones de spiritu mundi, quod in se continet referationem tumbæ Semiramidis* 880

132. *Trames facilis et planus ad auream Hermetis arcem recta producens* . . . 886

§ X

133. DANIELIS STALCII DE STOLCONBERG Bohemi, *Hortulus hermeticus flosculis philosophorum cupro incisis conformatus et brevissimis versiculis explicatus* 895

FIN DE LA BIBLIOTHÈQUE DE MANGET.

891. EJUSDEM JOANNIS MANGETTI medicinæ doctoris, *Bibliotheca scriptorum medicorum veterum et recentiorum ad hunc usque annum, ordine alfabetico digesta.* 4 vol. in-fol. Genevæ, 1733 — Cet ouvrage contient non seulement les ouvrages de Vanderlinden et de Mercklin, mais encore tout ce que ce fécond écrivain a pu extraire des journaux et des Bibliothèques publiques; il y est question, cela va sans dire, de nombreux écrivains hermétiques. (Voy. MERCKLIN.)

892. *Manuale hermeticum, seu Introitus ad magnum Philosophorum opus.* In-8, Strasbourg, 1701.

Manuducture chimicus. (Voy. *supra*, pag. 10, 1re col., n° 88 *quater*.)

Manuscrits des chimistes arabes. (Voy. ci-dessus, n° 342 *bis*, CHIMISTES ARABES.)

Manuscrits grecs. (Voy. ci-dessus, n° 343, CHIMISTES GRECS.)

Marcanum Philosophicum. (Voy. COLLECTEANA OU COLLECTIONS, n° 375, § 6.)

MARCASSITA. (Voy. le n° 107, THEATRUM CHIMICUM, tome III, n° 63.)

893. MARK (Bernard von der). *Von der Hermetischen Philosophierren.* In-8, Strasbourg, 1701.

894. *Margarita philosophica.* In-4, Basileæ, 1583.

895. MARIÆ *Auri faciendi ratio exprescripto.* (Manuscrits des chimistes grecs, page 24, 2e col., n° 1, et page 26, 2e col. n° 11.)

896. MARIE (Voy. BIBLIOTHÈQUE des philosophes chimistes, n° 61, tome Ier, ou page 8, 1re col., III.)

897. MARS *Philosophische, seu De Mercurio Philosophorum vel Azoth.* In-8, Francofurti, 1656 et 1708. Plaquette ne contenant que 28 pages.

898. MARIN (Giuseppe) *Breve tesoro alchimisto.* In-8, in Venetia, 1644.

899. MARTINI (Davidis) *De naturâ acidi et alcali.* In-8, Lugdini, Batavorum, 1676. — Il ne faut pas confondre cet auteur avec Valerius Martinus, son homonyme. (Voy. VALERIUS.)

900. MARTINIÈRE (L. de la). *Le Chimique inconnu, ou l'Imposture de la pierre philosophale.* In-12, avec portrait de l'auteur, Paris, chez l'auteur s. d. (vers 1660). — La Martinière était médecin de Louis XIV et cousin de François de Sales.

901. DU MÊME. *Le Chimique Ingenu ou l'Imposture de la pierre philosophale découverte.* In-12, Paris, s. d. (vers 1660).

902. DU MÊME. *Le Tombeau de la folie, montrant d'un côté la réalité et possibilité de la pierre philosophale, et de l'autre l'abus et l'impossibilité d'icelle.* In-12, Paris s. d.

903. MASSIN (Pierre), Liégeois. *De la Pierre Philosophale*, traduit du latin en Français...

904. MATHESIUS (Joan.). *Secreta seu Tractatus de metallis et mineralibus, cum chro-*

nico vallis Joachimi. In-fol., Nuremberg-1571. (Texte allemand.)

905. MATHEUS ERBINEUS a Bradan, equitis Bohemi. *Duodecim columnæ naturæ et artis, cum quinque processibus alchimicis.* In-8, Lepsiæ, s. d.

906. EJUSDEM *Descriptio medicinæ universalis.* In-8, Lepsiœ, 1689. (Texte en allemand.)

907. MAYOW (Joan.) *Tractatus quinque me dicophysici, de sale, nitro ærero, etc.* In-8, Oxonii, 1674. — Ouvrage peu commun et peu intéressant.

908. MAZOTTA (Benedictus). *De triplici philosophia.* In-4, Banoniæ, 1653. — Il existe une traduction de ce livre en français; elle est fort rare, nous n'en connaissons que le titre : *la Triple Philosophie de Mazotta.*

909. MEDICES (Christ. de). *Concursus philosophorum* D. I. Reschreibung des Steins der Weisen. In-8, 1706.

910. *Medicina metallorum, seu Transmutatio.* In-8, Lepsiæ, 1723. — Ce volume pourrait figurer parmi les collections, car il se compose de travaux de quelques philosophes hermétiques.

911. MEERHEIM (Joh. Gott.). *Discours curieuser sachen, imsonderheit Hermetischer, Physicalisher, Medicinisher, und anderen Wissen Schaffen in monat. Jan. Fep. mart. April.* In-8, Leipsig, 1708. — Cet ouvrage allemand a quelquefois son titre écrit en latin : *Discursus curiosus, circa chymiam hermeticam, philosophicam, physicam, medicinam et alias scientias, menses januar., febr., mart., april.* 1708.

912. MELCERUS. *Nic. Melceri Lapis philos. coram Imperatore factus, et à Monacho Camacensi probatus,* In-8, 1449.

913. MENAPIUS. *Cento Virgilianus et Ovidianus de Fr. Roseæ. — Cr. FG. Menapio.* In-8, 1618, s. l.

914. MENNENS (Guillelm.), Antuerpiani *Aurei velleris, Sive sacræ Philosophiæ vatum selectæ ac unicæ mysteriurumque Dei naturæ et artis admirabilium libri III.* In-4 Antuerpiæ, 1604. — Egalement inséré dans le tome V du THEATRUM CHIMICUM. (V. n° 107.)

915. MENNUS. *Johan. Henr. Menni Aurum potabile redivivum, quo Franc. Antonius mira morbos curando præstabat.* In-8 Francofurti. s. d.

916. MENON. *Experimenta medico-chemica Dnielis Menonis, quibus accedit pharmaco Cracoviensis, Joan. Vognæ.* In-12, Francofurti, 1683.

MERAC (de). Voy. DORCAS n° 445.

917. MERCATI (Michaël) *Metallotheca, opus posthumum, odente Joan. Maxim. Lancisi.* In-fol., Romæ, 1717.

918. DU MÊME. *Appendix ad Metallothecam Vaticanam Mercati.* In-fol, Romæ, 1717. — Ce livre était resté en manuscrit depuis l'an 1593 où il fut écrit jusqu'au jour où le pape Clément XI chargea son premier médecin Lancini de le publier.

919. MERCKLINUS. *Georgii Abrahami Merchlini Lindenius Renovatus, sive Joan. Anton.* VENDER LINDEN *de scriptis medicis libri II.* In-4, Norimbergæ, 1686.

Mercure Indien. (Voy. ROSNEL.)

920. *Mercurius triumphans et hebdomas eclogarum Hermeticarum, unà cum comment. in quibus de verà Philosophorum Medicinà disseritur lib.* 18. In-4, Magdeburgi, 1600. — L'ouvrage serait d'un nommé Cephalo ; c'est évidemment un pseudonyme.

MERLINUS. (Voy. COLLECTION, pag. 26, 2e col., § 18, et MANGET, tome II, liber tertius, sectio prima, § 10.

921. MEUN ou MUNG (Jean de). *Le Miroir d'alchimie.* In-18, Paris, 1613.

922. DU MÊME. *Le Miroir d'alchimie en latin et en français, contenant aussi les secrets de Calid avec les sept chapitres d'Hermès ;* se trouve aussi dans le théâtre chimique. (V. THEATRUM, n° 107.)

923. DU MÊME. *La Remontrance de Nature à l'alchimiste errant avec la Réponse de l'alchimiste en vers françaïs,* imprimé avec *la Fontaine des amoureux,* ainsi que dans la dernière édition du *Roman de la Rose.* 3 vol. in-12, Paris, 1735.

924. MICHEALIS (Joseph). *Scrutinium Cinnabarium,* In-8...

925. DU MÊME, *Apologia chemica.* In-8, Middelburgi, 1597.

MICRERIS. (Voy. THEATRUM, n° 107. Tome V. n° 149.)

926. MILIUS *Joh. Daniel Mylii, vel Mylii Veterani Hassi M. D. opus medico-chemicum continens tres tractatus, sive Basilicam chimicam, medicam et philosophicam.* 3 vol, in-4, cum figuris, Francfort apud Luc, Jennis, 1620.)

927. DU MÊME *Philosophia reformata, continens libros 6 quorum primus liber, in 7 partes divisum est* :

Pars prima agit de generatione metalorm

II. *De principiis artis philosophicæ,*

III. *De scientiâ divinâ abbreviatâ.*

IV. *De 12 gradibus sapientum philosophorum.*

V. *Est declaratio divinæ scientiæ.*

VI. *Recapitulatio Theoricæ Artis.*

VII. *Recapitulatio practica.*

Secundus continet authoritates philosophorum figuris æneis illustratus, 2 vol. in-4, Francofurti apud Lucam Jennis. s. d.

928. Du même. *Antidotarium medico-chimicum reformatum, in libr. 4 divisum* 1164 Francofurti 1620.

929. Du même. *Tractatus chimicus de animalibus, seu Basilicæ chimicæ liber septimus.* In-4, apud Lucam Jennis, 1610.

930. Du même. *Auri anatomia, seu De auro potabili* In-4, Francofurti, 1628.

931. Du même. *Pharmacopoea nova, de mysteriis medico-chimicis.* In-4, Francofurti, 1618.

Le même auteur a écrit une *Alchimia latrochimica,* mais qui ne nous a jamais passé par les mains : nous n'en connaissons ni le format, ni l'édition.

932. Minderus ou Minderius. *Raymundi Minderii De chalcanto, seu de Vitriolo, disquisitio iatrochimica.* In-8, August. Vindel In-8.

933. *Minera del mondo, o secreti di natura.* In-12, in-Venetia, 1659.

Minzicht, (Voy. Minzicht.)

Miroir temporel. (Voy. Jacob Bæhm n° 273).

934. Mithobius. *De aquâ vitæ juniperinâ,* In-4, Ulmæ, 1628.

935. Mizaldus. *Libri 4 de arcanis naturæ.* In-fol., Lugduni 1558.

936. Du même. *Antoni Mizaldi memorabilium IX centuriæ, in aphorismos arcanorum omnis generis locupletes digestæ.* In-16, Coloniæ 1572; aut. éd, in-16, Francofurti, 1613. (Voy. aussi *Supra,* n° 439 Démocriti.)

937. Mobec de Copponay. *Tombeau de l'envie, où il est prouvé qu'il n'y a qu'une seule médecine qui est la chimique.* In-12, Dijon, 1679.

938. Mockius *Joh. Mockii, de Morbis sabalosis, in quo multa sunt Paracelsiaca.* In-8, Freburgi, 1594.

939. Mollius. *Henrici Mollii Physica hermetica.* In-8, Francofurti, 1619.

940. Mongin. *Le chimiste physicien.* In-12, Paris 1704.

941. Montanus. *Joh. Baptistæ Montani Veronensis opus, de medicamentis metallicis, arte alchimica parandis libri* 18.

942. Monte Snyders (Joh. de). *Metamorphosis planetarum, sive metallorum.* In-8, Amstelodami, 1663.

943 Du même. *Tractatus de medicina universali, ex tribus generibus extracta, per universale menstruum.* In-8, Francofurti, 1678. (En allemand).

944. Monte (Johan. de). *Hermetis, Erlauterung Dess Hermetischen Guldenen fluss.* In-8, Ulmæ, 1680.

915. Monte Cubiti, (Vigil. de). *Dren fasche Hermetische Kleeblatt, mit figur.* In-8, Nuremberg, 1667.

946. Monvalon. *De l'Esprit de vie, ou Elixir pour la conservation de l'humeur radicale ès-sexagenaires.* In-8, 1626, s. l.

947. Moras de Respour. *Expériences sur l'esprit minéral pour la préparation et transmutation des corps métalliques.* In-8, Paris, 1667.

948. Moressinus (Thomas). *De metallorum causis et transmutatione contra chemicos.* In-8, Francofurti, 1593.

949. Morestel (Pierre). *Les Secrets de la nature ou la Pierre de touche des poètes, contenant les préceptes de la pierre naturelle.* In-12, Rouen, 1607.

950. Morhofius (Daniel Georg.) *De metallorum transmutatione.* In-8, Hamburgi, 1673. — Imprimé aussi dans le tome I de la Bibliothèque de Manget (voy. ce mot).

951. Du même. *De auro.* In-4. Kiloni, 1690.

952 Morien Morienus ou Morienes, Romanus eremita Hierosolimitanus. *De transfiguratione Metallorum et occulta summaque antiquorum Philosophorum medicina libellus, seu Dialogus Morieni cum Calid rege de lapide philosophorum accessit et chrysoremon, legenium est* Chrisorrhas, *seu De arte chimica dialogus.* In-4, Hanoviæ, 1565, in-8, 1593 ; in-4. Paris, 1559, 1504 et 1574, etc., etc., car il existe de très nombreuses éditions de ce livre. (Voy. Bibliothèque des Philosophes Chimiques, tome II).

953. Morleus, (C. L.) *Collectana chimica Leydensia olim a C. L. Morleii, nunc autem auctiora, edita à Theodoro* Muykens. In-8, Antuerpiæ, 1702.

954. Du même. *Chimica rationalis et pra-*

xis chemiatrica rationalis. In-4, Lugduni Batavor., 1690. — Cet ouvrage renferme beaucoup de donnéessur la chimie ancienne et peu d'alchimie.

955. MORMIUS. *Petri Mormii, arcana naturæ secretissima.* In-24, Lugduni Batavorum, 1630. — Ce petit traité, assez rare, s'occupe beaucoup des Rose-Croix.

956. MORTIUS (Jacob). *Chimiæ veræ nobilitas et utilitas.* In-4, Lugduni Batavorum, 1696.

957. DU MÊME. *Facies ac pulchritudo chimiæ ab affictis miraculis purificata.* In-8, Lugduni Batavorum, 1712.

958. DU MÊME. *Chimia rationibus et experimentis auctoribus, usque demonstrativis superstrata.* In-8, Lugduni Batavorum, 1688.

959. MORT (Jacques le). *Oratio de Concordantia operum naturæ, chimiæ et medicinæ.* In-4, Lugduni Batavorum, 1702.

960. MOSE ou MOSES (von der). *Und denen propheten ubel urtheilen de alchymist.* In-8, Chemnitz, 1706.

961. MOUFFETUS ou MUFFET, vel Muffeti Londinatis Angli, *Dialogus apologeticus, de jure et præstantia chimicorum medicamentorum.* In-8 Francofurti, 1854 et dans le THEATRUM CHIMICUM) n° 107.

952. MOUILHET (de), conseiller à Carcassonne, *La Vie.* In-8, Francofurti, Paris, 1613.

963. MULLERS. *Drey chimische Tractallein Ambrosii Mullers, Paradiess-Spiegel, etc.* In-8, Lipsiæ, 1704.

964. MULLER PHILIPPE, de Fribourg en Brisgau. *Miracula et mysteria medico-chimica, lib. V, Enucleata.* In-12, Regiomonti, 1611; in-12 Viteberg, 1623 et 1626; in-12 Paris, 1644; Rothomagie, 1651; Amstelodami, 1656, 1659 et 1668; in-12 Genevæ, 1660. — Dans cet ouvrage curieux et assez rare, il est traité, dans le premier livre, de la pierre philosophale; dans le deuxième, des transmutations particulières; dans le troisième, de la préparation des minéraux; dans le quatrième, de la distillation des végétaux; dans le cinquième, des remèdes singuliers pour les maladies du corps humain.

955. MUNDAMUS (Theodorus), *Epistola de quinta essentia philosophorum ad Edmundum Dickson.* In-8, s. d. n. l.

956. MUNTANUS. *Armamentarium Medicochimicum, cum mantissa Caroli Muntani.* 2 vol. in-8, Venetiis, 1707.

967. MURRENDE. *Die Murrende aussalzige Miriam Wider Mosen den Teuren Propheten gattes und Wahren adeptum, Lapidis benedicti.* In-8, Leipsig 1708.

968. MUSSAPHIA (Benjamin). *Liber de auro potabili suppresso nomine authoris.* In-8, Hamburgi, 1640.

MUSEUM HERMETICUM. Voy. *Supra* n° 94 et 95.

969. *Mutus liber, philosophiam hermeticam depingens figuris.* In-fol., Rupellæ 1667.

770. MYLIUS. *Joh. Daniel Mylii opus medicochimicum continens tres tractatus sive Basilicas,* In-4, Francofurti, 1618. — Le premier et le troisième traité concernent la médecine; le second renferme les sept livres suivants : I, l'anatomie de l'or; II, l'anatomie de l'argent et du mercure; III, l'anatomie de Jupiter de Mars et de Vénus; IV, les pierres précieuses; V, les minéraux; VI, analyse des végétaux; VII, les animaux.

971. DU MÊME. *Anatomia auri, sive Tyrocinium Medico chimicum.* In-4, Francofurti, 1628. — Indépendamment de l'anatomie de l'or, il est aussi traité dans cet ouvrage de la pierre philosophale.

978. DU MÊME. *Philosophia reformata, continens libros binos.* In-4, Francofurti, 1622 et 1638.

979. MYNSICHT. (Adrien). *Armentarium medico-chimicum.* In-8, Rothomagi, 1651 — Mynsicht est l'auteur de l'*Unicorne minéral.*

980 DU MÊME. *Thesaurus medico-chimicus, cum tractatu de lapide aureo philsophorum.* In-4, Hamburgi 1631; autres éditions, in-4 Lubecæ, 1638, 1646, et Lyon, 1645.

981. DU MÊME. *Aureum speculum redivivum sapientiæ domini opus thesophus Henrici adasthani medici et Roseæ-Crucis fratris.* In-fol., Altona, 1785. — Cet ouvrage, écrit en allemand, est très rare; il contient les plus hauts secrets de la Kabbale, de la Philosophie hermétique et de la Franc-Maçonnerie.

982. *Frobergii Mysii Expositio latina de secretis antimonii, Alexandri à Suchelen.* In-8, Basileæ, 1575.

Mysterium occultæ naturæ etc. Voy. MANGET. Tome deuxième, Liber tertius, sectio tertia § II n° 707.

983. NABRE *(Gio-Battisti)* id est Luc. Anton. Salerno. — *Il metamorphosi metallico e humano* in-4°. In Brescia 1564, cette plaquette, qui ne contient que 34 feuillets donne une assez longue nomenclature des Alchimistes.

984. NATURE *au découvert* (La) par le chevalier inconnu ; In-8 ; Aix. 1669. — brochure peu commune.

985. NATURE *(Histoire de la)* In-12 Paris 1657.

Autre édition portant ce titre : Histoire de la nature confirmée par des expériences et éclaircie par des raisonnements, in-8 Londres 1678.

986. NATURÆ *(de mysteriis,)* In-4. S. L. 1564.

987. NAUDÉ *(Gabriel,)* Avis à la France sur les frères de la Rose + Croix, In-8°. Paris, 1623. — Cet opuscule est plus rare qu'utile ; il dit beaucoup de choses qui ont fort peu de rapport avec le sujet traité ; le style en est filandreux et ennuyeux au possible ; c'est du Naudé pur sang.

983. NASARI *(Joh-Battsta)* Bresciano. *Della transmatatione Metallica Sogni tre ; della falsa transmutatione Sophistica, della reale usuale della Divina, della reale Philosophica,* In-4. In Brescia 1599. — Cette édition beaucoup plus complète que celle de 1572 publiée également à Bresse est la plus estimée aussi. Nasari passait pour un des plus grands chimistes Italiens de son époque.

989. DU MÊME. *Concordanza dei ficilasofi* In-4° In Brescia, 1599. — Cet ouvrage est comme la suite du précédent, il contient l'opinion de différents philosophes, mais dont les noms sont défigurés à dessein ou par erreur.

990. NAXAGORAS *(Joan. equitis von ;) Sancta Veritas Hermetica, sive concordantia philosophorum, consistens in sale et sale sine mercurio et sulphure.* In-8°. VATRISLAVIÆ, 7711. — Texte allemand, ouvrage estimé.

991. DU MÊME. *Alchimia denudata, revisa et aucta,* In-8° Vatrislaviæ, 1716. Texte allemand.

992. DU MÊME. Aurea Catena Homeri, In-12. Lipsiæ ; 1728. Texte allemand.

993 DU MÊME. Concordia Philosophica. In-12. Lepsiæ, 1728.

994 h. NEANDER *(Theophilus) Heptas, alchimica in*-8°. Hallæ, 1621.

995. NEIDHOLDUS. *De mercurio corporum olei vitrioli beneficio facile parando auctore, vel Editore Neidholdo.* — In-12. S. L. N D.

996. NEUHUSIUS. *Tres tractatus de lapide. ubi est Henric. Neuhasii Dantiscani, pia de Fratrib. Roseæ crucis admonitio, an sint et quales sint,* In-12, 1618.

997. On trouve souvent relié dans le même volume *Sylloge an hostia sit verus cibarius et synominos, dictus panis a Fratre Roseæ crucis, don ta Rhumellio et Piello,* per THÉOPHILUM DE PEGA. In-12. Hanoviæ 1618. — Opuscule assez rare et curieux.

998. DU MÊME. *Aphorismi Basiliani, seu canones Hermitici de spiritu, anima et corpore medio majoris et minoris mundi,* In-4°, Marpurg. 1614 et dans le THEATRUM CHIMICUM.

999. *Du même De Fratribus Roseæ crucis Dantisci,* In 8° 1618.

1000. NEUMAN *(Gaspard) Lectiones VI chimicæ de salibus fixis et de Camphorâ* in-4, Vatrislaviæ, 1727. — Cet opuscule est écrit en allemand, mais il a été traduit en latin dans les transactions philosophiques de la Société royale de Londres.

1001. DU MÊME. *Lectiones chimicæ de quatuor subjectis, chimicis, Nitro, Sulphure, Antimonio et ferro,* in-4, Berolini, 1723.

NICEPHORUS BLEMMIDAS, de auri conficiendi ratione, voir Chimistes grecs.

NIGER. (Voir) THEATRUM CHIMICUM.

1002. NIGRINUS (Christ.). *Sphinx rosacea, darinen des Rosen-Creutzes ordens an sanger und aurorés, Glaubens Bekautnis, mysteria und Caracteres entélechet Werden,* in-8, Francfort, 1619.

1003. NOLLIUS. *Henrici Nollii, Doctoris et Professoris Stein furtensis, naturæ sanctuarium, id est Physica Hermetica,* in-8, Francofurti, in-fol., 1613, et in-12 1619.

1004. DU MÊME. *Theoria Philosophiæ hermeticæ,* in-8, *Hanovriæ,* 1617.

1005. DU MÊME. *Alchimia philosophica* in-8, Francofurti, 1619.

1006. DU MÊME. *Methodas Metaphysica,* in-8, Francofurti, 1617.

1007. DU MÊME. *Discursus posthumus, pronera philosophia et medicina Hermetis.* Prostochii, in-12, 1636.

1008. NORTHON. *Samuelis Nortoni, angli* septem tractatus chimici, cum figuris, in-4,

Francofurti, 1630. Les sept traités chimiques sont suivis d'un volume de commentaires, comme on va voir. 1. *catholicon Physicorum, de compositione lactis.* 2. *Venus vitriolata in Elixir conversa.* 3. *Mercurius redivivus, seu modus lapidem faciendi ab Edmundo* DEANO, *anglo, editus.* 4. *Elixir, seu Medicina vitæ, de auro et argento potabili.* 5. *Saturnus, Saturatus, seu de Plombo dissoluto.* 6, *Alchimiæ complementum.* Ce traité a été également imprimé à part, 1 vol. in-4, Francfurti. 1603. — 7. *Metamorphosis lapidum ignobilium in Gemmas.* 8. *De Antiquorum scriptorum considerationibus in Alchimia.*

1009. NORTHON. *Nortonus Thomas, anglas ordinale, de Re chimici scriptitante annos* 200 editus a Mich. Maiero, in tripode au reo in-4, Francofurtis, apud Lucas Jennis, 1618. Se trouve également dans la Bibliothèque MANGET (Voy. ce mot, n° 87, § III SECTIO SECUNDA, page 51, de notre bibliographie).

1010. DU MÊME. *Liber dictus crede mihi ex Lagneo.* — Cet auteur qui vivait vers le milieu du XVe siècle (1450) a été imprimé dans le *Tripus aureus* de Mayer, ainsi que dans le Museum Hermeticum, de 1677.

NUISEMENT (de). Receveur général du comte de Ligny en Barrois, auteur, comme nous allons voir, d'un poème philosophique. Nous en avons donné une réedition dans le VOILE D'ISIS, (nos 37 et 38, 2e année, 1891). — Le poème en questiona pour titre l'*azoth des sages*, nous ne l'avons jamais vu imprimé, nous l'avons donné d'après un manuscrit de notre bibliothèque.

1011. DU MÊME. Traité du vrai sel secret des philosophes, in-8, Paris, 1621. Cet opuscule a été traduit en latin en 1672 ; en voici le titre et le traducteur — *De vero sale secreto Philosophorum et de Universali Mundi spiritu, latine versus à Ludovico Combachio*, in-12, Lugduni Batavorum, 1672. — Autre édition. — *Liber de Sale, latinè datus et editus à Lud. Combachio*, in-8, Londini et Cassel, 1651.

1012. DU MÊME. Traittez de l'harmonie et constitution générale du vray sel, recueilly par le sieur de Nuisement 1 vol, In 12. La Haye. 2. maire, 1639. — Nous donnerons ici la table de cet ouvrage célèbre parce qu'elle nous fait pour ainsi dire connaître par une suite de déductions le système des plus savants alchimistes du XVIIe siècle.

Voici les titres en question :

I. Que le monde est vif et plein de vie.

II. Que le monde puisqu'il vit, a esprit, âme et corps.

III. Que tout ce qui a essence et vierge est fait par l'esprit du monde.

IV. Comme quoi le soleil est dit par Hermès, père de l'esprit du monde et de la matière première.

V. Comment la lune est mère de l'esprit du monde et de la matière Universelle.

VI. Que la racine de l'esprit du monde est en l'air.

VII. Comment la terre nourrit cet esprit universel.

VIII. Que cet esprit du monde est cause de la perfection en tous.

IX. Spécification de l'esprit universel aux corps.

X. Que l'esprit du monde prend corps ; comment il se corporifie.

XI. De la conversion de cet esprit en terre et comment en cette terre sa vertu demeure entière.

XII. De la séparation du feu d'avec la terre, du subtil d'avec l'épais, et par quelle industrie elle se doit faire.

1013. DU MÊME. Poème philosophique français et des stances de la vérité de la physique. In-8° La Haye. 16.. ?

1014. DU MÊME. Divers sonnets et autres pièces chimiques, qui sont en partie dans les muses r alliées et avec Basile Valentin, François, après les 12 clefs, S. L. N. D.

1015. DU MÊME. La table d'Hermès expliquée par sonnets avec le traité du sel du même auteur, imprimé en Flandre et à Paris, chez Périer, 1620.

1016. OBERNDORFFER. — *Johan. Oberndorfferi, apologia chimico-medica adversus Rullandi calumnias*, In-8. 1610. — V. M. RULLANDUS.

1017. OCCULTA. PHILOSOPHIA (*de*) *In opusculis Gab. Petri Fabri, Meo, castrinovidariensis.* — Nous n'avons jamais vu ce livre, ni sa mention bibliographique.

ODOMAR. Voir collections de divers auteurs hermétiques et le THEATRUM *chimicum.*

1018. OHACAN, (Didaci alv.). *Commentum novum in parabolas Arnoldi de Villanova*, in-fol. Hispali, 1514. — C'est un des très rares espagnols ayant écrit sur l'alchimie.

1019. OLYMPE (*Le Grand*) ou explication

des soixante-dix-neuf métamorphoses 1 vol. in-12. S.D. N.L.

OLYMPIODORE. Voir CHIMISTES GRECS.

1020. ONOMASTICADUO, *primum medicum. secundum Paracelsii*, 1 vol. in-8. Argentinæ, 1574.

1021. OPERATIONS des sept esprits des planètes, M. S. numéro 70, s. A. Bibliothèque de l'arsenal de Paris.

OPUS *ad album*; voir THEATRUM CHIMICUM.

OPUS *mulierum*; voir COLLECTION de divers auteurs hermetiques.

1022. OPUSCULA *diversorum authorum chimica. partim è veteribus M. SS. eruta, partim restituta*, in-8, Francofurti, 1614, et dans la collection des divers auteurs alchimistes.

1023. OPUSCULA *quædam utilissima in Arte Chimica, ut sunt testimonia Doctissimorum Jurisconsultorum, quod alchimia sit ars licita recte exercentibus. — Item. Hermetis Trismegestii Tractatus 7. — Ejusdem Tabula Smaragdina, in ejus sepulchro reperta, cum comment. Hortulani.* — Item. *Studium consilii conjugii de Massa Salis et Lunæ*, in-8, Argentorati, 1566.

1024. OR POTABLE. Extrait d'un livre intitulé : *Or potable, Levain*, ou *Discours de l'or potable, Levain* et l'offre faite au public d'en faire de très parfait en présence de témoins aux conditions de deux millions de livres de récompense, par P. Andreas, sieur d'Aubigny, in-12, Paris, 1674.

1025. OR POTABLE. Discours des vertus de l'or potable in-12, Paris, 1575.

1026. OR. — Lettre touchant la dissolution radicale de l'or et de l'argent sans corrosif, in-8, Londres, 1729.

1027. *Orontius. Orontii Finei, Libri de his quæ mundo mirabiliter eveniunt et de mirabili potestate artis et naturæ, ubi de Philosophorum lapide.* In-4, Paris, 1642. — On sait qu'Oronce Finée était mathématicien et physicien distingué.

1028. ORSCHAL. *Sal sine veste, vel experimenta ad destructionem Auri auctore.* Jean. Orschal, In-8 1618. — Texte allemand.

ORTHELIUS, voy THEATRUM CHIMICUM et MANGET (Bibliothèque).

1029. ORTHOLANUS. *Pratica vera alchimicæ Parisiis probata et experta*, sub annum 1358, et dans THEATRUM CHIMICUM.

OSTANÈS *vel* OSTHANÈS, voy. CHIMISTES GRECS ET CHIMISTES ARABES.

1030. OSTREB (Rodolphe). Tractatus Theologicus, Philosophicus; de vitâ, morte et resurectione, Fratribus Roseæ Crucis dicata, in-4. Oppenhein, 1617. Ce traité curieux et peu commun est de Robert Flud, qui a pris pour pseudonyme : Rodolphe Otreb.

OVUM, CHIMICUM, PHILOSOPHICUM, de Ovo etc., voy. THEATRUM CHIMICUM.

1031. OZIANDER (Jean, Adam). *Experimenta Oziriandrina, id est, auri et argent analysis. in-8 Lipsiæ* 1759. Texte en allemand.

1032. PACKE (Christophe). *Medela chimica*, in-8 London, 1708, texte anglais.

1833. PAGEZ (*Jean*). Essai sur les miracles de la création du monde et sur les plus merveilleux effets de la nature, in-8, Paris, 1632.

1034. PALISSY (*Bernard*). Du jardinage, où il est traité des métaux, de la chimie, in-8, Paris, 1580.

1035. DU MÊME. Du moyen de devenir riche, avec plusieurs autres secrets naturels et nouveaux, etc. in-8 à Paris, chez Robert Fouët 1636. — Bernard Palissy, l'immortel auteur des *Rustiques Figulines*, a beaucoup étudié l'alchimie, comme on peut voir dans divers passages des ouvrages ci-dessus désignés.

1036. PALLADIS *chimicæ Arcana detecta*, in-8°, Genuæ, 1674 et 167. — Ce livre qui a eu probablement plus que les deux éditions que nous connaissions est assez rare, il aurait pour auteur Jean-Baptiste Maringue.

1037. PALLADIUM *Spagiricum*, in-8°, Paris, 1624.

1038. PALMAR. *Petri Palmarii, medici Parisini, Lapis Philosophicus dogmaticorum, quo Paracelsista Libavius restituitur, Scholæ Parisiensium Medic. judicium declaratur censura inadulteria Parachimicorum defenditur*, in-8°, Paris, 1609.

1039. DU MÊME. *De lapide philosophico*, in-8°, Paris, 1609.

1040. DU MÊME. *Laurus Palmaria, fugans ventaneum fulmen cyclopum, in librum ejus*, in-8°, Lutetiæ, 1609.

1041. PAMPHILUS (*Lucidas*). *Theatri Alchymistico-medici breve jucundum spectaculum*, in-8°, 1681. — C'est une sorte de narration sur deux alchimistes qui travaillent dans deux voies opposées.

1042. PANSA (*Mart.*) *Libellus aureus, de prorogandâ vitâ, in quatuor partes divisus*, in-8° Lipsiæ, 1615.

1043. PANTALEON. *Pantaleonis, Tumulus Hermetis apertus, ita ut Regia via pateat, ad Mercurium Philosophorum inveniendum et preparandum illuminatis*, in-8°, Norimbergæ, 1676 et 1684.

1044. DU MÊME. *Examen alchimisticum, que adeptus a sophista et verus Philosophus ab impostore dignoscuntur*. Il existe, croyons-nous, trois éditions de cet ouvrage; elles ont été publiées à Nuremberg, in-12 et in-8°, en 1676, 1680 et 1684.

1045. DU MÊME. *Bisolium Metallicum, seu medicina Duplex pro Metallis et hominibus infirmis*, in-8° Norimbergæ, in-8°, 1676 et 1684. Cet opuscule figure dans la Bibliothèque MANGET. (V. ce mot.)

1046. PANTHE ou PANTHER (Pantheus Joh. Augustinus vel Pantherus). *Sacerdos Venetus, de Arte et theoria transmutationis Metallica cum Voarchadumia, numeris et Iconibus rei accomodatis*. In-8°, Paris, 1750. — Il existe de nombreuses éditions de cet ouvrage, celle de 1550 est la plus répandue, mais la plus ancienne de format in-8° a paru à Venise en 1530; il est probable que c'est la première édition; deux autres parues également à Venise sont de 1550 et 1555, cet ouvrage a du reste été publié également dans le THÉATRE CHIMIQUE. (Voy. ce mot.)

1046 bis. PAPUS. La Pierre Philosophale; preuves irréfutables de son existence, 1 br. in-12, Paris, 1889, avec 1 planche hors texte.

PARACELSE THÉOPHRASTE est très certainement, le premier et le plus fécond des alchimistes; en tous cas ses œuvres très considérables, comme on va voir, peuvent le faire considérer comme un des pères de notre médecine et de notre chimie modernes.

1047. PARACELSIS THEOPHRASTI *Compedium vitæ et catalogus operum*, in-4° Basileæ 1568.

1048. DU MÊME. *De secretis naturæ mysteriis*, in-8°, Basileæ, 1582.

1049. DU MÊME. *De tartaro*, in-8°, Basileæ, 1570.

1050. DU MÊME. *Opera medico chimico-chirurgico*. 3 vol. In-fol. Genuæ, 1658. Très bonne édition; in-4° Francofortii, 1603, 12 tomes, 6 ou 3 volumes. Texte latin naturellement.

1051. DU MÊME. *Archidoxorum libri decem seu de secretis naturæ mysteriis, cum tractatu de tinctura physica* per Dorneum, in-8°, Coloniæ, 1570.

1052. DU MÊME. *De spiritu planetarum occulta philosophia*, in-8°, Basileæ, 1571.

1053. DU MÊME. *De spiritu Planetarum tinctura Physica, Zodiaci signis et Chirurgia Minore*, in-4° Basileæ, 1571.

1054. DU MÊME. *Aurora*. in-8°, Basileæ, 1577.

1055. DU MÊME. *Pyrophilia vexationum chimicarum, cum tractatu 7 metallorum*, in-8°, Basileæ, 1568.

1056. DU MÊME. *Epistola, in qua totius Philosophiæ adeptæ methodus ostenditur*, in-8°, Basileæ. S. D.

1057. DU MÊME. *Libri Duo, Unus de mercuriis metallorum, alter de quivalis* Essentiis, in-8°, Coloniæ et Basileæ, 1582.

1058. DU MÊME. *Paradoxorum tomi* 12 *seu operum chimicorum*, 1 vol. in-4°, 1603.

1059. DU MÊME. *Aurora Philosophorum Th. Paracelsi et Dornei monarchia Physica*, in-8°, Basileæ, 1575.

1060. DU MÊME. *Theophrasti Paracelsi Dictionarium a Dorneo collectum*, in-8°, Francofurti, 1583.

1061. DU MÊME. *De summis naturæ mysteriis lib. III*. Lutetiæ, 1603.

1062. PARACELSE-BOMBAST. Les quatorze livres des paradoxes de Paracelse Bombast, traduits par C. de Sarcilly, in-4°, Paris, Hervé du Mesnil, 1631.

1062. PARISIEN. CHRISTOPHORE PARISIEN. *Libellus chimicus, à Quercetano memoratus* et à Combatio editus, vers 1580.

1063. DU MÊME. Christophore Parisien; *M. S. Opera ab Italico Idiomate Gallice data anno* 1584. Voici les traités contenus dans cet ouvrage.

I. Medulla artis;

II. La sommette en quatre parties;

III. L'œuvre végétable et minérale de la Pierre philosophique, ou le Lucidaire, ou somme majeure de l'art transmutatoire des Métaux, dont la seconde partie s'appelle Lucidaire de la science de l'arbre philosophal.

IV. La médecine du troisième ordre.

V. Alfabet apertoire de la practique envoyé à son fils.

VI. LA SOMME.

VII. La Harpe.

VIII. La Violette, etc.

1064. PATRICIUS *Francisci, Patricii, Magia Philosophica Zoroastris et Hermetis Sermo sacer, clarus Sermo ad filium, ad Asclepium Minerva Mundi*, etc., ex Bibliothecâ Rantzovianâ, in-8°, Hamburg.

1065. PAUTONIER (*Pierre*). Poète de l'Or potable. S. D. in-4°, Anvers et Amsterdam.

1066. PAYNCK, *Operationes chimicæ rationes*, in-8°, se trouve in Cistâ medicâ Thomæ Bartholini, Hasniæ, 1661.

1067. PAYSAN (*le Petit*). *Liber Chimicus Germanicè, cum comment. Joh Valchii. nomen autem authoris parvum rusticum, seu agricolam Germanicè sonat ; tractat autem de Materiâ et Lapide Philosophorum ex Bibliothecâ Marpurgensi Domini Ernesti*, in-8°, Strasburg, 1619. — Ouvrage rare et assez recherché.

1068. PEGA (Théophile de). *Sylloge an Hostia sit verus Panis à fratribus Roseæ-crucis donata Rhumelio et puello*; in-8°, Hanoviœl, 1618.

1069. PELAGIUS. *Pelagii Greci, in Democritum abderitam, de arte sacrâ, sive de Rebus Mysticis et naturalibus comment. extat cum Misaldi Centuriis* IX *memorabilium*, in-8° Coloniæ apud Birkman, 1574. Voy. aussi COLLECTION des chimistes grecs, page 25.

1070. PELLETIER. L'alkaest ou le Dissolvant universel de Van-Helmont, révélé dans plusieurs traités, qui en découvrent le secret, in-12, Rouen, 1604; ouvrage curieux et très recherché.

1071. PENOTUS (*Bernard*) *à Portu S. Mariæ, de Denario Medico quo decem medicaminibus, medendi omnibus morbis internis via docetur ; cum pluribus aliis tractatibus de Remediis spicificis, de materiâ lapidis Philosophorum*, in-4°, Bernœ 1607 et in-8°, 1608.

1872. DU MÊME. *De verâ præparatione, Dosi et usu medicamentorum chimicorum tractatus varii* in-8°, Francofurti, apud ja. Rhodium, 1600, et dans le THEATRUM CHIMICUM, page 11.

1073. DU MÊME. *Apologia Bernardi Penotti ad Joh Micheli scriptum cum lapidis physicis materia, signis et igne multiplici*, in-8°, Francofurti, 1600.

1074. PERNETTY. (*Dom Ant. Joseph*), religieux Bénédictin de la congrégation de Saint-Maur. — Les Fables Egyptiennes et Grecques dévoilées et réduites au même principe avec explication des hiéroglyphes et de la guerre de Troye, 3 vol. in-12. Paris, Delalain, 1786.

1075. DU MÊME. Dictionnaire mytho-hermétique. 1 vol. in-12, Paris, Delalain 1787. — Souvent ce volume est considéré comme le tome troisième du précédent ouvrage.

1076. PERROQUET. La vie de Raymond Lulle, in-8°, Vendôme, 1667. — Ce qu'il y a de plus précieux dans cette biographie du grand alchimiste, ce sont les pièces justificatives, recueillies avec le plus grand soin par l'auteur.

1077. PETRA ALBA (Caroli a). *De Quinta Essentia liber, cum Carreri Tractatu an metella transmutari possint*, in-8°, Wittemberg, 1609. — Ce livre nous paraît une réédition de l'ouvrage de Witostein ou WITTESTEIN (Voy. ce mot, n° 1898), publié à Bâle en 1583.

1078. PETREUS. H. Petrei, *Nosologia Hermetica*, in-4°, Marpurg, 1614.

1079. DU MÊME. *Chirurgia* in-8°, Francforti, 1616.

1080. PEZELIUS. *Opus singulare* ex Theophrasto redivivo Pezelii, in THEATRO CHIMICO. (Voy. ce mot, page 11.)

1081. PHŒDRON. *Georg. Phœdronis, Furnus chimicus, inter ejus opera Iatro-chimica*, in-8°, Francofurti, 1611.

1082. PHARMUNDI, JOH. *Rhumeli compendium Hermeticum et dispensatorium chimicum*, in-12, Francofurti, 1635.

1083. DU MÊME. *Vade mecum catholicum*, in-12, Nuremberg, 1631.

1084. Philalethe (Irenœus ou Eyreneus) *Introitus apertus ad occlusum Regis palatium* edente Joanne Langio, in-8°, Amstelodami, 1667. — Ceci est l'édition princeps latine sur laquelle ont été faites toutes les autres éditions si nombreuses que nous allons voir, du célèbre alchimiste : l'édition in-4° du *Museum Hermeticum*, édition in-8°, Francofurti, 1677, réédition pure et simple de l'édition princeps de 1667, de même que celle in-8° de Venise, de 1683.

1085. DU MÊME. *Introitus apertus ad occlusum, Regis palatium*, editus à G. W. *Wedelio* in-8°, Ienæ, 1699.

1086. DU MÊME. *Philaletha illustratus, sive Introitus apertus ad occlusum Regis palatium, cum notis Joh. Michaelis Faustii*, in-8° Francofurti, 1076. Edition enrichie de notes curieuses.

1087. DU MÊME. *Introitus apertus*, ex *ma-*

nuscripto perfectiori in linguam Anglicanam, versus et impressus, in-8°, Londini, 1669. — Cette édition est la plus complète de toutes et partant la meilleure.

1088. DU MÊME. Pilalethæ Medulla Alchymiæ, duabus partibus, carmine descripta, in-8°, Londini, 1664. — Cet opuscule est en vers anglais et pourrait bien être soit la traduction des nos suivant, soit l'original de celui-ci ?

1089. DU MÊME. Moëlle de l'Alchimie M. S. in-4° Bibliothèque de l'arsenal de Paris Sc. et A n° 159. — Voir ci-dessus MUSÆUM HERMETICUM, n° 95, § 100, 101, etc.

1090. DU MÊME. *Expositio in Epistolam Georgii Riplœi, ad Edwardum* IV. *angliæ Regem*. Texte Anglais ; il existe aussi une édition en langue allemande faite vers 1672.

1091. DU MÊME. *Expositio in Præfationem Georg. Riplœi, ad compositionem suæ Alchymiæ*, in-8°, Londini, 1678, texte anglais.

1092. DU MÊME. *Expositio in sex priores portas ejusdem compositionis*, in-8°, Londini, 1678. Texte anglais. Existe également une édition allemande.

1093. DU MÊME. *Expositio in Recapitulationem Portarum Riplœi*, in-8°, Londini, 1678, texte anglais.

1094. DU MÊME. *Expositio in visionem Riplœi*, in-8°, Londini, texte anglais.

1095. DU MÊME. *Experimenta de præparatione Mercurii* Sophici, in-8°, Amstelodami. 1668. Autres éditions anglaises, in-8°, Londres, 1676 et 1677.

1096. DU MÊME. *Enarratio methodica trium Gebri medicinarum, in quibus continetur lapidis philosophici vera confectio.* Amstelod. Apud Daniel Elzévir, in-8°, 1678.

1097. DU MÊME. *Enaratio methodicatrium Gebri Medicinarum, de lapide Philosophorum experimenta, de præparatione Mercurii Sophici ad Lapidem, per regulum Antimonii et vade-mecum Philosophicum, sive brevis manuductio ad Campum sophiæ*, in-8°, Amstelodami, 1668. Cette édition, la première probablement, est très rare.

1098. DU MÊME. *Tres tractatus*. I. *Metallorum metamorphosis*. II. *Brevis manuductio, ad Rubinum cœlestem*. III. *Fons chimicæ veritatis, edente Martino Birrio*, in-8°, Amstelodami, 1668. Inséré dans le Musœum Hermeticum et dans la Bibliothèque de Manget. (Voir page 48).

OBSERVATION. La Bibliothèque du maréchal d'Estrée possédait un manuscrit in-8°, de Philalethe, portant ce titre :

Traité de la transmutation des métaux et de leur métamorphose : de la voye pour arriver au Rubis céleste : la fontaine de la Vérité chimique ; et les sept régimes par Thomas de Vagan, dit Philalèthe ou Martin Birrius.

1099. DU MÊME. (*Thomas de Vagan*). *Abissus Alchimiæ exploratus*, ou la transmutation des métaux, longtemps désirée et heureusement trouvée par la Pierre philosophale qui est le plus grand sécret et miracle de la nature, démontré décrit par Thomas de Vagan, Adepte Anglois. 1 vol. in-12. Hambourg, 1705, texte allemand, comme le suivant sur l'alkaest.

1100. DU MÊME. *Verborgenheit der Unsterblichen liquoris Alchaheist*, in-8°, Franckfurt, 1708.

1101. DU MÊME. Long. Livers With the rare Secret, of rejunescunsi, of Arnold de Villanova ; etc, by Eugenius Philalethes, in-8°, London, 1722, texte anglais (1).

1102. DU MÊME. Eyrenœi Philalethes, vera confectio Lapidis Philosophici, in-8°, Amstelodami, 1678.

OBSERVATION. Philalethe a laissé également de très nombreux manuscrits en anglais et en latin ; mais il est bien difficile de savoir au juste s'ils sont écrits par lui, ou de sa main, ou par des copistes ; quoiqu'il en soit, comme les renseignements suivants peuvent avoir quelque utilité pour les bibliophiles ou les alchimistes ou chimistes modernes, nous allons en désigner ici quelques-uns, sous les numéros suivants :

1103. *Expositio in sex posteriores portas compositiones alchimiæ*, Georgii Riplei. — Texte anglais.

(1) Le même Eugenius Philalèthe a publié à Londres un vol. in-12 en anglais vers 1652 ayant pour titre : La confession de la Rose-Croix. Le même auteur, aurait également écrit :

1101 bis. *Magia adamica et cœlum terræ* in-8°, Londini, 1650 — texte anglais ; il existe une édition allemande de cet opuscule, in-8°, Amsterdam, 1704.

1101 ter. *Antroposophica Theo-magica* in-8°, 1704. — Texte allemand.

1101 quater. *Euphrates, vel Aquæ Orientis, Discursus de fonte Secreto, cujus aqua ex igne fluens, Solis et Lunæ radios secum ducit*, in-8°, Londini. — Texte anglais.

1104. *Expositio in Rotam Georgii Riplœi.* — Texte anglais.

1105. *Expositio in experimenta erronea Georgii Riplœi.* — Texte anglais.

1106. *Enchiridion experimentorum, cum diurnali Meditatio num in quo continentur multa philosophica, totum secretum declarans cum Œnigmate.* — Texte anglais.

1107. *Cabala Sapientum, sive expositio Hieroglyphicorum Magorum.* — Texte anglais.

1108. *Opus Elixiris Aurifici et argentifici.* — Texte anglais.

1109. *Brevis via ad vitam longuam sive alchimia triumphans.* — Texte latin.

1110. *Expositio in Arnoldi Villanovani ultimum testamentum.* — Texte latin.

1111. *Elenchus errorum, in Arte Chymica deviantium.* — Texte latin.

1112. *Analysis operis.* — Texte latin.

1113. *Clavis ad opera ejus.* — Idem.

1114. *Expositio in Flamellum, Artephium, et Sendivogium.* — On n'est pas certain que ce dernier ouvrage soit de Philalethe.

1115. PHILOCHEMICUS (*Hermophilus, Aphorismi Basiliani, sive canones Hermetici de spiritu, anima et corpore majoris et minoris mundi*, in-8°, Marpurgi, 1608 et 1609.

1116. PHILOSOPHUS GALLUS, *seu instructio Patris ad filium de arbore solari*, in-8°, Argentorati, 1659.

1117. PHOSPHORIS *lumen*, in-8°, Amstelodami, 1717.

1118. PICATRIX. Ses œuvres traduites en latin, en français et d'espagnol en latin sur l'original arabe de 1256 M. S. in-4° de la bibliothèque de l'arsenal de Paris, Sc. et A. n°s 85 et 86 comprenant : la clef des clavicules ; les caractères de tous les génies et esprits, et les soixante et douze noms de Dieu avec les versets des psaumes qui y correspondent.

1119. PICUS. (*Johan Franciscus*), *Mirandule Dominus*, Pic de Mirandole. *Libri tres de Auro, tum æstimando, tum confeciendo, tum utendo*, in-4°, Venetiis, 1586. Édition de Ferrare in-8, 1587. — autre ; Ursellis, 1598, etc.

1120. PINŒUS (Vinc.). *De concordia Ipocrati et Paracelsi*, in-8°, Monachi, 1569 et in-8°, Argentorati 1615.

1121. PLANISCAMPY (David de). L'ouverture de l'école de philosophie transmutatoire métallique, 1 vol. in-8° Paris, C. Sevestre 1633.

1122. DU MÊME. De la médecine universelle ou or potable ; in-8°, Paris, 1633.

1124. DU MÊME. Ses œuvres, imprimées en un in-folio, Paris, 1646.

1124. PLATTES (*Gabriel*). Découvertes des trésors sous-terrains ou de toutes les mines de métaux et minéraux, avec des règles pour les fondre et les affiner, 1 vol. in-4°, Londres, 1639 ; texte anglais.

1125. POISSON (*Albert*) : cinq traités d'Alchimie des plus grands Alchimistes traduit par A. Poisson, avec notices biographiques, dessins, etc. 1 vol. in-8°, Paris, Chamuel, 1891.

1126. DU MÊME. Théories et symboles des Alchimistes, 1 vol. in-12, Paris, Chamuel 1891.

1127. DU MÊME. Le livre des feux de Marcus-Grœcus. (traduction) br. in-12, Paris, Chamuel 1891.

1128. POLEMAN. (Joachim), Nouvelle lumière de médecine, du mystère du souffre ; traduit du latin en français, in-12, Rouen, 1721 ;

1129. POLITIUS (*ant*). *Libri duo de Quinta Essentia solutiva*, in-4°, Panormi, 1613.

1130. POLLION. (*Marc Luc*). De metallis, in-4°, Lipsiæ, 1629.

1131. PONTANUS (Joa). *Epistola de lapide philosophico, in operibus quibusdam chimicis*, in-8°, Francofurti, 1614.

1132. POPPIUS (Jo.). *Hodogeticus chimicus*, in-12, 1627. Texte allemand.

1133. POPPIUS (Hamerus). *De Basilicâ Antimonii, sive expositio naturæ Antimonii, cum Hartmanno, in-4°, Francofurti, 1618.*

1134. PORTA (*Joan Bapt.*) *De Æris transmutationibus*, in-8°, Romæ, 1610.

1135. POSTEL (*Guillaume*). Les très merveilleuses victoires des femmes du monde et comment elles doibvent à tout le monde par raison commander, et même à ceux qui auront la monarchie du monde vieil. Paris, Jean Ruelle, 1 vol. in-12, 1553. — Souvent à la fin de ce volume se trouve adjoutée : La doctrine du siècle dorée ou de l'Evangelike Règne de Jésus Roy des roys. Réimpression du XVIIIe siècle.

POTERIUS, voyez ci-dessous POTIER.

1136. POTIER. (*Michaëlis Poterius*). *Apologia Hermetico-Philosophica*, in-4°, Francfurti, 1630.

1137. DU MÊME. *Veredarius Hermetico Philosophicus, Lætum, et inauditum nun-*

cium adferens, in-8°, apud Aubrios, Francofurti, 1622.

1138. DU MÊME. *De conficiendo lapide philosophico et Secretis naturæ*, in-8°, Francofurti, 1622.

1139. DU MÊME. *Novus tractatus chimicus de verâ materiâ et vero processu lapidis*, in-8°, Francofurti, 1617.

1140. DU MÊME. *Fons chimicus, id est vera auri et argenti conficiendi, ex naturalis Philosophiæ Venis scaturiens*, in-4°, Coloniæ, 1637.

1141. DU MÊME. *Philosophia chimica id est methodus auri et argenti salvendi et exaltandi*, in-4°, Francofurti, 1648.

1142. DU MÊME. *Compendium Philosophicum in comitem Trevisanum Basilium Valentinium etc., materiam totumque miraculi Lapidis Philosophorum septingentis octoginta quatuor Libris occultatis processum demonstrans*, apud Nicol. Stenium, in-12, 1610.

1143. DU MÊME. *Apologia redivivi contra impostorem Alchimistam*, in-4°, Francofurti, 1631.

1144. DU MÊME. *Philosophia pura, quâ non solum vera mysteria, verusque procesus Lapidis Philosophici multa, apertius, quam hactenus ab ulla Philosophorum proponitur, sed etiam vera totius mysterii revelatio filiis sapientiæ offertur quod typis numquam visum quandiu stetit mundus*; secunda Editione locupleta in-8°, Francofurti 1629. — La première édition qui porte le même titre a été également publiée à Francfort, mais en 1617.

1145. DU MÊME. *Vera inveniendi Lapidem Philosophicum methodus contra alchimistas*, ... vers 1618.

1146. POTIER (*Pierre*) *Poterius Petrus*) *Opera Omnia pratica et chimica*, in-4°, Francofurti, 1692. Autre édition 1698.

1147. POTT. (Joan-Henr.), *Exercitationes* IV, *chimicæ de Sulphure Metallorum*, etc., in-4°, Berolini, 1738.

1147. DU MÊME. *Observationes et Animadversiones chimicæ, circa sal commune et Bismuthum*, in-4°, Berolini, 1739.

1149. PRŒUS. *Nosologia harmonica Dogmatica et Hermetica*, in-4°, 1615.

1150. PRUGGMAYER (*Martini, Maximiliani*), *Scrutinum de vero Elixire vitæ, seu de auro potabili*, in-8°, Salisburgi, 1687.

1151. QUADRATUM *Alchimisticum, id est quatuor tractatus de Lapide Philosophico*, in-8°, Hamburgi, 1705. Texte en allemand.

1152. QUATTRAMI, *vel* QUATTRAMIDE. (Fr. *Evangelista*). *La vera Dichiaratione, di tutte le Metafore, degli Alchimisti moderni*, in-4°, Roma, 1587. — Ce quattrami était un moine Augustin.

1153. QUERCETANUS (*Joseph*). *Responsio ad veritatem Hermeticæ Med. ex Hipocratis veterum que Decretis ac Terapeusi nec non vivæ rerum Anatomiæ exegesi, ipsiusque Naturæ Luce stabiliendam adversus Anonimi phantasmata*, in-8°, Lutetiæ, 1604.

1154. DU MÊME. *J. Quercitani opera medica scilicet Jacobi Auberti de causis metallorum explicatio et de metallorum Spagirica præparatio*, in-8°, Francofurti, 1602 ; in-8°, Lugduni, 1591 ; in-8°, Lipsiæ, 1614.

1155. DU MÊME. *De ortu et causis metallorum*, in-8°, Lugduni, 1575 ; in-8°, Lipsiæ 1614.

1156. DU MÊME. *De priscorum medicina materia præparatione et prestantia Medic*, in-8°, Aureliæ allobr, 1609 ; in-8°, Lipsiæ, 1613.

1157. DU MÊME. *Tetras gravissimorum affectum*, in-8°, Marpurgi, 1606.

1158. DU MÊME. QUINTI (*Joseph*), Docteur vénitien. — Les admirables secrets de la médecine chimique traduit de l'italien en français, in-12, Liège, 1711. — L'édition italienne : *Secreti medicinali di* Giuseppe Quinti est in-8°, Venise, 1711.

1159. QUITALADOR *de la Plata, oro y piedras, conforme a los leyes Reales Per Juan Arphe de Villa-Feine*, in-4°, Vallalolid, 1572 et 1578. — Madrid, in-8° 1598. Cet ouvrage assez rare ne serait qu'un abrégé de l'édition originale beaucoup plus considérable, mais qui est très rare, pour ne pas dire introuvable.

1160. RABBARD (RAPHAËL). Livre d'alchimie ou manière de faire la pierre philosophale, in-4°, Londres, 1591. — Texte anglais.

1161. RANTŒ (MARIANI) *Apocaliptica clavis auri facturum brevi promitlens*, in-8° Tolosæ. S. D.

1162. — RAPHAELIS (SALOM.), *Avicula Hermetis, de sale, Sulphure et mercurio Philosophorum*, in-12. S. L. ni date.

1163. RAVISII (JOHAN). *Cornucopia hoc est opus insigne de auro, auri fordinis, argento, argenti fodinis*, etc., in-8° Basilæ, 1542 et 1545.

RAYMOND LULLE. — Ce fécond auteur a beaucoup écrit, mais pas les cinq cents volumes qu'on lui a attribué sur la science hermétique. Seulement ces attributions donnent un gros travail aux bibliographes et créent une confusion très difficile à éclaircir. Voici donc comment nous avons procédé pour tâcher de fournir la liste que nous croyons la plus sérieuse des œuvres du grand alchimiste.

Nous avons consulté les ouvrages de la Bibliothèque de Nicolas Antonio (Espagne) puis la liste des livres de la Bibliothèque de Petrus Borel, puis celle des Bollandistes, enfin la liste qui figure dans la Bibliothèque de MANGET. (Voy. ce mot.)

Disons en terminant cette courte note biographique sur Raymond Lulle, que nous signalerons à nos lecteurs parmi les nombreuses biographies écrites sur Lulle, les deux suivantes peu connues : celle de PERROQUET 1 vol, in-8° Vendôme 1667 et celle du P. Jean Marie de VERNON, du Tiers-ordre de saint François, 1 vol. in-12, Paris, 1668. Guillaume Colletet, les Bollandistes, etc., ont également écrit la vie de Raymond Lulle.

1164. RAYMOND LULLE. Trésor de l'Univers etc., manuscrit de la Bibliothèque de l'arsenal Sc. et A. n. 159. voir ci-dessus, page 14, 2e col. n° 111, *in fine*.

1165. DU MÊME. *Ars inventiva veritatis ; tabula generalis, comment. in easdem* 1500. Édition princeps d'un des plus fameux traité d'alchimie ; a été réimprimé en 1513, 1546, 1578 et a paru en un abrégé sous le titre de codicilus seu Vade-mecum Raymundi-Lulii par Germain, 1 vol. in-12, 1562. Probablement le même ouvrage en manuscrit se trouve à la Bibliothèque de l'Arsenal sous le n° 160. Voici le titre de ce manuscrit ; Testament practique et codicille de Raymond Lulle.

1166. RAYMUNDI LULLI *pratica artis*, Ed. in-fol. Lugduni, 1523. — Autre édition avec ce titre : *De secretis naturæ, sive quintâ Essentiâ, libri duo ; et Albertus magnus de mineralibus et rebus metallicis* ; in-8°, argentorati 1541. Autre édition in-8°, Venitiis, 1542. Autre in-8°, Coloniæ 1567, et in-8° Basilæ 1572, in-4°, augustæ Vindelicor. 1518, in 4° Venitiis, 1521.

1167. DU MÊME. *Codicillus, seu vademecum* in 8°. Coloniæ, 1572, autre éd. in-8°, Rothomagi 1651.

1168. DU MÊME. *Testamentum, duobus Libris, universam, artem chymicam complœtens*, in-8° Coloniæ, 1568. — 1572 et in-8°, Rothomagi 1663.

1169. DU MÊME. *Mercuriorum liber*, in-8° Coloniæ, 1557.

1170. DU MÊME. *Libri aliquot chimici*, curâ Mich. Toxitæ editi, in-8° Basileæ 1572 et in-8°, Coloniæ, 1577.

1171. DU MÊME. L'art de Raymond Lulle, in-12, Paris, 1719.

1172. DU MÊME. *Artis Lullianæ secretum* in-8°, Paris, 1620.

1173. *Raymundi Lullii Testamentum* ; *Mercuriorum liber* ; *Apertorium* ; *Repertorium* ; *artis Intellectiva theorica et pratica et Magia naturalis*, in-8°. Coloniæ Agripp. 1566 et 1573.

1174. RAYMUNDI LULLII. *Opera*, in-8° Argentorati, 1597. Autre édition in-8°, Argentorati 1617, autre in-8° Argentorati 1651. Toutes ces éditions ne contiennent pas tant s'en faut l'œuvre de Raymond Lulle.

1175. DU MÊME. Le fondement de l'artifice universel ou diverses œuvres de Raymond Lulle, traduit du latin par R. L. sieur de Vassy, in-12, Paris 1622.

1176 DU MÊME. La clavicule de Raymond Lulle, in-8° Paris 1653.

1177. RAYMUNDI LULLII, *Philosophi Majoricani praxis Universalis magnis operis in* THEATRO CHIMICO (voy. ce mot).

Dans le THÉATRE CHIMIQUE, on trouve encore *Theoria lapis, seu testamentum* ; *alia praticia compendium animæ transmutationis Artis Metallorum, ad Rupertum Anglorum regem*.

1178. DU MÊME. *Magia Naturalis*, in-8. Norimbergæ, 1546.

1179. DU MÊME. *Liber de alchimiâ et quidem apertorium*, in-8, Norimberg, 1546.

1180. DU MÊME. *Lullii et Hermetis, secreta secretorum, cum aluetano et aquinate*, in-8°, Coloniæ, 1592.

1181. DU MÊME. *Codicillus seu cantilena, ad Regem Anglorum*, in-16. Coloniæ, 1576, — in-8, Coloniæ 1553.

1183. DU MÊME. *Clavicula et apertorium in quo omnia quæ in opere alchimiæ requirantur venustè declarantur*. — Raymond Lulle nous informe qu'il est absolument nécessaire de bien connaître ses clavicules pour comprendre parfaitement ce qu'il a écrit sur la philosophie hermétique.

1184. DU MÊME. *Testamentum novissimum*,

vade mecum, *de transmutatione. Metallorum*; *Medicina Magna*, etc., in-8°, Basileæ 1572.

1185. DU MÊME. *Magia naturalis de sacrisvel secretis naturæ seu quintis essentiis Lib.* I. Norimberg, in-4, 1516. — Autre in-8, Coloniæ, 1592.

1186. DU MÊME. *Lulli tertia distinctio de transmutatione Metallorum*, in-4, Norimberg, 1545.

1187. DU MÊME. *De aquis super accurtationis Epistolam ex scriptis Lullii, tractatus collectus a studioso artis, cum Libro Lullii de secretis naturæ*, in-8, Argentorati 1541.

1188. DU MÊME. Le Vade mecum, ou abrégé de l'art transmutatoire de Raymond Lulle in-12, Paris 1627.; une édition de chez Sevestre, Paris 1612 contient le miroir d'alchimie de Bacon et Calid.

1189. DU MÊME. *Secreta magnalia Alchimiæ* etc.; *cum libro lucis Joh. de Rupecissa et clavicula atque apertorio Lulli: opera Danielis Brouchusii*, Lugdunum Battavi. in-8, 1602.

1190. DU MÊME. *Mercuriorum Liber continens* 52. *capita*, in-8°, Coloniæ 1567. Souvent cet ouvrage contient aussi : 1. *Apertorium de veri Lapidis compositione*; 2. *Repertorium utile ad intelligentiam Librorum ejus*; 3. *Artis intellectivæ Theoria et pratica*; 4. *Alia opuscula æurea.*

1191. DU MÊME. *Epistolæ medicæ, cum cista medica*, in-4, Norimberg, 1625.

1192. DU MÊME. Le vade mecum, ou Abrégé de l'Art chimique, avec Basile Valentin, in-8, Paris, chez Charles Hulpeau.

1193. DU MÊME. *Experimenta chimica*, se trouvent réunies avec les *observationes medicinales* de Hieronymi Velschii, in-4, Ulmæ, 1676.

Le volume suivant, bien que portant un autre titre, est le même, voici toujours ce titre :

1194. RAYMUNDI LULLII *Opuscula-chimica id est apertorium. — Magia naturalis. — De Secretis Naturæ seu de Quinta Essentia Tertia distinctio de transmutione Metallorum*, in-4°, Norimbergæ. 1546.

1195. LULLIUS *Redivivus*, in-8°, Norimbergæ.

1196. DU MÊME. *Raymondi Lullii* (*Introductorium magnæ artis generalis Rev. Doctoris illuminati*) *ad omnes sciencias utilissimum*, 1516. — *arbor Scientiæ*... Lugduni, in vico mercurali ap. Cenobium Predicatorum, vulgo nostro Domine de confort in domo Fr. Fradin impressoris. *In fine*. Lugduni opera Gilberti de Villiers impendis G. Hugon et Court Fradin, 1515. 2 pl. en un vol. net. in-4°. Car. Guth. à deux colon. fig. sur bois (16 pl.) c'est probablement le dernier ouvrage de Raymond Lulle.

N. B. — Pour les numéros suivants, nous allons donner les titres de quantité de livres de Raymond Lulle, ou qui lui sont attribués. Il nous est impossible dans ce fouillis d'affirmer quoi que ce soit, nous les donnons donc à titre de document, et sans pouvoir même indiquer ni les formats ni les dates et lieux de publication.

1197. *Theoria lapis, seu Testamentum.*

1198. *Lux Mercuriorum.*

1199. *Artis lumen.*

1200 *Liber propheliarum.*

1201. *Elucidatio testamenti ad regem Odoardun.*

1202. *Potestas divitiarum, cum optimâ expositione testamenti hermetis.*

1203. *Compendium artis Magicæ, quod compositionem lapidis.*

1204. *De lapide et Olea philosophorum.*

1205. *Modus accipiendi aurum potabile*

1206. *Lapidarium.*

1207. *Compedium alchimiæ et naturalis Philosophiæ.*

1208. *Clausula Testamenti.*

1209. *Testamentum vetus* 1573.

1210. *Diadema Ruperti.*

1211. *Apertorium.*

1213. *Liber Experimentorum.*

1214. *Proprietarium.*

1214. (*bis*) *De inventione secreti occulti.*

1215. *Lullii medecina magna et liber additionum.*

1216. *De Ponderositate et Levitate Elementorum.*

1217. *Ars compendiosa.*

1218. *De Regimine sanitatis.*

1219. *De questionibus motis super librum de quinta Essentia.*

1220. *Clavicala Testamenti.*

1221. *Lumen naturæ lapidis.*

1222. *Origo naturæ nostrorum mercuriorium.*

1223. *Tractatus atramentorum.*

1224. *Liber aquorum medecinalium.*

1225. *Lamentatio philosophica.*

1226. *Anima artis super testamentum et codicillum.*

1227. *Apertorium et testamentum cum clavibus.*

1228. *De ponderibus.*

1229. *Ars medecinæ.*

1230. *Liber principorum.*

1231. *Liber alchimistarum.*

1232. *Retractatio.*

1233. *Pratica Sermocinalis operis mineralis.*

1234. *Tractatus graduum magnæ medicinæ.*

1235. *Summa artis.*

1236. *Principium philosophiæ.*

1251. *De intentione magnæ artis.*

1237. *Secretarum occultum.*

1238. *Apertorium, cum omnibus Clavibus ad intrandum in Artem secretam Artis et Naturæ.*

1239. *Liber septem Rotarum.*

1240. *Tabulæ quædam.*

1241. *Liber divinatis.*

1241. (*bis*) *Determinis inditis Epistola prima.*

1242. *De re eadem, Epistola secunda.*

1242. (*bis*) *Theorica, quæ dicitur codicillus major.*

1243. *R. Lullii Janua Artis, Liber editus a Domino Petro Dogni, Villæ Montis Alb. Presbyterio.*

1244. *Magica Major Lullii.*

1245. *Magica Minor.*

1246, *Pratica abbreviata.*

1247. *De investigatione Lapidis.*

1248. *Pratica Testamenti.*

1249. *Ars fundamenti.*

1250. *Opus.*

1251. *Lapidum pretiosorum.*

1251. (*bis*) *Lumen Solis.*

1252. *Testamentum ultimum ad Carolum Regem.*

1253. *Codicillus Artis compendiosæ.*

1254. *Anima Artis, et est secunda Libri de Dictione pars, qui sit alchimia.*

1255. *De Quinta Essentia, Libri 4.*

1256. *Compendium Codicilli.*

1257. *Claviculæ Apertorum.*

1258. *De Furnis.*

1259. *De Figurâ Elementali.*

1260. *Liber primus de 24. Experimentis totius naturæ creatæ.*

1261. *De Generatione et Corruptione in Universo.*

1262. *Liber Aphorismorum.*

1263. *Ars curatoria.*

1264. *Vademecum.*

1265 *Accurtatoria Epistola ad Regem Rupertum, in qua est accurtatio omnium ejus operum Lacinio abbreviata.*

1266. *Liber meteorum.*

1267. *De Quintis Essentiis*, in-fol. *cum Consiliis Mathei de Gradibus.*

1268. *Compendium de Tinctoris.*

1269. *De intentione alchimistorum, ubi de materia lapidis et digestionibus ejus ad plenum agitur ; Liber autem iste in Codicillo memoratur.*

1270. *Liber intelligentiæ, qui chimicus etiam est.*

1271. *Liber de Secretis naturæ, seu de Quintis Essentiis, incipiens constrictatus erat.*

1272. *De quæstione mota.*

1273. *Compendium de numero Philosophorum.*

1274. *Practica Raymundi et Riplæi.*

1275. *De magisterio.*

1276. *Experimenta.*

1277. *De compositione et Rectificatione Perlarum et aliorum Lapidum pretiosorum et virtuosorum.*

1278. *De medecinis secretissimis.*

1279. *Desiderabile Desiderium : Flamello et Lullio, ex D. Lagnei harmonia tribuitur.*

1280. *Experimenta, Germanicè, in vellere Aurea.*

1281. *Disputationes cum Monacho. M. S.*

1282. *Dictionnarum qui finit in Bibliothecâ Antonio Vanderlindem.*

1283. *Blaquernæ Anachoretæ in Lullium de amico et Amato*, Paris, in-32.

1284. *Accurtatio ex Raymunde, de Tartaro et vino Philosophorum.*

1285. *De arte Dei.*

1286. *De conservatione vitæ*; in-8°, Argentorati apud Zetznerum 1616.

1287. *Table de chimie. M. S.*

1288. *Experimenta, cum elucidatione secretarum Lapidis Germanicè.*

1289. *Ars magna et ars parva.*

1290. *Index generalis scientiarum.*

1291. *Varii ejus processus, tum in theatro-chimico, tum apud Janum Lacinium et alibi.*

1292. *Ars operativa medica.*

1293. *Modus faciendi Quintam Essentiam.*

1294. *De viribus aquæ ardentis, cum Savonarola de re eadem eodem volumine.*

1295. *Elucidatio vocabulorum ejus.*

1296. *Compositio animæ transmutatoriæ Metallicæ, aucta ex M. S. a Minderero.*

1297. *De compositione gemmarum.*

1298. *Epistola occultiva ad Regem Neapolitanum.*

1299. *Tertia Distinctio quintarum essentiarum. M. S.*

1300. Œuvre parfaite et pratique selon Lulle qui l'avait eue de *Paganus*. M. S.

1301. De *mercurio solo. Liber utilissimus.*

1302. *Regio salutifera, id est prima et universalis materia, chaos naturæ* in-8° Francofurti 1708 (texte en allemand).

1303. Reineccerus. *Thesaurus chimicus certissimorum* etc., 1 vol. in-8· Lipsiæ 1609.

1304. Renaudot. (*Eusèbe*). De l'antimoine, justifié et triomphant, 1 vol. in-4° Paris, Jean Henaut, 1623.

1305. Respour. Rares expériences sur l'esprit minéral, 1 vol. in-12, Paris, 1668.

1306. Reyherus (Samuel). *Dissertatio juridico Philosophica, de nummis quibusdam ex chimico metallo factis* in-4° Kliæ 1692.

1307. Rhenanus (*Johan*). *Decades 2. seu Syntagma harmoniæ chimicorum, in quibus 20 continentur authores de Lapide Philosophorum* in-8° Francofurti, 1625, (voir le n· 487 Dumbellius).

1308. Du même. *Aureus tractatus Latiné datus, solis à puteo Emergentis sine dissertationis chimico Technicæ Libri tres, in quibus totatius operationis chimicæ methodus pratica, materia lapidis Philosophici et modus solvendi ejus, operandique, ut et Clavis operum Paracelsi et Lullii, qua abstrusa explicantur et difficilia supplentur, cum præfatione de veritate Artis Chimicæ* in-4 Francof. 1613 et 1623.

1309. Du même. *Dissertatio chimico Technica in quâ Practica chimiæ claré ponitur*, in-4· Marpurgi, 1610.

1310. *Binæ Epistolæ de solutione materiæ* in-8' Francof. 1625.

1311. Du même. *Opera chimiatrica.* in-8, Francofurti, 1635, 1638, 1641, 1668, et 1676.

1312. Rhodargiri Lucæ *Eutopiensis* ; *Pisces Zodiaci inferioris, vel de solutione Philospphicâ cum Enigmata, totius Lapidis Epitome*, in-8° Lugduni 1566, et in-8° Lipsiæ 1609. Se trouve également *in* Theatro chimico, *Tome* V.

1313. Richard Leblant. Les livres d'hiérosme Cardan, traduits du latin en français. 1 vol. in-8° S. D. N. L.

1314. Richardii, *correctorium alchimiæ Raymundi Lullu apertorium et accuratio vegetabilium ; secretum Regis Geber*, in-8· Argentorati, 1581. En allemand.

1315. Ripley (*Georges*). Le livre des Douze portes. M. S. in-4°. Bibliothèque de l'Arsenal S. A. n° 167.

1316. Du même. Georgii Riplei. *Canonici Angli, nempe Bridlingtoniæ, opera omnia chimica, quoquat hactenus visa sunt ex manuscrispto Ludovici Combachii Medici Hassi Cassellis*, in-12, Cassellis typis Jacobi Gentschii 1649.

Voici les traités que contient ce volume :

1. *Liber 12. portarum cum prologis et præfatione.*
2. *Liber de mercurio et Lapide Philosophorum.*
3. *Medulla Philosophiæ chimicæ.*
4. *Philorcium alchimistarum.*
5. *Clavis aureæ, portæ in qua sunt omnes artis abreviationes.*
6. *Papilla alchimiæ.*
7. *Terra terræ philosophicæ.*
8. *Concordantia Raymundi et Guidonis.*
9. *Viaticum, seu varia practica.*
10. *Accurationes et pratica Raymundi.*
11. *Cantilena.*
12. *Epistola ad Regem Edwardum*, ce dernier traité est in-4°.

Ripley est un des philosophes hermétiques les plus compétents, le Philalèthe qui savait beaucoup, estimait fort ses travaux.

Les Douze Portes est un de ses traités le plus connu, on sait que ces Douze Portes ne sont que les opérations de la science hermétique. — 1. la calcination. — 2. La solution. — 3. La séparation. — 4. La conjonction. — 5. La putréfaction. — 6. La coagulation. — 7. La cibation. — 8. La sublimation. — 9. La fermentation. — 10. L'exaltation. — 11. L multiplication. — 12. La projection.

1317. Robertus *Vallensis, De veritate et antiquitate Artis chemiæ, et Pulveris, seu medicinæ Philosophorum, vel auri potabilis Testimonia et Theorema ex variis authoribus* in-8° Lugduni 1962.

1318. Rocca Devandrus. — De l'élixir vite de Fra Donato Eremite, di Rocca Devandro, Dell ordine dei Predicatori. Libri IV, in-fol. avec figures. In Napoli, 1624.

1319. ROCH LE BAILLY, *Edelphe, médecin spagiric. Le Démosterion*, auquel sont contenus trois cents aphorismes, sommaire véritable de la médecine paracelsique in-4° Rennes, Pierre le Brest 1578. — Le n° 117 (17 mai 1893) du Voile d'Isis contient une étude intéressante sur cet ouvrage.

DU MÊME. Edelphe Breton, principes de toutes choses, in-12. 1580

1321. DU MÊME. Diverses œuvres, savoir: l'anatomie essentielle de l'homme, de ses maladies et de res remèdes esteintures d'or, corail et antimoine et traité de la peste, in-8, Paris, 1580.

1322. ROCHAS (*Henry de*). La physique démonstrative, in-8° Paris, 1643.

1323. RODOSTANTICUM *speculum, Germanicè cum figuris*, in-4° 1618.

1324. ROGERI *Thesaurus chimicus*, in-12 Francof. 1620.

1325. ROLFINCIUS GUERINUS, *Chimia in formam artis redacta*, in-4°, Iæna, 1661, et 1679, in-4° Genevæ 1671 et in-4° Francfort 1686.

1326. DU MÊME. — *De Tartaro, sulphure* etc. in-4° Ienæ 1670 et 1679.

1327. DU MÊME. *Nonentia chimica mercurius mellatorum et mineralium*, in-4°, Ienæ, 1670.

1328. DU MÊME. *Dissertationes chimicæ, sex de tartaro, sulphure, margaritis, perfectis metallis, auro, et argento et antimonio et imperfectis metallis auris ferro e cupro.* in-4, Ienæ, 1679.

1329. ROSSACIO (*Joseph*). *De astrologiâ et distillatione*, in-4°, Venetiis, 1626.

1330. ROSARIUM *novum Olympicum Benedictum; de lapide Benedicto, in duas partes divisum*, in-4°, Germanicè, 1608.

1331. ROSARIUM. *Philosophorum, secunda pars alchimiæ de lapide philosophico vero modo præparando*, etc, avec fig. sur bois (authore Arnoldi) S. I. N. D. petit in-4°.

1332. ROSNEL (*Pierre de*). Le Mercure indien, ou Trésor des Indes, où il est traité de l'or, de l'argent et du vif argent, 2 part. en un volume in-4°, Paris 1672.

Ce livre qui n'est pas commun a eu plusieurs éditions, celle que nous venons de donner est la bonne.

1333. ROSELLO (Timoteo). Della somma dei secreti universali in ogni materia in-8°, Venetia, 1574, 1617, 1619.

1335. ROSSINUS (*Hælisæus*). *De opere Dei creationis, seu de mundo hypoteses continentes summarum artium Principia, Phisices, Chimiæ, Medicinæ, Astrologiæ, Astronomiæ, Metaphisiciæ*. Francofort. apud Hered. Vechel, in-4°, 1597.

1336. ROTH SCHOLTZII (Frederici), *Silesii Chymia curiosa, variis experimentis adornata*. Editio secunda, in-12. Norimberg. 1720.

1337. ROUILAC (*Philip.*) vel ROUILLASTUS, *seu Rouilliasque, Ordinis fratrum min. Pedemontanus ex Hogghelando, de Alchimiæ diff. ubi contemnitur et è contra aulhor Gallicus de sale, Nutsement eum laudat ; vidi et M. S.* de *Lapide Philos. sub ejus nomine*. — Ce manuscrit porte une note de Pierre Borel.

1338. DU MÊME. — *Practica operis Magnicum Theophrasti Paracelsi* 115 *curationibus*, in-8° Lugduni 1582, *et cum Isaaci Hollandi, Libro de Quintis Essemtiarum.*

Ouvrage rare, mais dont il existe beaucoup de copies manuscrites.

1339. ROUSSEAU (l'abbé). Secrets et remèdes éprouvés in-12, Paris 1708. Ce livre est curieux en ce qu'il contient des remèdes empiriques, des recettes pharmaceutiques et la métallique. — Rousseau était surnommé le capucin du Louvre. Louis XIV, ne dédaigna pas, paraît-il, ses soins.

1340. ROUSSEL. Secrets de Pharmacie et de chimie in-8°, Paris, 1613.

1341. ROUSSELET. La chrysosparie, c'est-à-dire, de l'usage et vertu de l'or in-8°, Lyon, 1582.

1342. RUBENS *Lierron, de Distillatione Liber in quo veritas chymicæ, ratione, et experientiâ comprobatur*, in-4°, Venetiis, 1604, et in-8° Basileæ, 1566.

1343. RUDENIUS (*Michel*), Bendecten Vonder Alchimistichen. Artzen Rumst, in-8°, Lipsick, 1605.

1344. RULLANDI (*Martini*) *Lexicon Alchimicæ, sine Dictionarium alchimisticon, cum obscuriorum verborum et rerum Hermeticarum tum Theophrasti Paracelsi Phrasium explicatio* ; in-4° Francofurti, 1612 et 1661.

1345. DU MÊME. *Progymnasinata alchimiæ, sive Problemata chimica, cum lapidis Philosophici vera conficiendi ratione* in-8°, Francofurti, 1607.

1346. RULLANDI *filii, Alexicacus chimiatricus adversus apologiam Jo. Oberndorferi* in-4° Francofurti, 1611, voyez ci-dessus, n° 1016.

1347. Rupescissa (*Johan-de) Gallice* de Roquetaillade) ; *Opus de quintaessentia rerum omnium*, in-8°, Basileæ, 1561 et 1597.

1348. Du même. Le précédent ouvrage en français ayant pour titre : la vertu et propriété de la quintessence de toutes choses ; petit in-12, Lyon, 1569 ou 1581.

1349. Du même. *Liber lucis, de confectione veri Lapidis Philosophorum*, in Theatro Chimico, TOME III. — Le même ouvrage traduit en français par Du Moulin, 1 vol. in-16.

1350. Du même et aliorum. *Cœlum Philosophorum, seu Secreta Naturæ*, in-8°, Parisiis, 1543.

1351. Du même. *Liber Lucis extat cum secretis alchimicæ magna Lib. Thomæ Aquinatis, a Danielle Brouchuisio editis* ; in-4°, Coloniæ Agrip. 1579.

1352. Du même. *De confectione veri Lapidis Philosophorum, clare et absque quacunque palliatione in Recueil de Gratarol*, (voy. ce mot.)

1353. Rusticus (*Le Paysan*). *Magni, Minorisque Rustici, aperta Arca ; Arcani, Artifiosissimi, contra eos qui aurum potabile, sine tinctura Lapidis Philosophici, falso præparant*, in-8° Francofurti, 1623. — Texte en allemand.

1354. Sabor (*Christoph. Ferdinand von*) *Pratica naturæ, nera præparatio Lapidis Mineralis de antimonio*, in-8°, 1721. Texte en allemamd.

1355. Saignier (*Johan*). *Parisianus. Magni Lapidis naturalis Philosophia et vera Ars, in opus deducta et filio suo Carolo loco inœstimiœbilis Thesauri Testamento relicta et in agone Mortis propria manu subsignata, Parisiis anno Domini*, 1632, Die 7. Maii, in-4°, Bresmæ, 1664.

1356. Saint-Romain. Discours touchant les merveilleux effets de la Pierre divine, in-12, Paris 1679.

1357. Du même. La science naturelle dégagée des chicanes de l'Ecole ; ouvrage nouveau enrichi de plusieurs expériences curieuses tirées de la chimie et de la médecine et de quelques observations utiles à la santé du corps. in-12, Paris, 1579.

1358. Salæ (*Angeli*) *Opera medico chymica*, in-4, Francfurti, 1642 et 1682.

1359. Salæ (*Angeli*) *Vicentini*, *septem Planetarum Terre triam Spagyrica recensio*, in-12, Amstelod, 1611 et 1614.

1360. Du même. *Anatonia Vitrioli, ex Italica Lingua in Latina versa*, in-16. Aureliæ *Allobrogum*, 1609.

1361. Du même. *De Ternario Bezoarticorum et Emetalogia, seu Triumphus Vomitoriorum cum Tenzelio*, in-8°, Erfuti, 1630.

1362. Du même. *Anatomia Antimonii*, in-8, Lugduni Batov, 1617.

1363. Du même. *Chrysologia, seu chimicum Auri examen*, in-8, Hambourg. Henry Carsteum, 1662.

1364. Du même. *Opiologia*. Hagæ. Comit. 1614.

1365. Du même. *Aphorismi Chimiatrici*, in-8° Marpurg. 1620.

1366. Du même. *Antidolum pretiosum*, in-8°, Marpurg. 1620.

1367. Du même. *Opera omnia, ubi hi omnes Tractatus continentur*, in-4°, Rothomagi, 1650.

1368. Du même. *Processus, de auro potabili* in-8°, *novo Argentorati*, 1631.

1369. Salmna (arabs) *Quomodo granda spherica fieri possit*. Manuscrits des chimistes grecs de la Bibliothèque Nationale.

1370. *Agathodæmonis, Heliodori anepigrapha Nicephori Blemnidæ et arabis Salmanæ de chimia*, 8 vol. in-4°, ancienne Bibliothèque Séguier.

1371. Salmanæ *arabis Methodus qua uniones Hyacinthi, aliaque id genut fieri possint*, M. S. Grecs de la Bibliothèque Nationale. Ces manuscrits du XIII° siècle sont sur papier de soie.

1372. Sale. (*Tractatus de*), *Secreto Philosophorum*, in-8°, Casselis, 1651 ; autre édition, in-12, Lugduni Batavorum, 1672.

1373. Salomon Trismosin. La Toison d'Or, ou la fleur des Trésors, en laquelle est traité de la Pierre des Philosophes, de son origine, et du moyen de parvenir à sa perfection, enrichi de figures et des propres couleurs représentées au vif, selon qu'elles doivent nécessairement arriver en la pratique de ce bel œuvre, recueilli des plus grands monuments de l'Antiquité, traduit de l'allemand de Salomon Trismosin, précepteur de Paracelse, avec un commentaire sur chaque chapitre, in-8°, Paris, Sevestre, 1602, aut. Edi- 1612.

1374. Salomon (*Raphael*) Traité de. — De

la médecine des Philosophes, intitulé : l'Oiseau d'Hermès (texte Allemand).

1375. SALTZHAL (*Solinus*). *De Potentissima Philosophorum Medicina universali*, in-8°, Argentorati, 1659.

1376. SANCTUARIUM *naturæ, quod est, Physica Hermetica*, in-8°, Francofurti, 1619.

1377. SANDWICH. L'art des métaux, traduit de l'Espagnol en Anglais, in-8°, Londres, 1674.

1377 bis. SCALIGER. De l'art chimique sans énigme, in-8°, S. Z. N. D.

1378. SCHELAMER. (*Gauth. Ch.*). *De nitrocum neteri tum nostro commentatio*, in-8°, *Amstelodami*, 1709. CLARKE (Voy. CLARKE, n° 345, 346).

1379. SCHEUNEMAUNUS (*Henricus*). *De medicina reformata, seu denario Hermetico* chimico, in-8°, Francofurti 1617.

1380 SCH ERON. (*Hermant*) *Solutiones chimicæ contra Conradum Schulerum de auro, seu lapide Philosophorum*, in-8°. Leipsig 1706.

1381. SCHLASSEL. Zur, funch-und Findung dessteins der Weissen, in-8°, Leipsig, 1706.

1382. SCHOLZII. (*Laurentii*) à Rosenau, *Epist. Philosophicæ medicæ et chimicæ volumen summorum Philosophorum* in-fol. Hanowiæ, apud heredes Aubrii, 1610.

1383. SCHOTTI. (*Gasp.*) *Physica curiosa, seu mirabilia Naturæ et artis*, cum figuris, in-4°, Herbipoli 1667.

1384. DU MÊME. *Technica curiosa, sive mirabilia artis*, 2 vol. in-4°, Noremberg. 1664.

1385. SCHREITTMANN. *Cyriacus autor. Docimastice Mettalica, hoc est Tractatus de ponderibus et mensuris et de examine Metallorum*, in-8°, Franco furti, 1578. Texte Allemand; rare et curieux.

1386. SCHRODERII (Jo). *Pharmacopœa medica chimica*, Editio octava, in-4°, *Ulmæ* 1705.

1387. SCHROTTER (*Willhlemus*). *Instructio necessaria de Chrysopoeia* in-8° (nous ignorons la date et le lieu de la publication).

1388. SCHROEDERI. (*Ar*). *Defensio animadversionum Laurembergii in Salam Gautheri responso opposita*, in-4°, 1624.

1389. SCHULERI. (*Conrard*) *Collatio plusquam Aurea Comitis Bernardi Trevisiani, de miraculo chimico, sive de lapide Philosoph.co*, in-8°, 1616, S. L.

1390. DU MÊME. *Artis Tractatus*, in-8°, Cassel, 1612.

1391. SCIENTIÆ *exemplar ex Lagneo in Harmonica chimica*, in-4°. Ulma, 1641.

1392. SUCHTEN (*Alexander von*) *Mysteria gemina Antimonii*, in-8°, Norimberg, 1613 (en Allemand). Ed. en latin. Basileæ, 1573.

1393. SCHERTZER (*Sebald*) *Chrysopoeia*, in-8° Hamburgi, 1618. — Cet ouvrage en allemand ne contient guère que 184 pages, mais il est assez estimé, — nous ne le connaissons pas.

1394. SCOTI (*Michaelis*) *Mensa Philosophica*, in-8. Leipsig, 1603.

1395. DU MEME. *Tractatus, de secretis, Naturæ*, in-12, Francofurti, 1614.

1396. SCRUTINUM *Philosophicum, de vero elixire vitæ*, in-8°, Salispurgi, 1687.

1397. SECRETI. Le cœur des secrets de philosophie, in-fol. Paris 1514.

Cet ouvrage, imprimé en caractères gothiques, est assez rare.

1398. IDEM. Nouveau recueil des plus beaux secrets de médecine. Cet ouvrage a eu de nombreuses éditions, diverses opérations sur la métallique y sont consignées. 2 vol. in-12, Paris, 1713. 4 vol. in-12. Paris 1738, etc., etc.

1399. Secreti di diversi excellentissimi, Huomini, in-8°, Milan. 1558 (texte Italien).

1400. Secrets chimiques découverts pour parvenir à l'or potable. S. D. N. L.

SEL PHYSIQUE V. NUISEMENT, n° 1011.

1401. SEL SECRET des philosophes (Traité du vrai) in-4°, Paris 1621.

1402. SEL DE SAPIENCE (Le remède souverain du) tiré de l'Or par art Spagirique, accompagné de la quintessence de la flamme du feu, in-8, Paris 1619.

1403. SEMITA *rectitudinis, sive Tractatus de Alchimia*, in-8° Gratianopoli, 1641.

1404. SENDIVOGIUS (*Michael*) *De vero sale secreto philosophorum*, et *de Universali Mundi spiritu; ex Gallico in latinum versus a Ludovico Combachi*, in-8° Cassellis 1651. Voir NUISEMENT, n° 1011.

1405. DU MÊME. *Lucerna salis Philosophorum, hoc est delineatio nuda tertii principii Mineralium Sendivogiani, sive salis Pontici* etc, *ex Germanico in Latinum*, in-8°, Amstelo dami, 1658.

D'après Borrichius (*in conspectu chimicorum*, n° 55) cet ouvrage serait de Jean Harprecht, fils d'un professeur de Tubinge voir (ci-dessus n° 866) et qu'il aurait fait imprimer cet ouvrage, sous le nom de Sendivogius fils. Quoique cet ouvrage soit passable, nous dit Borrichius, il doute que l'auteur ait été un adepte.

SENDIVOGIUS, Voy. COSMOPOLITE n° 410 à 417.

1406. SENFRID. (*Johan, Henrich*) *Medulla mirabilium naturæ*, in-8°. Saltzbach, 1679.

1407. SERTIMONTIUS, *de Lapide Lydio naturæ aureæ*, in-8° S. L. 1669.

1408. SEVERINO, Triomfo dell' alchimia, di Scipione.., in-8°, in Venetia, 1691.

1410. SEBILISTA (*Wendelinus*), *Manuale Hermeticum*, in-4° Walferbytii 1655.

1411. SIDRACH. Le grand Philosophe, fontaine de toutes sciences, in-4°, Paris, 1514 et 1542.

1409. SEVERINUS (*Petrus*). *Epistola scripta Paracelsi, in qua totius Philosophiæ adeptæ ratio ostenditur*, in-8° Basileæ.

1412. SIGHART (J). Albert-le-Grand, sa vie, sa science d'après les documents originaux par J. Sighart; in-12, Paris, 1867.

1413. SINESIUS (Traité de la pierre de) avec les hiéroglyphes de N. Flamel, et d'Artephius, in-4°, S. L. N. D. Voyez ci-après. n° 1353. SYNESIUS. Sinesius était un abbé grec; son traité a été traduit par Arnaud.

1414. SMOLII *manuale venerandæ antiquorum mysteriorum*, in-4 Lubeccæ, 1609 et in-12, Hambourg, 1610.

1415. SNOYUS (*Reynerus*. *De arte Alchimiæ* in-fol. Francofurti, 1620. Snoyus est né à Torgau en 1477 et y est mort âgé de 60 ans en 1537.

SOL *sine veste*. ORSCHAL 1028. Lire seulement à ce mot, *sol* au lieu de *sal*.

1415. SOLEA (*Andreas*) *Liber de incremento et decremento Metallorum*, in-8° cet opuscule est souvent attribué à tort à Basile Valentin.

1416. SOMMAIRE de la médecine chimique, où l'on voit clairement beaucoup de choses que les autheurs ont tenues jusqu'ici cachées dans l'obscurité, avec un recueil de divers secrets de médecine, in-12, Paris, 1631.

1417. SONGE VERD (Le), véridique et véritable in-8°. Paris, 1695, se trouve aussi imprimée avec le texte d'Alchimie et figure également dans le tome deuxième de la Bibliothèque des philosophes chimiques.

L'auteur est Bernard, comte de Trévisan.

1418. SOPHI *Œgypti genuinus liber, in* manuscrits sur papier, écrit, dans l'île de Crête en 1486. Bibliothèque nationale; Codice 2327, p. 483 du catalogue.

1419. SOUCI (François de) Le grand or potable des anciens philosophes, in-8°, Paris 1653. Voy. GERZAN, du n° 610 à 615.

1420. SPACHERI (*Stephani Michaelis*) *tirolensis cabala, seu speculum artis et naturæ in Alchimia, cum figuris æneis*, in-4°, 1616 et 1667, cum Diagraphe Fratribus Roscrucis dedicata.

1421. SPECULUM *Artis et Naturæ, in Alchimia e Germanico Latine versa*, avec fig, in-4, 1676.

1422. SPERBERUS (*Julius*). *Isagoge, de materia Lapidis Philosophici ejus que usu*, in-8°, Hamburgi, 1674.

1423. DU MÊME. *Isagoge in verum Triunus Dei, et naturæ cognitionem et* J. BRACESCHUS *de Alchinia*. in-8, Hamburgi, 1672.

1424. Spina. (*Daniel de*). *Manuale seu Lexicon Pharmacico-chimicum*, in-8°, Francofurti, 1700.

1425. Stahl (Georgius, Ernestus). *Fragmenta Œtiologiæ Physiologico-Chimicæ*, in-4°, Ienœ, 1683.

1426. DU MÊME. *Observationes chimico-Phisico-medicæ curiosæ, singulis mensibus continuandæ*, in-4° Lipsiæ 1697 et in-4° Halœ, Maddeburg, 1725.

1427. DU MÊME. *Fundamenta chimiæ Dogmaticæ et Experimentalis*, in-4° Norimbergœ, 1723 et 1732. — Cet ouvrage très pratique et souvent réuni au célèbre traité d'Isaac Hollandus, *De salibus et Oleis Metallorum*. Voy. HOLLANDUS, 720 bis.

1428. — DU MÊME. *Œthiologia Physiologico-chimica*, in-12, Jenœ 1683.

1429. — DU MÊME. *Observationes chimico-Physico-medicæ*, in-8. Erfurti, 1697, cet ouvrage n'est pas une répétition du n° 1426 du même auteur, comme on le croit à tort.

1430. — DU MÊME *Opusculum Chimico-Phisico-Medicum*, in-4 Halœ saxonum ; 1715.

1431. — STAPHORST (*Nicolai*). *Officina chimica, Londinensis*, in-12, Londini, 1685 et Hamburgi, 1686.

432. — STARKEY (*Georg.*) Erleuterte Pyrotechnie order kunst das Philosophische Fever zu halten, in-12, Francfort, 1712.

Cet ouvrage a été traduit en français par Jean Le Pelletier sous le titre suivant :

1433. — La Pyrotechnie de Starkey ou

l'art de volatiliser les Alcalis, in-12, Rouen, 1787. — Ed. anglaise, in-12, London, 1658.

1434. — STEEBE. (*Joh. Christophor.*) *Dulcedo de Forti, sive Elixir Solis et vitæ* in-12, Francofurti, 1672, 1673 et 1679.

1435. DU MÊME. *Cœlum Sephiroticum Hebræorum, per portas intelligentiæ, Moysi revelatos, interiores naturalium rerum characteres, abditos que recessus manifestans, ex vetustissima Hebraïca veritate medicinæ, chymiæ*, etc. *aliorumque scientiarum nova principia, oculari demonstratione ostendens et explicans*, in-fol. Monguntiæ, 1679. — Cet ouvrage est extrêmement curieux; dans les précédents, l'auteur prétend qu'on peut dissoudre radicalement l'or et le transformer en liqueur d'or potable, dans celui-ci il veut prouver la vaste science de Moyse, en chimie et en Occultisme.

1436. STELLATUS. (*Joseph*). *Pegassus firmamenti, sive introductio in veterum sapientiam, quæ hodis a fraternitate Roseæ crucis, magia et Pansophia rec'e vocatur*, in-8°, 1619.

1437. STEPHANUS. *Philosophia œcumenicus. De Divinâ et sacrâ arte auri conficiendi Lectiones* IX, *ad Imperatorem Heraclium.* Manuscrit de la Bibliothèque Nationale, copie de Manuel Rosat 1467.

1438. Le même manuscrit sur papier de soie écrit au XIII° siècle. — Autre manuscrit du XV° siècle. Bibl. Nationale.

1439. STISSERI. (*Jo. Andr.*), *Acta laboratorii chimici Academiæ Jœsiæ*, in-4°, Helmestadii, 1701. — Bon ouvrage.

1440. STALCH, *de Stalcenberg, viridarium chimicum*, in-12, Francofurti, 1624.

1441. DU MÊME. *Hortulus Hermeticus* in-12, Francofurti 1627.

1442. STALZIUS (*Samuel*) *Transylvanus, De Auri salis calore maturatione.* Dans les éphémérides curieuses, centurie 1 et 2. Observation 176.

1443. STRATHIUS. (*Joh.*) *De medicina Priscorum et ejus materia*, etc, in-8°. Lugduni, 1600.

1444. DU MÊME. *De ortu et causis Metallorum* in-8°, Lugduni. S. D.

1445. DU MÊME. *De medicamentorum Spagyracâ preparatione*, in-8°, Lugduni 1599, et Francofurti 1591.

1446 STRAVIUS. (*Ernest. Gothofred*) *Paradoxum chimicum sine igne, operationes et Experimenta Physica chimico-Pharmaceutica, ipsaque Medicamenta, ignis operari solita sine igne* etc., in-8°, Ienæ 1715.

1448. DU MÊME. *In Collegium experimentale Curiosum, in quo primaria seculi superioris inventa, et experimenta Physico-Mathematica proponuntur*, in-4° Norimberg, 1701. La première édition date de 1676 pour le premier volume, tandis que le second n'a été publié qu'en 1685.

1448 bis. SURMIUS (*Joach.*), *Physica electiva sive Hypothetica*, in-4° Nurimberg, 1697.

1449. SUCHTEN. (*Alexander à*) *Clavis Alchimiæ*, accompagné de son trai'é de l'antimoine, in-8°, texte Allemand. Montisbelli gardi, 1614.

1450. DU MÊME. *De secretis antimonii liber, e Germanico in sermonem latinum translatus*; in-8° Basileæ 1575, et in-8° Londini, 1670.

1451. SUDUM. *Philsophicum, pro Secretis Chimici perspiciendi*, in-8°, Hamburgi, 1660.

1452. SULPHURE. (*Tractatus de*), *altero naturæ principio* in-8°, Coloniæ, 1616. — Voy. SENDIVOGIUS ou plutôt COSMOPOLITE, n° 417.

1453. SWEDENBORG (*Emmanuel*), *Principia rerum naturalium, sive novorum tentaminum Phœnomena mundi Elementaris, cum figuris*, 3 vol. in-fol. Dresde et Leipzig, 1734. — Le premier volume renferme les principes de la Physique, le second traite du fer, le troisième du cuivre. L'ECKER y est traduit presque en entier; voy. ce mot. n° 512. — Le même ouvrage a paru sous le titre suivant :

Regnum subterraneum, sive Minerale de Cupro Orichalco, etc. 3. vol. in-fol. Dresde et Leipsig. 1734.

1454. SYNESIUS. *Tractatus chimicus, ad Dioscorum magnum sacerdotem Serapidis, græcè et latinè.* — Cet ouvrage de l'évêque de Ptolémaïde est imprimé dans le tome 8 de la Bibliothèque de Fabricius. Synesius était de Cyrène et vécut vers la fin du quatrième et le commencement du cinquième siècle. Le même ouvrage a été également imprimé en latin sous un autre titre : *In Democritum Abderitam, de arte sacrâ, seu de Rebus Naturalibus et Mysticis, commentarius Latinè versus, à Dominico Pisimentio*, in-8° Patavii, 1572.

Le même ouvrage, *cum Antonii Mizaldi centuriis novem memorabilium*, in-16 Coloniæ, 1574.

1455. Syrus. *Philosophus Antiquus: De sapientiâ Divinâ cum comment. P. Borelli*, in-12. Lutetiæ apud C. Du Mesnil et T. Joly, 1635.

1456. Tabulæ *septem, continentes synopsim Lapidii Philosophici*, en grandes feuilles, Erphord, 1598.

1457. Tackenius (*Otto*) ; *Epistola, de famoso liquore Alkaest*, in-4, Hamburgi, 1655.

1458. Du même. *Echo ad vindicias Chyrosophi, de liquore Alckaest*, in-4, Venetiis, 1658.

1459. Du même. *Hippocrates chimicus*, in-12, Venetiis, 1666, et in-12 Brunswigæ, 1668. Autre édition in-12. Lugduni Batavorum, 1671. Ces deux dernières éditions sont les plus complètes et les plus recherchées.

1460. Tackii (*Joan*) *Triplex Phasis Sophicus solii orbe expeditus, humanæque fragilitati consecratus*, in-4, Francofurti.

1461. — Le second de ces traités a pour titre : *Chrysogonia Animalis et Mineralis sive Phasis* II. *Chimico-Physica; magnum Philosophorum, opus pro conficiendo Elixire ad Metella et Corpora humana, cum generatione Sanguinis humani in corpore humani in corpore humano comparans.*

1462. Du même. *Promptarium Alchemiæ, partes duæ*, in-8, Leipsig, 1610, 1612, 1614, 1619.

Le texte est en allemand. Le même auteur a donné en 1 vol. in-8, Francfort, 1604. Deux traités de la Philosophie Hermétique, signé l'un par un anonyme et l'autre de Paul Ech. Voir ci-dessus, n° 490 Ech de Saltzbach et Anonymes, n° 73.

1463. Teichmeyeri (*Herm. Fr.*), *Institutiones Chimicæ Dogmaticæ et experimentales*, in-4, Ienæ, 1729.

1464. Teil (Du). Description des nouveaux fourneaux philosophiques de Glauber, traduite par le sieur du Teil, in-8, Paris, 1659.

1465. Du même. 1re, 2e et 3e parties de l'œuvre minérale de Glauber, avec une panacée en Médecine Universelle, antimoniale et son usage, la teinture de l'Or ou le véritable Or potable, sa préparation et son usage; Traité de la médecine universelle ou le vrai Or potable et la consolation des Navigantes, traduit en français par le sieur du Teil, in-8°, Paris, 1659.

Teintures. Voir plus loin Valentin, au n° 1531.

1466. Tenzelius (*Andreas*). *De Muniæ, transplantatione Exegesis Chimiatrica, cum Sale ternario Bezoardicorum*, in-8°, Erfurti, 1628.

1467. Du même. *Medicina Diastatica*, in-12, Ienæ, 1629. — Autres éditions, in-12, Francofurti. — in-12, Lipsiæ, 1725. Ce traité est très curieux, toutes les éditions, sauf la dernière, sont très rares.

1468. Texte (Le) d'alchimie et le songe vert, attribué à Bernard Trévisan. in-8°, Paris, 1695.

Theatrum Chimicum, voir ci-dessus nos 105 et 106.

1469. Theobaldi (*Zachariæ*), *Arcana naturæ* in-4° Norimbergæ, 1628.

Theophilum de Pega. Voir ci-dessus les nos 997 à 999.

Théophraste Paracelse. Voyez ci-dessus Paracelse ; n° 1047 à 1062.

Theoria, *artis Alchimiæ secundum Platonem*, voir no 106 à 107, Theatrum Chimicum. Tome Ve, n° 162, p. 14, de ce volume.

Thesaurus *Philosophiæ* (Voy. n° 890 Manget), (Bibliothèque) Tome ii, Livre III, § ix, p. 51, de ce volume.

1470. Thomæ. *Aquinatis Alchimiæ magnalia*, item *thesaurus Alchimiæ* in-8°, Lugduni 1602.

1471. — Du même *De Esse et Essentiâ mineralium*, in-4° Venetiis, 1488. — Autre in-8°, 1592.

1471 bis. Du même. *Secreta Alchimiæ, opera Brouchuisii edita*, in-4°, coloniæ, 1579. — autre édition in-8° Lugduni Batavorum 1598 et 1602. — Souvent on trouve avec ce traité un de Rupescissa et un autre de Raymond Lulle ; du reste certains traités ont été réimprimés dans le Theatrum Chimicum, tome III, voir ci-dessus p. 12, nos 58, 73 et 75.

1472. Thornburgh (*Jean*) *Nihil aliquid-omnia in gratiam eorum qui artem auri, feram Phisico-chimicè et piè profilentur*, in-4°. Oxonii 1621. — Comme son nom l'indique, l'auteur était anglais, il vivait au commencement du XVIIe siècle. — Livre assez rare.

1473. Thurneissers (Léon). Description des Planettes, ou Traité de chimie, in-4°, Munster, 1569. — Texte en allemand.

1474. Du même. *Dictionnarium, seu Onomasticum Polyglossum pro medicis et chimicis*, in-8° Berolini 1574.

1475. Du même. *De Instrumentis chimicis extrationibus utilibus*, in-fol. Berolini 1578.

1476. Ticinensis. (*Guillelmi*) *Lilium de*

spinis in THEATRUM CHIMICUM, tom IV, n° 135 p. 13 du volume.

1477. TIFFEREAU. — Les métaux sont des corps composés. — Mémoires présentés à l'Académie des sciences, in-12, Paris 1857. — Ouvrage qui traite de la transmutation.

1478. DU MÊME. L'or et la transmution des métaux, 1 vol, in-12. Chacornac, Paris, 1889.

1479. TILEMANNUS (Jean): *Experimenta circa veras et irreductiles Auri solutiones denuo recusa*, in-8°, Hamburgi 1673.

1480. TILLINGII (Math), *Cinnabaris Mineralis, sive minii naturalis scrutinum*. in-8° Francofurti, 1687.

1481. TOLETANI *Rosarium Philosophorum ex compilatione omnium philosophicorum librorum*. — On trouve cette compilation dans les traités de chimie publiés par Juste de Balbian, in-8° Lugduni Batavorum 1599; et au volume III du THEATRE CHIMIQUE v. p. 12.

1482. TOLLII (*Jacobi*), *Manuductio ad cœlum chimicum*, in-8° Amstelodami 1688.

1483. DU MÊME. — *Fortuita*, in-8°, Amstelodami 1687.

1484. DU MÊME. *Sapienta Infamies, sine promissa chimica*, in-8°, Amstelodami, 1689.

1485. TOMBEAU de la pauvreté sur la transmutation des métaux, in-12, Francfort, 1672.

1486. TOMBEAU de la pauvreté dans lequel il est traité clairement de la transmutation des métaux par un Philosophe Inconnu; in-12, Paris 1673, autre édit, in-12, Lyon 1684. — Ce petit ouvrage est curieux, mais il faut la clef pour le lire, or celle-ci ne se trouve que dans l'édition de Lyon.

L'auteur serait un nommé d'Autremont, gentilhomme français.

1487. TOMBEAU de la pauvreté, où il est traité clairement de la transmutation des métaux, et du moyen qu'on doit tenir pour y parvenir par un philosophe inconnu, in-12, Paris 1684.

1488. TOMBEAU de Sémiramis et la réfutation de l'Anonyme Pantaléon ou deux traités nouveaux sur la philosophie naturelle; in-8° Paris, 1689.

1489. TOURETTE (Alexandre de la). Discours des admirables vertus de l'Or potable avec une apologie de l'Alchimie, in-8°, Paris. 1715. Le même ouvrage a été traduit en latin voir le numéro suivant.

1490. *De auro potabili*, in-8, Lugduni et Parisiis, 1775.

1491. DU MÊME. Défense pour l'Alchimie, in-8, Paris, 1579.

1492. TOXITIS, *Onomatica duo Medicum*. 2. Paracelsii, in-8, Argenti, 1574.

Cet auteur a traduit de l'allemand en latin divers autres ouvrages de Paracelse, notamment son discours sur l'Alchimie, ses quatorze livres des Paragraphes, etc.

1493. TRACTATUS *de secretissimo antiquorum Philosophorum arcano*, etc. In-8, 1611 et 1612, a été traduit en allemand ou de l'allemand.

1494. TRACTATUS (*Tres*) *de secretissimo antiquorum Philosophorum arcano, ad transmutationem, ubi est Lasniori Tractatus, Arnoldi de Villanova et Nehusius de fratribus Roseœ-Crucis*, in-8°, Hanovre, 1618.

1495. TRAMES *facilis ad auream Hermetis arcem*, in-12, Carolopoli, 1686, et dans la Bibliothèque MANGET (Voir ce mot) n° 132, p. 53 du volume.

1496. TRANSMUTATIONE (*Della*) *Metallica*, in-4°, Brescia, 1572, ouvrage attribué à Nasari (v. ce mot), p. 57, n° 983.

1497. TRANSFORMATION métallique (De la). In-8°, Paris, 1561. Le même ouvrage a été traduit en latin *de Transfiguratione metallicâ*, in-8°, Hanovre, 1593.

1498. TRÉVISAN. — Divers Traités de la philosophie naturelle; savoir : La Turbe des Philosophes; la Parole délaissée, de Bernard Trévisan, comte de la Marche; les deux traités de Corneille Drebel avec le très ancien duel des chevaliers in-8°, Paris, 1672.

1499. DU MÊME. Traité de la nature de l'œuf des Philosophes, par Bernard, comte de Trèves, in-8° Paris, 1659.

1500. DU MÊME. Trois Traités, savoir : La Turbe des Philosophes; La Parole délaissée de Trévisan et les 12 portes d'Alchimie, autres que celles de Ripleus; in-8° Paris, 1618 autre éd. in-12, Paris 1672.

1501. DU MÊME. Le livre de la Philosophie naturelle des métaux de Bernard, comte de la Marche Trévisane, dans le tome II de la Bibliothèque des Philosophes chimiques; pages 20 et suivantes.

1502. DU MÊME. *Bernardi comitis antiqui Trevirensis Philosophi, opus historicum et dogmaticum de chimiâ, ex gallico in Lati-*

num simpliciter versum, in-8°, Ursellis 1598 et in-8°, Francofurti 1625.

1503. DU MÊME. BERNADUS TREVISIANUS. — *De chimico miraculo, quod lapidem philosophiæ appellant*, in-8° Basiliæ 1583, 1600. 1803. BERNADUS TREVISIANUS *redivivus*, Francof. 1625.

1504. TRIFOLIUM *Hermeticum*, in-8° 1629. (texte allemand) catalogue de l'abbé Houël, p. 12.

1505. TRIGA *chemica de lapide Philosophico Tractatus tres; Editore et commentatore Nicolao Bernando Delphinate*, in-8° Lugduni Batavorum 1599. Dans la collection de Philosophes hermétiques.

1506. TRINUM *chimicum*, contient les trois traités suivants, en langue allemande :

1. Vincent Roffshi ; 2 Alfidius, clef de Raymond Lulle, in-8°, Argentorati 1699.

1507. TRINUM *chimicum secondum*, in-8° Argentorati, 1700.

1508. TRINUM *Epistolarum chimicarum*, in-8°, Hamburgi, 1673.

1509. TRIOMPHE (*Le*) HERMÉTIQUE, ou la pierre Philosophale victorieuse, in-12, Amsterdam. 1710. Cet opuscule qui ne contient que 153 pages a été recueilli par un sieur Limojou de Saint-Didier, secrétaire de l'Ambassade de France à Venise.

TRISMOSIN ET TRIMOSIN, Voy. SALOMON TRIMOSIN.

TRISMÉGISTE HERMES, voy. HERMES.

1510 et 1511. TRITHEMIUS (Joan) Libellus de septem se caudeis, in-8°, coloniæ 1567.

1512. DU MÊME. *De lapide Philosophico*, in-8° 1611 et in THEATRO CHIMICO.

TRITHEMICŒ AXIOMATA *Physicœ chimicœ*, voy. Théâtre chimique, Tom II.

Dans la section qui traite de l'occultisme nous donnons la Polygraphie de Trithème, traduction de Gabriel de Collange.

1513. TROGNIANI *(Guillel.) scripta de lapide*, in THEATRO CHIMICO, Tome VI.

1514. TROMPETTE FRANÇOISE (La), ou Fidel François, Traité de Philosophie Hermétique, in-12, Paris, 1609.

1515. TUBICINUM *convivale Hermeticum* in 4°, Gedani, 1682.

1516. TUMBA *Semiramidis Hermeticè sigillata, sive opusculum De lapide Philosophorum* in-12, 1674. voy. N° 1787.

TURBA *Philosophorum*, voy. Bibliothèque MANGET, Livre II, Section *secunda* § I.

1517. TURRIS *Babel*, seu judicium *de Fratribus Roseæ-Crucis chaos*, in-8° Argentorati 1619.

1518. UDENIUS *Ules, non entia chimica sive catalogus eorum operum, operationum que chimicarum quæ, cum non sint in rerum natura, nec esse possint magno tamen cum strepitu à vulgo chimicorum passim circunferuntur*, in-12, Francofurti, 1646 et 1670. — On pense généralement que cet ouvrage est de Georges Wolfgang Wedelius, qui a publié l'édition de 1670, avec sa préface et supprimant le nom d'Udenius; de même que dans la suivante in-8° Berolini 1674.

1519 et 1520. ULSTADE (*Philip.*) *et autres*. Le ciel des Philosophes, ou secrets de nature, Paris, 1547. Cet ouvrage a eu de nombreuses éditions, l'auteur vivait en 1525 à Fribourg en Brisgau.

1521. UNTZERUS, (*Mathias*) *Anatomia Mercuris sulphure et sale*, in-4° Halœ Saxonum, 1620.

1522. DU MÊME. *Tractatus* VII, medico-chimici *de sale, sulphure et mercurio*, etc, in-4°, Halœ saxonum 1634.

1523. URBIGERANI *aphorismi 101. De Philosophorum Elixir*, a *Barone* URBIGERO, in-8°, Hamburgi 1705.

1524. VADIS (*Ægidius de*) *Dialogus inter naturam et filium artis*.

1525. DU MEME. *Tabula diversorum metallorum*, in-8°, Francofurti, 1594.

VAGAN ou VOGAN (*Thomas de*); voir ci-dessus PHILALETHE, n°s 1098 et 1099.

1526. VALENTINI (*Basilii*), *Tractatus Chimicus et Philosophicus de metallis et Mineralibus*, in-8°, Francofurti 1676.

1527. DU MÊME. *Practica et 12 claves cum Tripode aurêa Majeri* in-8° Franco 1680.

1528. DU MÊME *12 claves Philosophicœ*, le même ouvrage avec d'autres traités ; une édition de Paris in-8° 1624, renferme l'azoth des philosphes; aut. Ed. in-8°, Paris 1660.

1529. DU MEME. Les douze clefs de la Philosophie, in-8° Paris 1659. — autre édition in-12, Paris 1660.

1530. DU MÊME. *Currus triumphalis Antimonii, commentario illustratus à Theodoro Kerkringio*, in-12 Amstelodami 1671 et 1685. —Autre édition, *cum notis Pet. Fabri et aliis Tractatibus ejusdem* VALENTINI, in-8° Tolosa 1646. — Il y traite des teintures tant générales que particulières, voir le numéro suivant :

1531. Du même. Révélations des mystères des Teintures des sept métaux, et de leurs vertus médicinales, par Basile Valentin religieux de S. Benoist, traduit de l'allemand par Israel, médecin allemand, in-4°. Paris, chez Jacques de Sallencque, 1646. — Remarquons en passant, que les deux premiers chapitres ne sont pas dans cette traduction et que le vrai titre est : *Traité des choses naturelles et surnaturelles*.

1532. Du même. *Liber de Microcosmo, magno mundi mysterio et hominis medicina*, in-8°, Marpurgi 1660.

1533. Du même *Azoth Philosophorum seu Aureliæ occultæ de materiâ Lapidis Philosophorum*, etc. in-4°. Francofurti, 1613, et in Theatro Chimico, T. IV.

1534. Le même ouvrage en français ; azoth, ou l'or caché a été publié en un vol. in-12 Paris, 1659.

1535. Du même. *Hallographia, de præparatione Salium ex manuscripto Basilii Valentini*, in-8° 1612 et et in-8° Bononiæ 1644.

1536. Du même. *Apocalipsis Chimica* in-8°, Erfurti, 1624.

1537. Du même. *Testamentum ejus Germanicè*, in-8°, Strasbourg, 1651.

1538. Du même. *Scripta Chimica*, in-8° Hamburgi, 1700.

On attribue aussi à Valentin, L'Escalier des sages, une broch. in-8°, 1689. — Le grand Olympe. — enfin abrégé de la doctrine de Paracelse imprimé seulement vers 1724.

Généralement, les ouvrages de Basile Valentin ne sont pas communs, aussi nous ne pouvons pour beaucoup indiquer le lieu ni la date d'impression.

Vallensis (*Robertus*), voir *supra* n° 1317.

1539. Du même. Voici des éditions latines de l'auteur. — *Cœlum philosophorum, seu secreta naturæ, id est quomodo ex rebus omnibus quinta essentia paritur*, in-12, Lugduni, 1553, 1557 et 1571. — In-fol, Argentorati, 1526, 1528, 1551, 1555, et in-8°, Argentorati 1630. — in-8°, Paris 1543, in-12, Francfort 1600. — in-12, Augustæ Vindelicorum 1680.

1540. Du même. *Tabulæ in epistolam Trevisiani ad Thomam de Bononia in Arte aurifera* in-8°, Montis Belligardi, 1601.

1541. Vallerii (*Martinii*), *Magia Physica trium Sapientiarum novissimarum, clavis que reconditissimæ adytorum naturæ*, etc. in-4° Venetiis, 1639.

1542. Vallerii (*Nicolai*), *tentamina Physico-chimica*, in-8° Lugduni 1699.

1543. Vallerii de Valleriis. *Aureum opus, Lullium explicans*, in-4° *Augustæ Vendelicorum* 1589 ; aut. Ed. in-4° Argentori, 1617.

1545. Vallet de Virville. Des ouvrages alchimiques attribués à Nicolas Flamel, Paris, in-8°, S. D.

1545 bis. Valois (N). Les cinq livres de N. Valois, M. S. de la Bibliothèque de l'Arsenal SC. et A. N° 166 bis.

Van Helmont, voy. Helmont, page 41, n° 691 à 696.

1546. Vannus. *Chimica, seu reconditorium opulentiæ numinis mundi magni*, in-4° Amstellodami, 1666.

1547. Vannucio *Biringoces, Pyrotechnia delle miniere et metalli*, in-8° in Venetia. 1550 et aut. édition in-8° ; Venetia 1559 et in-8° in Bologna 1678.

1548. Vargas (Perez de), *De re metalicâ*, en el qual se Tratan diversos secretos, del conoscimiento de Toda suerte de Minerales, por Bernardo Perez de Vargas, in-8°, Madrid 1569.

1549 Ventura (*Laurentus*). *De ratione conficiendi Lapidis Philosophici Lib huic, accesserunt ejusdem argumenti Liber unus, et ex speculo magnus Vincentii Liber* 2. in-8° Basilæ 1571 et d ns le tome II du théâtre-chimique.

Veradianus, voy Geber, n° 595, page 37.

1550. Vernon (P. Jean. Marie de) Histoire de Raymond Lulle, in-12, Paris, 1668.

1551. Verville (*Fr. Béroalde de*). Appréhensions spirituelles, in-12, Paris, 1584.

1552. Du même. Le Palais des curieux, in-12, Paris, 1612.

1553. Du même. Le cabinet de Minerve, in-8°, Rouen, 1601.

1554. Du même. Le voyage des princes fortunés, 2 volumes in-12, Paris, 1610.

1555. Vignère (*Blaise de*), du feu et du sel. in-4°, Paris, 1608. — aut. éd. in-4°, Rouen, 1642, et, 1651.

Villars, voy. Gabalis (le comte) n° 588, p. 36.

1556. Villeneuve (*Arnaud de*). *Tractatus chimicus*, in-8° 1612. (*Texte en allemand.*)

1557. Du même. — *Arnoldus* de *Villanova medicus, qui Lullium artem convertendi Metella edocuit ex Lacinio, cujus vita a simphor. Campegio concinnata exstat, cum operibus* Arnoldi Villanovi omnibus in-fol.

Lugduni 1520 et 1532, et in-fol. Basileæ 1585. et Argentinæ, 1613.

1558. Du même. *Rosarium Philosophorum cum Ulstadio*, in-16.

1559. Du même. *Tractatus de Lapide*, in-16.

1560. Du même. *Novum lumen*, in-16.

1561. Du même. *Flos Florum, gaudium completum, seu tractatus perfecti Magisterii*, in-16.

1562. Du même. *Epistola ad Regem Neapolitanum et electuarium quoddam*, in-16.

1563. Du même. *Lumen Luminum, seu Flos Florum* in Theatro Chimico.

1564. Du même. *Practica, seu Breviarium ad quemdam Papam*. Ibidem.

1565. Du même. *Carmen*, Ibidem.

1566. Du même. *Semita Semitæ, in Arte aurifera*. Ibidem.

1567. Du même. *Speculum Alchimiæ*, Ibidem et en 1 vol. in 8°, Argentinæ, 1613.

1568. Du même. *Questiones essentiales* ad Bonifacium VIII, in Theatro Chimico et en 1 vol. in-8° Basileæ, 1610.

1569. Du même. *Questiones accidentales*, in Theatro Chimico.

1570. Du même. *Liber perfectionis Magisterii, seu Lumen Luminum*.

1571. Du même. *Liber de Sigillis*.

1572. Du même. *Epistola Gallica, de sanguine humano, ad Jacobum Toletanum, in Libro secretorum chimicorum Liebantii*.

1573. Du même. *Eadem Epistola Latina ad Jacobum de Taleto, vel Taletanum, cum Arte operativa medica Lullii*.

1574. Du même. *Succosa Carmina Arnaldi, in Libro Alchimiæ quam vocant*, 2 vol. in-8, 1572.

1575. Du même. *De spiritu vini, vino Antimonii et gemmarum viribus*, in-8°, Argentor., 1576.

1576. Du même. *Tractatus Parabolarum ex Nasari*.

1577. Du même. *Arnaldi Lucidarium* ex eodem.

1578. Du même. *Liber Artis*, ex eodem.

1579. Du même. *Aureo Rosea, prima et secunda* ex eodem.

1580. Du même. *De Sublimatione Mercurii*.

1581. Du même. *Epistola ad Robertum Regem*.

1582. Du même. *Novum testamentum* et in theatro et arte aurifera.

1583. Du même. *Rosarium* etc. Italice, cum Nasari operibus.

1584. Du même. *Phœnix ad Regem Martinum* Aragoniæ, anno 1299, M. S.

1585. Du même. *Rosa novella prima et secunda*, M. S.

1585. Du même. *De Secretis naturæ* M. S.

1587. Du même. Clef de la grande science de l'œuvre Philosophique d'Arnaud de Villeneuve, avec les figures M. S.

1588. Du même. *De Sanguine humano*, in-8°, Basileœ, 1597.

1589. Du même. *Flos Florum*, etc impensis Megiseri etiam emissum, in-8°.

1590. Du même. *Speculum Alchimiæ* Francfort apud Portium, 1603.

1591. Vincent (*Jacques*). La Pyrotechnie, ou art du Feu, composé par Vannocio Biringuccio, Siennois et mise en français par J. Vincent, in-4°, Paris, 1556.

1592. Vincentius *Burgundus, aut Bellovacensis speculum Doctrinale*, in-fol. Duaci 1624.

1593. Du même. *Speculum Naturale Lib.* VII, in-fol. Duaci, 1624.

1594. Vogelii (*Ewaldi*) *De Lapidis Philosophici conditionibus Liber, quo Gebri et Lullii explicatio methodica continetur*, in-8° Coloniæ 1595.

1595. Webster (J.) *Metallographia or an History of Metals*, in-4°, London 1671.

1596. Weckerus (Jo. Jac.) *De Secretis, Naturæ cum Theodori Zuingeri additionibus*, in-8°, Basilœ, 1701. — C'est la dernière édition de Wecker, médecin de Bâle, en Suisse qui vivait dans cette ville vers 1562. Dès le xvi° siècle l'ouvrage avait été traduit en français et imprimé plusieurs fois, soit à Paris, soit à Rouen.

1597. Du même. *Anatomia Mercurii Spagiraca, seu de Hydrargiri natura* in-4°, apud Œlschl. Halæ saxon. 1620.

1598. Wedelius (*Georg. Wolfg.*) *De sale volatili Oleoso*, in-4°, Ienœ, 1711.

1599. Du même. *Non Entia Chimica, sive Catalogus eorum operum, operationumque chymicarum, quo cum non sint in rerum natura, necesse possint, magno tamen cum strepitu, à vulgo chimicorum passim circumferuntur, et orbi obtraduntur*, in-12, Francfort. 1670.

1600. Du même. *Exercitatio Medico Philologica* VI. *Tabulam Hermetis Smaragdinam explicans, adversus Athanas. Kircherum* in-4°, Ienæ 1704, Centuria II. Decas Prima.

1601. DU MÊME. *Exercitatio* IX. *Basilii Valentini vitam, succinctâ commentatione exhibens.*

1602. DU MÊME. *Introductio in Alchimiam*, in-4· Ienæ, 1705.

1603. WEIDENFELD (*Josep.*) *De secretis adeptorum*, in-4· Londini, ed. in-12, Hamburg, 1685.

1604. WEIDNERUS (*Joan.*) *De Arte chimicâ ejusque cultoribus*, in-4°, Basilæ, 1610.

1605. WIRDIG (*Sebastiani*) *Medicina Spirituum curiosa*, in-8·, Francofurti, 1706. Texte en allemand. — Généralement à la suite se trouve : *Arcanum liquoris immortalis. Ignis Aqua* seu *Alcaest ab anonymo Philaletha.*

1606. WITTESTEIN (*Caroli*) *vel* WITTOSTEIN *seu à Petra Alba* Disceptatio Philosophica, *de quinta Chimicorum essentia, cum carerii libro aut Metalla possint transmutari*, in-8°, Basileæ 1583. — Voir n° 1077.

1607. WITTICHIUS. *Bolleflaviensis Silesius, de lapide Philosophico* in-8° Francofurti, 1625. In Harmoniâ chimicâ Condesiani.

1608. WOLPHIUS (Gaspard). *Evanymus de Remediis secretis, Liber secundus*, nunc primum opera et studio Gaspard Walphii, in-8°, Tiguri, 1569 et in-8° Francofurti, 1578. Voy. LIÉBAULT, n° 877 ; page 47.

1609. WORMII (Olaï), *Laurea Philosophica*, contra frates Roseœ-Crucis, in-4° Hasniœ, 1619.

ZACHAIRE (*D.*) *Voir ci après* n° 1611 ; ZACHARIUS (*D.*)

1609 bis. ZACHARII *à Puteo*, clavis spagiraca.

1610. DU MÊME. *Officina chimica fornacum, Vasorum ac instrumentorum ad distillationem pertinentium*, Collecta, in-4° Venetiis 1611.

1611. ZACHARII (*Dionisii*) *Galli, De chimico miraculoso, cum Trevisano, authoritatibus variis principum hujus Artis Democriti, Gebri, Lullii, Villanovani confirmato*, par Gerardum Doin ; in-8° Basileæ 1583 et 1600.

1612. DU MÊME. *Opusculum Philosophiœ naturalis metallorum cum annotationibus Nicolai Flamelli, in* THEATRO CHIMICO page 11. Le même ouvrage traduit en français avec le titre suivant :

1613. Opuscule de la vraie philosophie des métaux, in-12, Lyon, 1574. aut. Edition in-8° Anvers 1567. Cet opuscule serait également l'œuvre du Trévisan. — Il y a du reste de nombreuses éditions françaises, l'une d'elles renferme : La Fontaine des amoureux de la science, La complainte de la Nature, Le sommaire de Flamel, etc.

1614. ZADITH, senior et antiquissimus philosophus ; *De chimiâ alia et chimiœ opuscula*, in-8·. Argentorati, 1566.

1615. ZANETI (*Hieronymi.*) *Conclusio et comprobatio alchimicœ, in Theatro chimico* page 11.

1616. ZELATOR (Jonas.) *Theatri Alchimistici breve et jucundum spectaculum, argentibus linis in Scena personis Medico in humilitate curioso et Alchimista in curiositate fastuoso ; defecatœ passionis sapientibus communicatum* in-8° S. L. 1681.

1617. ZIMARŒ (*Mart. Anton.*) *Antrum Magico-Medicum* ; in-8°, Francof. 1625.

1618. ZOBELLII. *Tartarologia Spagirica* in-12. Ienœ, 1676, 1684, 1708.

ZOZIMUS, Voy. CHIMISTES GRECS, p. 23. n° 343.

1619. ZUINGERI (*Jac.*) *Principiorum chimicorum examen*, in-9° Basileæ 1606.

1620. ZUINGERI (*Johan. Jacob.*) *Specimen electrico Physicœ experimentalis*, 2. vol-in-12, Basileæ 1707 (1).

II. ART DIVINATOIRE.

1621. ALEXANDRE *de Myndes*, Auteur grec d'un ouvrage d'oniromancie, qui a été perdu, et que nous ne connaissons que par *Artemid.* I, 67 ; II, 9. 66.

1622, AMORETTI. Richerche storico-fisiche sulla Rabdomanzia, ossia sulla ellettra metria sotteranea, S. L. N. D. 18° siècle) ? in-4° de 78 pages.

1623. ANTIPATHER *de Tarse*, auteur grec d'un ouvrage d'oniromancie qui a été perdu, et que nous ne connaissons que par Cicéron *De Divin*, II, 70, et Artemidore IV. 65.

1624. ANTIPHON. Auteur grec, d'un ouvrage d'oniromancie qui a été perdu et que nous ne connaissons que par les auteurs suivants : Cicer, *De Divin.* I. 20. 51. II, 70. Senec. *Controv.* 9. Diogène de Laërce II, 46. Lucian. *Hist. ver.*, 2. Tertull. *De an.* 46. Hermogen, *De Ideis*, II. 7. Fulgent. *Myth.* I, 10.

1625. APOLLODORE *de Telmesse*, auteur grec d'un ouvrage d'oniromancie qui a été perdu et que nous ne connaissons que par Arthémid. I, 79.

(1) Voir à la fin du volume les *addenda* pour les ouvrages alchimiques ou hermétiques imprimés, ou découverts pendant l'impression de notre ouvrage.

1626. APOLLONIUS *d'Atale*. Auteur grec d'un ouvrage d'oniromancie, qui a été perdu, et que nous ne connaissons que par Artémidore I, 32 ; III, 28.

1627. APOMAZAR. Des significations des songes, in-8° Paris, 1581.

1628. ARISTANDRE *de Telmesse*, auteur grec d'un ouvrage d'oniromancie qui a été perdu et que nous ne connaissons que par les auteurs suivants : Pline XVII ; 38, 343 ; Plutarque *Alex*. 2, Arrian. *Anab*, II, 18. Lucian *Philops*, 21, 23, Artemid. I, 31 ; IV, 23.

1629. ARISTARQUE. Auteur grec d'un ouvrage d'oniromancie qui a été perdu, et que nous ne connaissons que par Artemid. IV, 23.

1630. ARISTIDES (P. ŒL,) auteur grec d'un ouvrage d'oniromancie qui a été perdu, et que nous ne connaissons que par Aristides *Orat*. IV, V, VI.

1631 ART et jugement des songes et visions (*De l'*) 1 vol. in 16 Lyon. Ben. Rigaud S. D.

1632. ART de résoudre les questions les plus douteuses (L') M. S. de la Bibliothèque de l'arsenal S. C. et A. n° 89 *bis*.

1633. ARTEMIDORUS DALDIANUS. *Onirocriticon*, libri V, Ed. R. Hercher. Lips. 1864.

1634. ARTEMIDORI, *de Somniorum interpretatione. Libri* V, *græce*, — nous ignorons le lieu et la date de publication ainsi que le format

1635. ARTEMON *de Milet*. Auteur grec d'un ouvrage d'oniromancie qui a été perdu et que nous ne connaissons que par rtemidore I, 2 ; II, 44. et par Falg. *Myth*. I, 13. Schal. Hom, *Iliad*, XVI, 854.

1636. ASTRAMPSYCHOS. *Oraculorum decades* CIII, *ex codd Ital. nunc primum edidit*, R. Hercher, Berlin 1863.

1647. DU MÊME. *Versus somniorum interpretes*, in-8° Parisiis 1599.

1638. DU MÊME. *Oncritica græce ex duabus codicibus* M. SS. *Venetis, recensivit, emendavit polivit natis integris* N. Rigaltii et J. Reiskii, 2 vol in-8° Leipsiæ 1805. — On peut consulter pour ces derniers ouvrages l'*onirocritica* de Nicéphore le Patriarche, d'Achmet Ben Seirim, de Germain le patriarche et de Michel Paléologue.

1639. BAGUETTE DIVINATOIRE (Lettres qui découvrent l'illusion des philosophes sur la) et qui détruisent leurs systèmes. P., Pet. in-8° 1693.

1640. BAGUETTE DIVINATOIRE (Lettre de M. J. M. C. à M. de Salgues sur la) in-8° broch. 20 p. P., S. D.

1641. BALSAMO. Les petits mystères de la destinée av. fig. 1 vol in-18.

1642. BENZEL (H.) *De sortibus veterum* in-8°, Lipsiæ, 1745.

1643. BESSON. (Jacques). L'art de trouver les eaux cachées sous la terre, in-4°, Orléans, 1569.

1644. BONDAROY (J. de la Taille, de) Géomance abrégée, in-4° Paris Breyer, 1574.

1645. BULENGERUS, *De sortibus*, ouvrage cité dans Grav. Thes V.

1646. BURIGNY. Sur les superstitions des peuples à l'égard des songes, 1772 in Mem. de l'Acad. des inscrip. XXXVIII. p. 74-82.

1647. CAGLIOSTRO et de MENUT DE SAINT-MESMIN. Livre général des rêves, in-16, Paris fig. 1811.

1648. CALONNE. Le nouveau miroir de la fortune ou abrégé de la Géomance pour les personnes curieuses de cette science in-12, Paris, 1726.

1649. CHRYSANDER. Oratio de sortibus, in-8° Halæ, 1740.

1650. CHRYSIPPE. Auteur grec d'un ouvrage d'oniromancie qui a été perdu et que nous ne connaissons que par Cicéron, *De Divin*. T, 3.

1651. COLOMBIÈRE (*de la*). Le Palais des curieux, où l'algèbre et le sort donnent la décision des questions les plus douteuses et où les songes et les visions nocturnes sont expliqués 1 vol-in-8° Paris 1660.

1652. CRATIPPE, auteur grec d'un ouvrage d'oniromancie perdu et connu seulement par Tertull. *De An*. 46.

1653. DEMETRIUS *de Phalère*, auteur grec d'un ouvrage d'oniromancie qui a été perdu et que nous ne connaissons que par Artemidore II, 44.

1654. DENYS *de Rhodes*. Auteur grec d'un ouvrage d'oniromancie qui a été perdu et nous ne connaissons que par Artemidore 18, 66.

1655. DION CASSIUS, auteur grec d'un ouvrage d'oniromancie qui a été perdu et que nous ne connaissons que par la citation de ce même auteur dans son *Histoire* LXXII, 23.

1656. EENBERG (IO) Dissertatio de sortilegiis in-12 Uyssal. 1705. DUVAL (*Denis*) Voy. LEUNCLAVIUS.

1657. EPICHARME. Auteur grec d'un ouvrage d'oniromancie qui a été perdu et que nous ne connaissons que par les auteurs suivants : Tertull. De an. 46 et Cf. Lorents Leben des Epicharmus p. 389.

1658. FONTENELLE. Histoire des oracles. in-12 Paris 1713.

1650. GABDARRHACHAMAN. L'onéirocrite musulman, in-12, Paris, 1664.

1660. GARNIER (P) Dissertation physique sur la baguette divinatoire, in-12, Lyon, 1692.

1661. *Geminus de Tyr.* Auteur ancien d'un ouvrage d'oniromancie qui a été perdu et que nous ne connaissons que par Artémidore II, 49.

1662. GÉRARD *de Crémone.* Géomancie astronomique pour savoir les choses passées, présentes et futures, traduites par de Salerne 1 vol, in-12, Paris, chez l'auteur 1669, Voy. SALERNE.

1663. GRANDAY. La clef des temps, in-12.

1664. HALIL ET MARSY. L'interprète oriental des songes. Recueil complet de toutes les traditions orientales sur les songes depuis Adam jusqu'à nos jours; in-8° Jésus. S. L, N. D.

1665. HERMIPPUS *de Béryte.* Auteur ancien d'un ouvrage d'oniromancie qui a été perdu et que nous ne connaissons que par Tertullianus, *De an.* 46.

1666. HORUS. Auteur ancien d'un ouvrage sur l'oniromancie qui a été perdu et que nous ne connaissons que par Dio. Chrys. *Orat* XI.

1667. KAALUND (J. W.) *Dissertatio de divinandi arte apud Romanos*; in-4°, Hasniæ, 1733.

1668. LANCELOT. Des significations et événements des songes selon la doctrine des Indiens, des Perses et Egyptiens par Jean Lancelot, traduit du grec en français, in-8° S. L. n. d. (XVII° siècle [1])

1669. LEBRUN (Le P.) Histoire critique des pratiques superstitieuses qui ont séduit les peuples et embarrassé les savants. 3 vol in-12 Paris, 1732 et 1 vol. in-12, 1702. Il est question dans cet ouvrage de la baguette divinatoire.

1670. DU MÊME. Lettres qui découvrent les illusions des Philosophes sur la baguette (divinatoire) et qui détruisent leurs systèmes, in-12, Paris, Boudot 1693. Certains exemplaires de cet ouvrage renferment 2 fig. en taille douce. — Autre édition, 1696.

1671. LENGLET-DUFRESNOY. Recueil de dissertations anciennes et nouvelles sur les apparitions, les visions et les songes, avec une préface historique; 4 vol. in-12, Avignon, 1751.

1672. LEOPARDI. Saggio sopra gli errosi popolari degli antichi (cap. V. Dei Sogni, in-8° 1845).

LETTRES etc, Voy. BAGUETTE DIVINATOIRE.

1673. MACROBIUS. *Comment in somnium* Scipionis, Libr. II. in-8° S. d.

1674. MAGIE (*La*) ROUGE, crême des sciences occultes naturelles et Divinations, in-18, avec fig. Paris, S. D.

1675. MEIBOMIUS. *De incubatione in fanis deorum medecinæ causa*, in-12, 1659.

MENUT DE SAINT-MESMIN; Voy. CAGLIOSTRO *supra, Art Divinatoire*:

1676. MIRBEL (*Célestin de*). Le Palais des princes du sommeil, dédié à Mlle de Laval, in-12, Bourges, 1667.

1677. MORTILLET (*Gabriel de*). Histoire de l'hydroscopie et de la Baguette divinatoire, 1 br. in-8° de 88 pages et 1 pl., Chambéry, 1849.

MOULT (Th. J.) Voy. PRONOSTICATION.

1678. NICOSTRATE *d'Ephèse*. Auteur grec d'un ouvrage d'oniromancie qui a été perdu et que nous connaissons seulement par Artémidore II, 2.

1679. NIGIDIUS FIGULUS (P.) auteur ancien d'un ouvrage d'oniromancie qui a été perdu et que nous connaissons par Io. Lyd. *De ostent.* 45.

1680. NOSTRADAMUS (*Michel*). Les prophéties dont il y en a trois cents, qui n'ont jamais été imprimées, adioustées de nouveau par le dit auteur. Lyon, Benoit Rigaud 1568.

1681. DU MÊME. Centuries, VIII, IX, X, qui n'ont jamais été imprimées, I vol. in-16 Lyon. Benoit Rigaud, S. D.

Il y a de si nombreuses éditions de Nostradamus; que nous renonçons à les décrire.

1682. OBSOPŒUS BRETTANUS. *Hoc est Sibyllina oracula, aucta renovata et notis illustrata à D. Johanne Obsopœ Brettano, cum interpretatione latina Sebastiani Castalionis et Indice.* 1 vol. in-8° Parisiis, 1599.

1683. DU MÊME. *D. Joannis Obsopœi notæ in Sibillina oracula*, s. l. n. d.

1684. DU MÊME. *Oracula magica Zoorastris, cum Schu liis Plethonis et Belli nunc primum editis studio Johannis Obsopoei*, in-8° Parisiis 1599.

1685. DU MÊME. *Oracula metrica Jovis, Apollinis, Hecates, Serapidis et aliorum deorum ac vatum tam virorum quam feminarum a Johanne Obsopœo collecta*, in-8°, Parisiis 1549. Un exemplaire avec le chiffre de Peiresc, 4. part. en 1 vol. s'est vendu 32 fr.

1686. OPÉRATIONS des sept esprits des planètes. M. S. de la bibliothèque de l'arsenal Sc. et A. n° 70.

1687. PANTHÉON ou temple des Oracles divertissants, par E. D. commandeur de Volcanville, 1 vol. in-8°, Paris, Cardin Besogne 1654.

1688. PANYASIS *d'Halicarnasse*, auteur grec d'un ouvrage d'oniromancie qui a été perdu et que nous ne connaissons que par les auteurs suivants : Artemid. I, 2, 64 ; II, 35. — Suidas s. v. Pappos.

1689. PAPPUS *d'Alexandrie*, auteur ancien d'un ouvrage d'oniromancie qui a été perdu et que nous ne connaissons que par Suidas, s. v. Panuaris.

1690. PHILOCHORE, auteur grec d'un ouvrage sur l'oniromancie qui a été perdu et que nous ne connaissons que par Tertullien, *De an.*, 46

1691. PHILON *de Béryte*, auteur grec ancien d'un ouvrage d'oniromancie qui a été perdu et que nous ne connaissons que par l'ouvrage suivant : *Hist. Grec. Fr* Edition Didot, III 35

1692. PLAISANT ; jeu du Dodechedron de fortune etc. (Le) in-8° Paris, Nicolas Bonfous, 1577.

1693. PLITT. *Specimen onirologiæ*, 1 vol. pet. in-8° Marpurgi, 1752. — Curieux ouvrage sur les songes.

1694. PHŒBUS *d'Antioche*. Auteur ancien d'un ouvrage d'oniromancie qui a été perdu et que nous ne connaissons que par Artémidore I, 2; I V, 66

1695. PRÉAU (*Gabr. du*). La Géomance de Chr. de Cottan pour savoir toutes choses présentes passées et à venir avec la roue de Pythagoras ; 1 vol. in-4°, Paris 1567.

Cet ouvrage a eu plusieurs éditions ; le n° suivant donne la première Edition.

1696. DU MÊME Christofe de Cattan (La Géomance du Seigneur) gentilhomme Genevoys. Livre non moins plaisant et récréatif que d'ingénieuse invention, pour savoir toutes choses, présentes, passées et futures avec la roue de Pythagoras ; mis en lumière par Gabriel du Préau, natif de Marcoussis près Montlhéry, par luy dédié à M. Nicot, Seigneur de Bosnay et du Chesne, in-4° Paris, Gilles, libraire, 1558.

1697. PRESCIENCE (*La*) ou grande interprétation des songes, des rêves et des visions. Traité curieux, extrait de tous les ouvrages des anciens et des modernes qui se sont adonnés à l'étude de la philosophie et à l'application des sciences occultes. 1 fort vol. in-12 avec planches. Paris, s. d.

1698. REMARQUES sur plusieurs songes de personnes de qualité etc. 1 vol. in-12, Amsterdam, Jacques Lejeune 1690.

1699. RESNEL (*Du*). Recherches historiques sur les sorts appelés communément par les anciens *Sortes Homericæ*, *Sortes Virgilianæ* et sur ceux qui chez les chrétiens sont dénommés *Sortes Sanctorum*, mémoires de l'Acad. des Inscrip. XIX, p. 287 et suiv. 1744.

1700. SCHULZ (*H. W.*) Sulle rapprezantazioni della fortuna. annal. Institut. Rom. 1839, p. 121.

1701. SCHWARTZ (*Ch. G.*). De sortibus poeticis, in 8° Altdorf, 1712.

1702. SALERNE (*De*). La Géomancie et nomancie des anciens, in-12, Paris, Laurent d'Houry, 1688.

1703. SECRET des secrets de nature, (Le) extrait du petit Albert et autres philosophes hébreux, grecs, arabes, Chaldéens, etc. 1 vol. in-12, Lille, S. d.

1704. SECRETS merveilleux de la Magie naturelle et cabalistique du petit Albert, traduit de l'original latin, in-18, avec figures, Lyon, 1796

1705. SÉRAPION *d'Ascalon*. Auteur ancien d'un ouvrage d'oniromancie qui a été perdu et que nous ne connaissons que par Tertullien ; *De An.* 46

1706. STRATON. Auteur grec d'un ouvrage d'oniromancie qui a été perdu et que nous ne connaissons que par les auteurs suivants: Diogène Laert. V, 59; Tertull. *De An.* 46

1707. SYNESIUS *Peri enupniôn* (*De Insomniis. cum Schol, Niceph. Gregor.*) in-8°, S. D.

1708. THIBAUT. La Physionomie des songes, un vol. in-12, Lyon, vers 1520.

1709. TRAITÉ en forme de lettre contre la nouvelle Rhabdomance ou la manière de deviner avec une baguette fourchue, sans nom d'auteur, in-12, Lyon 1694.

1710. VALLEMONT (*L. L. de.*) Prof. docteur en théologie. — La Physique Occulte ou traité de la Baguette divinatoire et de son utilité pour la découverte des sources d'eau, des minières, des trésors cachés, des voleurs et des meurtriers fugitifs — avec les principes qui expliquent les phénomènes les plus obscurs ; augmenté à cette édition d'un traité de la connaissance des causes magnétiques, des cures sympathiques, des transplantations etc. 2 vol, in-12. Avec fig. La Haye, 1747.

Il existe de nombreuses éditions de cet ouvrage, notamment une en deux vol. in 12.

1711. VATICINIA *sive prophetiæ abbatis Joachimi*, in 4°, Venitiis, 1589.

1712. VATTIER (*Pierre*). L'Oneirocrite musulman, traduit d'après le manuscrit arabe par.. 1 vol. in-12, Paris, Jolly, 1664.

1713. VERGE de Jacob (La) ou l'art de trouver des trésors in-12, Lyon 1693.

1714. WELCKER (*F. G.*) Incubation. Rhetor Aristides. Kleine Schriften, III, p. 87 — 114. (Voir aux *Addenda* § ART DIVINATOIRE).

III. SCIENCE DIVINATOIRE.

1715. ABANO (*P. de*). *Liber compilationis physionomiæ*, in-4°, Patavii 1474.

1716. ADAMANTII *sophistæ physiognomonica* gr. in-8°, Paris, 1540.

1717. ADRIAN SICLAIR, médecin spagyrique né au Puy-en-Velay. — Chyromance royale et nouvelle enrichie de figures de moralitez et des observations de la Cabale, avec les prognostics. Ouvrage très utile en particulier pour les femmes. Pet. in-12, Lyon, chez Daniel Gay et se vend chez l'auteur au Puits-du-Sel 1667.

Ce petit volume est composé de trois parties qui forment le Tome Ier. Il n'a paru probablement que celui-ci.

1718. André Corve, Mantouan. Excellente chiromancie montrant par les lignes de la main les mœurs et complexion des gens. 1 vol. in-12, Lyon, Rigaud 1611.

1719. Antonio Magus. L'art de tirer les cartes. 1re Partie : Les sciences divinatoires ; 2e partie, les cartes avec figures et un frontispice, les mystères de la Cartomancie. 1 vol. in-12, Paris, 1875.

1720. Arpentigny (d'). La science de la main ou l'art de reconnaître les tendances de l'intelligence d'après les formes de la main. 1 vol. gr. in-18 avec figures, Paris 1843. — Il existe trois éditions de cet ouvrage du fondateur moderne de la Chirognomonie. — Ce traité est considéré comme classique par les adeptes de la Chiromancie.

1721. Art (*L*) de tirer les cartes ou le moyen de lire dans l'avenir par le rapprochement des événements, qui démontrent sans réplique l'art chiromancique. 1 vol. in-18, et fig. de Desrais, Paris, Deroy, 1796.

1721 bis. Bellière. La Physionomie raisonnée ou secret curieux pour connaître les inclinations de chacun par les règles naturelles. Composée par M. C. de la Bellière, sieur de la Nialle, conseiller et aumônier du Roy. 1 vol. in-12, à Paris chez Edme Couterot, rue Saint-Jacques, à l'enseigne du Bon Pasteur, M. D. C. LXIV, avec privilège et approbations.

1721 ter. Belot. Les œuvres de M. Jean Belot, curé de Mil-Monti, professeur aux sciences divines et célestes. Contenant la Chiromancie, Physionomie, l'Art de mémoire de Raymond Lulle ; Traité des Divinations, Augures et Songes ; les sciences sténographiques, Paulines, Armadelles et Lullistes ; l'Art de doctement prêcher et haranguer, etc. — Dernière édition, revûe, corrigée et augmentée de divers traités. — A Lyon, chez Jean-Baptiste de Ville, rue Mercière, A la science ; M. D. C. LXXII. — Ouvrage assez rare.

1722. Boissard (*Janus Jac.*) *De Divinatione et magicis præstigiis*. Oppenheimii, typis Hier. Galleri in-fol. s. d.

Ce volume est assez curieux, il est orné de 33 pl. gravées par Théodore de Bry. — On cite des éditions de 1611, in-4° et de 1613 in-folio.

1723. Boyvin de Vaurouy (de) La physionomie in-12, Paris C. du Bray, 1635.

1724. Broussais (F. J. V.) Cours de phrénologie, un fort vol. in-8° Paris, 1836.

Cabaliste Moderne V. le n° 1729.

1725. Cardan (H). *Metoposcopia lib. XIII cui accessit melampodis de nævis corporis tractatus.* 1 vol. in-fol. Lut. Paris 1658. Cet ouvrage contient 800 fig. sur bois pour l'étude du caractère de l'homme d'après les rides et autres signes de la physionomie.

1726. Du même La métoscopie, in-fol, Paris, 1658. — Edition française avec figures sur bois des signes et autres marques de la face humaine.

1727. Castle (A.) Phrénologie spiritualiste ; nouvelles études de psychologie appliquée in-12, Paris 1862.

1728. — Cazeneuve (J. de) Les hommes célèbres caractérisés par leurs noms et études psychologiques sur les rapports qui peuvent exister entre le nom et certaines individualités, in-12, Paris, 1881.

1729. Clef (La) d'or ou l'art de gagner à la loterie, suivi d'un traité de physionomie et de chiromancie par un Cabaliste moderne, in-18, 34 grav. Lille s. d.

1730. Coclès (B). Le compedium de physiognomonie et chiromancie, un volume in-8°, Paris. 1546.

1731. Colombière (de la). Traité de la physiognomonie, vol. in-8 Paris, 1660.

1732. Corum (Adrien). L'art de la chyromancie, in-8° s. l. s. d. (vers 1530 ?)

1733. Du même. Les indiscrétions de la main, texte original translaté du latin en français par Jean de Verdelay pet. in-8° figures, Paris 1878. — Réimpression du traité de chiromancie du XVIe siècle.

1734. Crépieux-Jamin (J.). Traité graphique de graphologie. — Étude du caractère de l'homme d'après son écriture, 1 vol. in-8 avec fig.

1735. David l'aigneau. — Traité de la métoscopie et de physiognomonie in-4°, Paris. s. d.

1736. Delaage (H.) Le monde prophétique ou moyens de connaître l'avenir employés par les sibylles, les pythies, les aruspices, les sorcières, les tireuses de cartes, les cartomanciennes et les somnambules lucides, in-12 Paris, 1853.

1737. Demangeon Physiologie intellectuelle ou développement du système de Gall in-8°, Paris 1806. — 3e Ed. 1843 (voy. Gall n° 1744).

1738 Desbarolles. Les mystères de la main révélés et expliqués. — Art de connaître la vie, le caractère, les aptitudes et la destinée de chacun d'après la seule inspection des mains. 1 vol. in-12 avec fig. Paris 1859. — Cet ouvrage a eu de nombreuses éditions.

1739. Du même. Almanach de la main. Années 1867, 1868, 1869. in-18. Paris.

1740. Du même et de Jean Hippolyte. Les mystères de l'écriture, 1 vol. in-12 Paris 1867. — Cet ouvrage a eu plusieurs éditions.

1741. Esmael. Manuel de cartomancie ou l'art de tirer les cartes mis à la portée de tous, 1 vol. in-16, avec fig. s. l. n. d.

1742. Eteilla. Manière de se récréer avec le jeu de carte nommé *Tarot*. in-12. Paris et Amsterdam, chez l'auteur ; 1715. (4e cahier).

1743. Du même. Fragments sur les hautes sciences, in-12, Amsterdam chez l'auteur 1785. Ce nom de Eteilla est l'anagramme d'Aliette le véritable nom de l'auteur.

1744. Gall et Spurzheim. Anatomie et Physiologie du système nerveux et du cerveau en particulier, 4 vol. in-4° et atlas in-fol. — Paris, 1809. Autre édition 4 vol in-fol... etc etc. car il y a eu de nombreuses éditions de cet ouvrage ainsi que des sortes de contrefaçon sous le titre de Petit Gall, théorie de Gall, système de Gall etc, etc. dont nous ne parlerons pas.

1745. G. M. (*de Gama Machado*) Théorie des ressemblances ou Essai philosophique sur les moyens de déterminer les dispositions physiques et morales des animaux ; 2 vol. in-4° Paris, 1831-1836.

1746. Garnier (A). La Psychologie et la phrénologie comparées, 1 vol. in-8° Paris 1839.

1747. Geber (Jehan). Très-brief traicté de la chiromantique physionomie de... in-8° Paris, Guillaume Noir 1557.

1748. Ghiradelli. Cefalogia fisionomica da Corn. Ghiradelli, in-4° Bologna 1570.

1749. Grandpré (J. de). L'art de prédire l'avenir. Divination par les astres, la main, l'écriture, la physionomie, la forme du crâne les cartes, les nombres, les songes, apparitions, magnétisme, somnambulisme, spiritisme, sorcellerie, cristographie (pour cristalographie) etc. gr. in-8°, Paris, s. d. — L'auteur a voulu faire une synthèse des sciences occultes, mais il n'est parvenu qu'à composer une sorte de salade japonaise de compilations aussi peu intéressante qu'indigeste.

1750. Halbert *d'Angers*. — La Cartomancie ancienne et nouvelle ou traité complet de l'art de tirer les cartes. P, S. D, in-12, av. pl.

1751. Hartlieb. (Le Dr). Chiromancie, (en allemand) in-fol. S. D.

1752. Horst (G. C.) Article Chirologie *in* Encyclopédie de Ersch et Gruber, Tome XVI (1827).

1753. Indagine. *Chiromantia, Physiognomia, astrologia naturalis*, 1 vol. p. in-8° avec fig. sur bois, Parisiis, P. Drouart, S. D.

1754 Du même. *Introductiones apotelesmaticæ elegantes, in chiromantiam, Physionomiam*.. pet. in-8° Lugduni, apud Joan. Tornæsium 1582. — Ceci n'est pour ainsi dire qu'un fragment de l'ouvrage suivant publié postérieurement.

1755. Du même. *Introductiones apostolesmaticæ in physiognomiam complexiones hominum, astrologiam*, naturalem, naturas planetarum... cum Gratarali et Pomp. Gaurici Tractatus, 1 vol. in-8° fig, Argentarati, 1630.

1756. Lavater (J. G.) Essai sur la physiognomonie. 4 vol. in-4° avec de nombreuses planches gravées La Haye 1781. — Autre édition en 10 volumes in-8°, 1807.

1757. Lelièvre. (*Mme A.*) Justification des sciences divinatoires, in-12. Paris, 1847.

1758. Lélut. — Qu'est-ce que la Phrénologie? in-8°, Paris 1836.

1759. May (Philippe) de Franconie. La chiromancie médicinale, accompagnée d'un traité de la physionomie et d'un autre des marques qui paraissent sur les ongles des doigts, le tout composé en allemand et traduit en français par Philippe Henry Treuchses de Wezhausen, 1 vol. petit in-12 de 12 ff. et de 136 pages, ouvrage très rare, à la Haye, chez Leviju van Dyck 1665 ; tous les exemplaires sont signés de l'auteur.

1760. Michon. Système de graphologie ; l'art de connaître les hommes d'après leur écriture, in-12, Paris, 1878. — aut. éd. in-18.

1761. Du même. Cours de Graphologie, Paris.

1762. Michel Lescot. La Physionomie de Maistre Michel Lescot, traduit du latin en françois, in-18, Paris, vinc. Sertenas, 1540.

1763. Mouton (*Eugène*). La Physionomie comparée, in-8° Paris, S. D.

1764. Palais des curieux de la fortune et de l'amour avec un traité de la Physionomie, in-12, Paris, 1698.

Wulson de la Colombière est l'auteur de cet ouvrage dont la 1re édition a paru à Paris chez Nic. Legros, 1693.

1765. Porta. — J. B. Portæ, *Physionomia* in-fol. Vici, 1586.

1766. Physiognomiæ *veteres scriptores*, in-8° Altenb. 1780.

1767. Physionomie (*De la*) 1vol. in-8°, orné de 530 fig. intercalées dans le texte. S. N. d'A. N. L. N. D.

1768. RAMPALLE. La Chyromancie naturelle de Ronphyle, in-12, Paris, Loyson 1665 — aut. éd. Paris, Ribou 1655.

RONPHYLE (v. ci-dessus Rampalle).

1769, SCIENCE CURIEUSE (La) ou Traité de la Chyromancie, recueilli des plus graves auteurs qui ont traité de cette matière... enrichi d'un grand nombre de figures pour la facilité du lecteur. Ensemble la méthode de s'en pouvoir servir. in-4° nomb. pl. sur cuivre donnant 110) fig. de mains, Paris, F. Clousier, 1667. — Cet ouvrage a eu plusieurs éditions.

1770. SPURZHEIM. Observations sur la Phrénologie, in-8°, Paris, 1818. (Voir Gall n° 1744)

1771. TABULÆ *chiromanticæ*, lineis montibus et tuberculis manus constitutionem hominum et fortunæ vires ostendentes. in-fol Francfort, 1613.

1772 TRICASSE. — La Chiromancie de Patrice Tricasse des Ceresars. Mantouan. in-8° figures des signes de la main, Paris Claude Frémy 1561.

1773. VERDELAY (*Jean de*); Voy. CORUM (*Adrien*). n° 1732 et 1733.

1774. VIMONT (J.) Traité de la phrénologie humaine comparée, 2 vol. in-4° et atlas in-fol. Paris 1833.

(Voir aux *Addenda* § SCIENCE DIVINATOIRE)

IV. ASTROLOGIE (1)

PRÉDICTIONS ASTROLOGIQUES, PRONOSTICATIONS, THÈMES GÉNÉTHLIAQUES ; HOROSCOPES NATIVITÉ, etc.

1774 bis. ALBOHALI *Arabis astrologi antiquissimi, ac clarissimi de Judiciis, nativitatum liber unus, ante hac non editus. Cum privilegio D. Joanni Schonero concesso. Impressum*, Norimbergœ, in officina Joannis Montani et U. Neuber, in 4° caractères ronds, titre et figures gravés sur bois, 1546.

1774 ter. ALBUMASAR *Introductorum in astronomiam Albumasaris Abalachi octo continens libros partiales*. Venetiis expensis Melch. Sessa, per Jacob Pentium in-4° 1506.

L'ouvrage renferme une figure gravée sur le titre, des lettres ornées et insérées dans le texte, des figures astrologiques et cabalistiques.

1775. ALCHABITII *introductorium ad scientiam judicialem astronomiæ* in-4°, 1472. S. L.

1776. ALLŒI *arabis astrologiæ nova methodus*, in-fol. Rhedonis 1654.

1776 bis. APHORISMES d'astrologie tirés de Ptolémée, Hermès Cardan, Mvnfredvs et plusieurs autres traduits en françois par A. C. et augmentés d'une préface de la vraye astrologie de L. Meysonnier, in-12, Lyon Michel Dvban, 1657.

ARCADAM, voy. LIVRE, n° 1809.

1776 ter. ASSERAT. *Astrologiæ nova methodus. Francesci Allœi arabis christianis Rhedonis*, ex typis Juliani Herbert, in-fol. 1654.

1776 quater. ASTROLOGIE (sur l'). Des forces et des faiblesses essentielles et accidentelles des planètes. — Triplicité des sept planètes, 1 vol. in-fol. — manuscrit de 76 feuillets n° 136 du catalogue 376° de Baillieu libraire à Paris.

1777. ASTROLOGICA *græca et latina*, edente J. Camerario, in-4° Nurimbergæ 1532.

1778. AUGER FERRIER. — Jugements astronomiques sur les nativités. in-12, Lyon G. de Tournes, 1592.

1778 bis BÉLOT (Jean) curé de Mil-Mont, professeur aux sciences divines et célestes. — Ses œuvres, in-8° Lyon, Claude de la Rivière 1649.

1779. AVERTISSEMENTS (Les) ès trois estats du monde selon la signification de ung monstre de l'an mille V cens et XII, in-4° Goth. 1512.

1779 bis. BOGARD (Arnaud). Prognostication pour plusieurs années ; in-4° Anvers, 1553 et suiv.

1780. BORDELON. De l'astrologie judiciaire entretien curieux. etc. in-12 Paris, 1689.

1781. BOULAINVILLIERS (Comte de). — De l'astrologie: ce qu'un honnête homme en doit sçavoir M. S. in-fol. Bibliothèque de l'Arsenal S. C. et A n° 205.

C'est cet astrologue qui prédit à Voltaire qu'il mourait à 24 ans. 20 ans plus tard Voltaire le rencontrant lui demanda pardon de de n'avoir pas eu la politesse de mourir. —

---

(1) Voir la liste des ouvrages anciens sur l'astrologie dans Frabricius, (*Bibliotheca Græca* revue par Harles, TOME IV. p. 128-170 (Lib. III, cap. XXI, *de Manethone Ægyptio et aliis astrologiæ apotesmaticæ auctoribus*).

On trouve dans Fabricius :

1° les ouvrages publiés ;

2° les ouvrages inédits ;

3° les ouvrages perdus.

4° Ceux qui ont été écrits dans l'antiquité et dans les temps modernes, contre l'astrologie. — Comme bien on pense, le lecteur trouvera dans notre bibliographie presque tous ces ouvrages, sauf ceux dont l'existence nous a paru douteuse ; il est inutile d'ajouter, pensons-nous, qu'il ne saurait être question ici des livres d'astronomie anciens ou modernes.

J. M. DE V.

On sait que le philosophe de Ferney mourut âgé de 84 ans (1).

1782. Bovrdin (Nicolas) L'Uranie de Messire Nicolas Bovrdin chevalier seigneur de Villennes ou la traduction des quatre livres des jugements des astres de Claude Ptolémée, prince des sciences célestes, in-12, Paris, Cardin Besongne, 1640.

1782 bis. Camerius, *Horarum natalium centuria I et II, sive narratio historica, variarum invita casum mirabilium naturæ,..... in qua scientiæ astrologicæ veritas ac certitudo adversus astrologo mastiches ostenditur*, 1 vol in-4° avec planches, Francofurti Emmelinus, 1610.

1783. Censorinus. *De Die natali*, 1 vol in-12 S. D. L. S.

1783. Chavigny (de). — Commentaires sur les centuries de Michel Nostradamus, in-8° Paris, 1596.

1784. Clef (La) de Nostradamus, in-12, Paris, 1710.

1785 Compost (Le) et Calendrier des bergères, in-fol. Paris, 1499. — Cet almanach est classé ici à cause des pronostications nombreuses qu'il renferme.

1786. Compost (Le) et Kalendrier des bergiers, in-fol. Paris 1488. — Cet ouvrage véritable almanach est classé ici parce qu'il renferme de nombreuses pronostications.

1787. Couillard (Ant.). Les contredits aux fausses prophéties de Nostradamus in-8° Paris, 1560.

1788. Dallet (J.). La prévision du temps et les prédictions météorologiques, in-16 de 336 pages et 3 fig. Paris J. B. Baillière et fils 1890.

1789. Déclaration des abus de Michel Nostradamus, in-4°, Avignon, 1558.

1790. Deleuze (J.-P.-F.). Mémoire sur la faculté de prévision, avec des notes et des pièces justificatives et avec une certaine quantité d'exemples de prévision recueillis chez les anciens et les modernes. 1 vol. in-8°, Paris, Germer-Baillière, 1836.

1790 bis. Dongeois, Pronostications générales (en prose et en vers); dessins à la plume. — Manuscrit de 150 feuillets dédié à Jean de Brèvedent, lieutenant au baillage de Rouen, signé Jean Dongeois, et daté du 2 juillet 1671. — Le volume se termine par un traité fort curieux de la bonne et de la mauvaise fortune des enfants soubs les douze signes du Zodiacque. — N° 280 du catalogue 376e de Baillieu, libraire à Paris. Ce même manuscrit a figuré sous le n° 180 du catalogue 404me du même libraire (30 nov. 1893).

1791. Eclaircissements des véritables quatrains de Maistre Michel Nostradamus, in-12, Paris, 1656.

1792. Ely. Star. Les Mystères de l'horoscope. — Traité d'astrologie pratique précédé d'une préface de C. Flammarion et d'une lettre de Joséphin Péladan (*le Sar*). 1 vol. in-18, Paris. — Cet ouvrage est complètement faux dans toutes ses données; c'est pourquoi il est extrêmement dangereux par suite des erreurs qu'il peut faire commettre. De pareils livres portent tort à la vraie science; cependant ce pseudo-astrologue donne des consultations chaque jour dans un grand journal de Paris à raison de 20 francs l'une; ce qui ne prouve pas en faveur de l'intelligence contemporaine.

1793. Fayol (J. B.) L'harmonie céleste, ouvrage physique et mathématique avec lequel on peut prévoir toutes les maladies, trouver les remèdes spécifiques, la manière de s'en servir et distinguer les vertus de la matière médicinale selon l'influence des astres avec beaucoup d'autres curiosités utiles et agréables à lire. In-8°, Paris 1672.

1793 bis. Finella. *Ph. Phinellæ de duoaecim cœlestibus signis in 360 gradibus divisis cum eorum inclinationibus et naturis*, pet. in-8°, Autverpiæ, ex off. Plantin, 1650. — Nomb. grav. sur bois. — Bien que portant sur le titre l'indication d'Anvers, ce volume a dû être imprimé en Italie. Finella est aussi l'auteur d'un livre sur les rides du front de l'homme, aux moyens desquelles on peut étudier son caractère.

1794. Firmicus Maternus. — *J. Firmici matheseos libri* VIII. Traité complet sur la matière, in-fol. Venetiis, 1497.

1795 Gaffarel (J.) Curiositez inouyes sur la sculpture talasmanique des Persans. Horoscope des patriarches et lecture des étoiles, pet. in-8°. S. L. 1650. — C'est la traduction latine de l'ouvrage latin qui a eu de nombreuses éditions et qui a pour titre : *Curiositates inauditæ de figuris Persarum talismanicis horoscopo pat.* etc. Notes par Gr. Michaelin, Hambourg et Amsterdam pl. et figures, in-12 1670, 1676, etc.

1795 bis. Gauricus. *Lucæ Gaurici, tractatus astrologicus, in quo agitur de præteritis multorum hominum accidentibus per*

(1) Boulainvillers a écrit aussi : La pratique abrégée des jugements astronomiques sur les nativités, qui n'a point été imprimé cet ouvrage faisait partie de la Bibliothèque de Jariel de Forge dont le fonds provenait de celui de Boulainvilliers, 3 vol in-4, n. 569 et 570 ducat. — Nous ignorons qui est aujourd'hui détenteur de ce manuscrit important.

proprias eorum genituras ad unguem examinatis, in-4° Venetiis, 1552.

1796. GOULART (Simon), *Senlisien.* Thrésor d'histoires admirables et mémorables de nostre temps recueillies de plusieurs autheurs. Mémoires et avis de divers endroits, 4 tomes en 2 vol. in-8°, Genève, Samuel Crespin 1610-14.

1797. GRUNPECKII (Jos.). — *Pronosticon seu judicium ex conjunctione Saturni et Jovis*, in 4°, Vienne, 1496.

1798. GUIDO BONATI. — Traduction du livre d'astronomie de Guido Bonati, par Nicolas de la Horde, 15 déc. 1327. M. S. in-fol. de la Bibliothèque de l'Arsenal Sc. A. n° 208. — L'original italien peut être du quatorzième siècle, mais certainement la traduction date de la fin du seizième, sinon du commencement du dix-septième siècle.

1799. GUILLERMIN (A). Briesve et succinte déclaration. — Que signifie le soleil parmi les signes à la nativité de l'enfant? in-8° Lyon, 1556.

1800. GUYNAUD (*L.*). Concordance des prophéties de Nostradamus avec l'histoire, depuis Henri II jusqu'à Louis le Grand, avec la vie de l'auteur, in-12, Paris, J. Morel, 1693.

1800 Bis. HEURTEVYN (Barth.) *Parisien.* L'ncertitude et tromperie des astrologues, in-8°. Paris, 1619.

HORBE (*Nicolas de*). Voy. GUIDO BONATI, n° 1798.

1801. HYGINUS (*C. Jul.*) *Pœticon astronomicon lib.* IV. S. L. N. D.

1802. INCERTI *auctoris christiani dialogus titulum habens Hermippus, seu de astro logiâ, libri duo.* In-8°, Hanniæ 1830.

1802 bis. JEAN-FRANÇOIS. (Le P.). — Traité des influences célestes où les merveilles de Dieu dans les cieux sont déduites, in-4°, Rennes, Hallaudays 1660.

1803. JOURS (Les) heureux et périlleux de l'année, in-8°, Goth. S. L. N. D.

1804. JUNCTINI. (Fr.) *Speculum astrologiæ*, 2 vol. in-fol, Lugduni 1583.

1805. KOTTERI. (*Christ.*). *Lux e tenebris, hoc est revelationes*, in-4°, 1665.

1806. LICHTENBERGER. (*Joannes*). Pronosticatio latina, anno *IXXXVIIJ. ad magnâ cung unctione Saturni* etc. in-fol. Goth. de 32 feuillets sig. A. F. avec fig. sur bois; Moguntiæ 1492. — Ce célèbre ouvrage a eu de nombreuses éditions en latin et en allemand ; quelques éditions du XV° siècle ont 36 et 48 f.

1807. LETRONNE. Observations sur l'objet des représentations zodiacales, Paris, 1824.

1808. LIVRE (Le) admirable renfermant dès prophéties, des révélations et une foule de choses étonnantes, passées, présentes et futures, in-12, Paris, 1831.

1809. LIVRE (Le) *d'Arcadam*, traitant des prédictions de l'astrologie in-12, Lyon, 1576.

1810. LUCIANUS (texte grec) et *De astrologiâ* en latin.

1811. MAGIA ASTROLOGICA. — *Hoc est P. Const. albinii Villanovensis, clavis sympathiæ septem metallorum et septem selectorum lapidum ad planetas* etc. pet. in-8°, Parisiis, 1611.

1812. MANETHON (Ps.) *libri* IV ; avec les fragments de Dorotheus de Sidon et d'Annubion ; Ed. Kœchly (col. Teubner).

1813. MANILIUS. Astronomicon libri V. in-12. S.-L. N.-D.

1814. MANTICE ou Discours de la vérité de divination par l'astrologie, in-4° S.-L. N.-D. — On attribue cet écrit à Ponthus de Tyard, qui l'aurait fait imprimer à Lyon, chez Jean de Tournes vers 1558.

1815. MARTINIÈRE (de la). Le pronosticateur charitable, traitant des mouvements, nature, regards, etc., in-12, Paris, chez l'auteur 1666.

1816. MATHWS. GEOMANCIE ASTRONOMIQUE, avec la géomance des anciens, rédigées selon le calendrier de la République Française, par J. F. L. Mathws, philosophe à Saint-Omer an IV de la République, in-8° de 450 pages. Manuscrit original et très curieux sur l'astrologie et l'art de prédire l'avenir avec figures astrologiques.

1817. MAURY (Alfred). La Magie et l'astrologie dans l'antiquité et au Moyen-âge, in-18. Paris, 1860. Ouvrage complètement faux d'un bout à l'autre.

1818. MAXIMUS et AMMON. — (de actionum aus piciis) suivi des *anecdota astrologica*. Ed. Ludwick (Coll. Tubner).

1819. MEYSSONNIER (L). Aphorismes d'astrologie, in-12, Lyon. M. Duhan, 1657.

1820. MICHAELIS MAIERI vicatorium hoc est, de Montibus planetarum septem, seu metallorum. Pet. in-8° front. et fig. grav, S. L. 1651.

1821. MIRABILIS LIBER, in-4°, Goth.

1822. MIZAULT. — Secrets de la lune, opuscule non moins plaisant qu'utile, in-8° Paris, Fr. Morel, 1751.

1823. MONNERIE (M. de la). — Le Zodiaque de la vie traduit par... in-12, La Haye, 1731.

1824. MOULT (Th. J.). Prophéties perpétuelles très curieuses et très certaines qui dureront jusqu'à la fin des siècles, in-12, Paris, 1741.

1825. NOSTRADAMUS (Michel). Les Prophéties de... revues et corrigées sur la coppie imprimée à Lyon, par Benoît Rigaud, 1568, S. L. avec une gravure sur bois sur le titre (le portrait probablement de Nostradamus) et au-dessous le milésime M. D. C. V.

La préface est datée de Selon (Salon) de 6 de mars 1555; elle est écrite à son fils. Cette édition contient 93 folios plus un non paginé. Elle renferme ensuite les centuries VIII, IX, X, qui n'avaient « esté premièrement imprimées » et sont en la même édition de 1568 avec une sorte d'épître dédicatoire à Henri II; en tout 54 folios, et à la fin : Prédictions admirables pour les ans courans ce siècle, recueillies des Mémoires de feu M. Michel, Nostradamus, vivant médecin du roy Charles IX et l'un des plus excellents astronomes qui furent jamais... Présentées au très grand, invincible et très clément Prince Henri IV, vivant roi de France et de Navarre, par Vincent Seue de Beaucaire en Languedoc.

1825 bis. NOSTRADAMUS. Les Prophéties de M. Michel-Nostradamus. Dont il y en a trois cents qui n'ont encore jamais été imprimées. Adioustées de nouveau par le dict auteur. A Lyon, par Benoît Rigaud, 1568, in-16, 2 parties en un volume. — Première partie, 125 pages chiffrées compris le titre c'est une des plus anciennes éditions de cet ouvrage.

1825 ter. DU MÊME. Les vrayes centuries et prophéties de Maistre Michel Nostradamus, où se voit représenté tout ce qui s'est passé tant en France, Espagne, Italie, Allemagne, Angleterre, qu'aux autres parties du monde, avec la vie de l'auteur, frontispice et portraits gravés sur cuivre, in-12, Amsterdam, Jansson à Waesberge, 1668. — Autre édition in-12, Avignon, vers 1660, elle comporte 2 portraits gravés sur bois.

1826. DU MÊME. Les Oracles de Michel Nostredame, astrologue, édition *ne varietur*, comprenant — le texte type, les variantes, un glossaire, la clef des noms énigmatiques et une scholie historique des principaux quatrains par A. Le Pelletier, 2 vol. in-8, Paris, 1867.

1826 bis. DU MÊME. — Réédition du Livre de Prophéties de Nostradamus publié en 1566, chez Pierre Rigaud (avec préface, notes, etc., par Torné-Chavigny), in-18, Bordeaux, 1862.

1826 ter. La vie et le testament de Michel Nostradamus, docteur en médecine, astrophile, avec l'explication de plusieurs prophéties très curieuses, in-12, Paris, 1789.

1826 quater. — Concordance des prophéties de Nostradamus avec l'apocalypse ou l'apocalypse interprétée par Nostradamus, faisant suite à l'histoire prédite et jugée par le même auteur. Recherches et Commentaires, par Torné-Chavigny, in-fol., Bordeaux, 1861.

1827. DU MÊME. L'histoire prédite et jugée par Nostradamus, texte de l'édition de 1566 à Lyon par P. Rigaud, preuves tirées des auteurs les plus connus, traduction et commentaires par Torné-Chavigny. — Tome Ier, Vies des derniers Valois, Henri II, François II, Charles IX, Henri III. Vies des premiers Bourbons (Henri IV à Louis XV), in-fol. Bordeaux 1862. — Tome II, (non tomé). Vie de Louis-Philippe. — La République de 1848. — Napoléon III. — La maladie de la vigne, in-4°. Bordeaux 1860. Beaucaire en Languedoc, dès le 19 mars 1605 au chasteau de Chantilly, maison de monseigneur le Connestable de Montmorency. En toute cette partie vingt pages sans pagination. Les trois plaquettes en un volume in-12.

1827 bis. PARACELSE. *Prognosticatio eximi Doctoris Theophrasti Paracelsi, anno* 1536 *conscripta*, in-4°. Ce volume que nous avons vu à la bibliothèque municipale de Tours, contient 32 gravures sur cuivre très curieuses.

1828. PAULUS ALEXANDRINUS, rudimenta in doctrinam de prœdictis natalitiis, in-4° Wittembergœ, 1588.

1828 bis. — Pererii (B) *adversus fallaces et superstitiosas artes; id est de Magia de observatione somniorum et de divinatione astralogica*, in-8° Lugdunum 1592. — Autre édition pet. in-8° Lugduni, Cardon 1603.

1829. PISANI (Oct.) astrologia, in-fol. Antuerp. 1613.

1830. PITATI (*Petri*) *Veronensis. Almanach, novum ad annos* undecim, incipiens ab anno Christi 1552, usque ad annum 1562. Pet. in-4°, Tubingæ, 1563 avec tableaux et figures.

1831. Pithoys (C.) Traicté curieux de l'astrologie judiciaire, in-12, Sedan, 1641.

1832. PRONOSTICATION (la) des hommes et des femmes et leur nativité in-8°

1833. *Pronosticatio*, anni 1478, in-4°, Paris 1478.

1834. PRONOSTICATIO *latina*, anno 1488 confecta. In-folio. Maguntiæ 1492.

1835. PRONOSTICATION (la) nouvelle pour l'an 1492, in-4°. Paris, J. Trepperel.

1836. PRONOSTICATION (la) des Laboureulx, in-8°, Lyon 1542.

1837. PTOLEMÆUS (El.) etc., (*quadripartitum*).

1838. PTOLEMÆI *de judiciis astrologicis libri* IV, *grœc.* et *lat.* in-4°, Basileæ 1553. Aut. Edition avec ce titre : *Opus de Siderum judiciis, quæ dispartitum.* — Petit in-12 Patavii 1658.

1839. Quel temps fera-t-il ce matin, ce soir, demain, etc? Présages utiles aux laboureurs, chasseurs, voyageurs, etc., suivis des prédictions de l'ombre de maître Rabelais pour l'année bissextile 1772, in-12, Paris.

1840. QUESTIER. L'astrologue incogneu ou le Spéculateur universel des éphémérides célestes prédisant tous les bonheurs et les malheurs. In-8°, Paris Ballagny, 1649.

1841. REMARQUES sur plusieurs songes de personnes de qualité, in-12, Amsterdam, Jacques Lejeune, 1690.

1841 bis. Salmasii (Claud.) De annis climatericis et de antiquâ astrologiâ diatribæ; in-12, Lugd. Batav. ex off. Elzevir. 1648.

1842. THOMAS ILLIRIC; prophétie faite par frère Thomas Illiric, translaté de l'Italien in-4° vers 1530.

1843. Tibault (Jean). La physionomie des songes et visions. in-8° gothique; Lyon J. Moderne S. D. (probablement vers 1530).

1844. Traité des esprits célestes et terrestres, M. S. in-4°, bibliothèque de l'Arsenal S. C. et A. N° 68 et 69.

1845. TRAITÉ des jugements des thèmes généthliaques. M. S. de la Bibliothèque de de l'Arsenal. L'auteur anonyme qui a dû écrire son traité à Paris vers 1692, l'a signé des lettres A. P. R.

1846. TRAITÉ fort notable des propriétéz des jours d'une chascune lune, extraict de la grande science du roy Salomon, in-16 (vers 1530).

1847. TRÉSOR DE L'UNIVERS, M. S. de la Bibliothèque de l'arsenal A. S. C. et A. n° 159 (attribué à Paracelse).

1848. Ziégler (L). *De libris Apotelesmaticis*, Gotting, 1793.

1849. Vie (La) de Maistre J. B. Morin, natif de Villefranche, in-12, Paris, J. Hénault, 1670. Biographie d'un anonyme.

1849 bis. VELDKIRCH. *Prognosticum astrologicum ad annum Christi* 1544 *adjecta sunt judicium* D. *Lucæ Gaurici in eumdem annum, id est, in progr.* 1544. Th. Venator. Pet. in-4° de 16 feuillets. Norimbergœ apud Joh. Petreium, S. D.

Marque de l'imprimeur gravé sur bois sur le titre.

Observation. — Il a été dressé une Bibliographie Sibylline par C. Alexandre, l'un des derniers éditeurs des livres Sibyllins à la fin de son ouvrage: *Excursus ad Sibillinos libros*, Paris, Firmin-Didot 1856, avec ce titre: *Catalogus Bibliographiæ* Sibyllinæ. — Ce catalogue a un supplément qu'on trouve à la fin de *Oracula Sibyllina* du même auteur 2° édition 1869.

La Bibliographie Sibylline comprend environ 167 ouvrages publiés de l'année 1481 jusqu'à la publication des *Oracula Sibyllina* de 1869; sur ces ouvrages, 38 ou 39 sont du XVI° siècle, 44 du XVII° et 42 du XIX° siècle.

Voir à la fin du volume aux ADDENDA.

V. DÉMONOLOGIE (1)

APPARITIONS, DÉMONS, FANTOMES, POSSESSIONS, OBSESSIONS, EXORCISMES, SORTILÈGES, INCANTATIONS, ENVOUTEMENTS, etc.

1850. ANONYME. — Traité sur la magie, le sortilège, les possessions et les obsessions et maléfices par M. D., in-12, S. L. 1732.

1850 bis. Aremberg (Carolo de) *Flores seraphici ex amœnis anxalium port's adm. R. P. F. Zachariæ Boverii Ord. F. F. Minorum S. Franscisci capucinorum definitoris generalis collecticire Icones vitæ et gesta virorum illustrium* (Anno 1525-1580). *Colloniæ Agrippinæ*, 1640, 2 parties en 1 vol. in-fol.

Le Père Charles d'Aremberg, de l'ordre des capucins, né en 1593, mort en 1669, était le fils de Charles de Ligne, duc d'Aremberg, il entra dans son ordre en mars 1616.

Cet ouvrage contient les apparitions et les biographies de tous les saints de son monastère, de 1525 à 1580. L'auteur l'a enrichi de 91 portraits en pied, gravés sur cuivre, hors texte, d'un titre et d'un frontispice.

1851. AXENFELD. (Dr). Jean Wier et la sorcellerie, in-8°, Paris, Germer-Baillière 1866.

1852. BEAUVOYS DE CHAUVINCOURT (de). Discours de la Lycanthropie, in-8°, Paris, 1599.

1853. BEKKER (*Baltasar*). Docteur en théologie et Pasteur à Amsterdam. — Le Monde enchanté ou examen des communs sentiments touchant les esprits, leur nature, leur pouvoir, leur administration et leurs opérations et touchant les effets que les hommes sont capables de produire par leurs communications et leurs vertus. Divisé en 4 parties, traduit du Hollandais, 4 vol. in-12, Amsterdam, Pierre Rotterdam, libraire sur le Vygendam 1694.

(1) Nous avons voulu essayer d'une classification méthodique des ouvrages sur la Démonologie, suivant la division de notre sous titre; mais les divers sujets se pénètrent si fréquemment entre eux dans les divers ouvrages que nous avons dû renoncer à une classification par articles distincts.

1854. BENEDICTI (Le P.). — La triomphante victoire de la vierge Marie sur sept malins esprits, in-16, Lyon 1611.

1855. BERBIGUIER (Ch.) — Les Farfadets ou les démons ne sont pas de l'autre monde, 3 vol. in-8°, Paris, 1821 ; portrait et 8 lithographies.

1856. BINET (B). — Traité historique des Dieux et les Démons du Paganisme, avec des remarques critiques sur le système de Bekker, in-12, Delft, Voorstad, 1696.

1857. BIRETTE. — Réfutation de l'erreur du vulgaire touchant les réponses des diables exorcisez, par Frère Sansón Birette, religieux des Augustins de Barfleur, in-12, Rouen, 1618.

1858. BLENDEC. (Gh.). — Cinq histoires èsquelles est montré comme a été chassé Belzebuth hors des corps de quatre personnes, in-8°, Paris, 1582.

1859. BODIN (J) *Angevin*. — De la démonomanie des sorciers, in-8°, Anvers, Arn. Coninx, 1593. — Autre édition in-4°, Paris, J. Du Puys, 1587.

1860. BOGUET (Henri). — Discours exécrable des sorciers, in-8°, Lyon, 1603.

1861. BOISSIER. — Recueil de lettres au sujet des maléfices et des sortilèges, par le Sieur Boissier, in-12, S. L. 1731.

1862. BOULAESE (J). Le trésor de la victoire du corps de Dieu sur l'esprit malin de Belzebut, in-12.

1863. BRIÈRE DE BOISMONT (Le D^r^). — Des Hallucinations ou histoire raisonnée des apparitions, des visions, des songes, de l'extase, du magnétisme et du somnambulisme, in-8°, 3° éd. Paris, 1862. — Une 2° édition refondue, Paris, 1858 ou 1859 comporte 720 pages.

1864. BROGNOLO. — *Manuale exorcistorum ac parochorum, hoc est tractatus de curatione ac protectione divinâ*, in-4°, Lugduni, 1658.

1865. CALMET (*Dom*). — Traité sur les apparitions des esprits et sur les vampires ou Revenants etc, 2 vol. in-12, 1751.

1866. CAYLA. — Le Diable, sa grandeur et sa décadence, in-12, Paris, 1864.

1867. CHAPELLE (*De la*). — Le ventriloque ou l'Engastrimythe, in-12, Londres, 1772. — Recherches sur les ventriloques depuis les temps les plus reculés ; l'auteur y rattache les magiciens anciens, sorciers, possédés etc. C'est pour cela que nous avons inséré cet ouvrage dans cette partie de notre Bibliographie.

CHAPPUIS (G.) Voy. le n° 1880 bis, DONI.

1868. CLUSE (Jacob de). — *Tractatus de apparitionibus animarum*, in-fol. Burgdorf, 1745.

1869. COLLIN DE PLANCY. — Dictionnaire infernal ou Bibliothèque universelle sur les êtres, les personnages, les livres, les faits et les choses qui tiennent aux apparitions à la magie, au commerce de l'enfer, aux divinations, aux sciences secrètes, aux grimoires, aux prodiges etc., 4 vol-in 8° avec fig. Paris, Mongie 1825-26. Une autre édition gr. in-8° Bruxelles. 1845. — Cet ouvrage a eu de nombreuses éditions.

1870. COMENSIS (B). *Lucerna inquisitorum hæreticæ pravitatis et ejusdem tractatus de Strigibus ; additi sunt duo tractatus Jo. Gersoni ; unus de protestatione circa materiam fidei ; alter de signis pertinaciæ hæreticæ pravitatis*, (in-4° Venetiis, 1596.

1871. CRESPET (P. D.). — Deux livres de la haine de Sathan et malins esprits contre l'homme etc. par P. P. Crespet, Prieur des Célestins de Paris ; in-12, Paris, Guil. de la Roue 1590

1872. DANEAU (L.). — Traité touchant les sorciers in-4°, Paris, 1580.

1873. DENIS (Ferdinand). — Le monde enchanté ; cosmographie et histoire naturelle fantastique du moyen-âge ; in-12 Paris 1843.

1874. DISCOURS admirable et véritable des choses advenues à Mons, à l'endroict d'une religieuse possédée in-8, Douay 1586.

1875. DISCOURS merveilleux d'un capitaine de la ville de Lyon, que Satan a enlevé, in-8, Paris 1613.

1876. DISCOURS miraculeux d'une jeune fille Flamande qui fut estranglée par le diable, in-8, Paris, 1603.

1877. DISCOURS prodigieux de trois espagnols magiciens et sorciers, in-8, Paris, 1626.

1878. DISCOURS véritable sur le faict de Marthe Brossier de Romorantin prétendue démoniaque. Pet. in-8° de 4 ff. et 48 p. p. Paris, Mamert Patisson 1599.

Il a été fait une réimpression de cet opuscule que Guy Patin attribue à Marescot, médecin de Paris ou bien encore à Simon Piètre autre médecin et gendre du premier. — Suivant Tallemant des Réaux, il serait de Le Bouteiller père de l'Archevêque de Tours.

1879. DISSERTATION sur les maléfices et les sorciers. in 12, Turcoing, 1752.

1880. DOMPTIUS (Fr.). — Histoire admirable de la possession d'une pénitente in-8, Paris, 1614.

1880 *bis*. DONI. Les mondes célestes, terrestres et infernaux. Le monde petit, grand et le très grand imaginé, meslé, risible, des sages et fols. L'Enfer des Escoliers, des mal mariez, des p.... et rufflans, des soldats et capitaines poltrons, des piètres docteurs, des usuriers, des poètes et compositeurs ignorans : tirez des œuvres de Doni, Florentin, par G. Chappuis, Tourangeau. 1 vol. in-8° Lyon, Bart. Honoratius, 1578.

1880 *ter*. DUGUET. Dissertation sur les exorcismes; in-12, Paris 1727.

1881. ELBHE (Cl. d'). — L'interpolator; Histoire de satan, ce qu'il fut, ce qu'il est, in-12, Paris, 1866.

1882. ERASTIS (Th.). — *Repetito disputationis de lamiis*; in-8° Basilœ 1578.

1383. FABART (Félix). — Histoire philosophique et politique de l'occulte, magie, sorcellerie, spiritisme, par F. Fabart in-12, Paris, S. D. (vers 1886).

1884. FANTOMES NOCTURNES (les) et les terreurs coupables; théâtres, forfaits offrant par nouvelles historiques des visions infernales, de monstres fantastiques, d'images funestes, de lutins homicides, de spectres, d'échafauds sanglants etc. 2 vol in-12, Paris 1821.

1885. FIARD (l'abbé.). — Lettres philosophiques sur la magie, in-8, Paris, 18, Paris, 1803.

1886. DU MÊME. — La France trompée par les magiciens et Démonolâtres du XVIII° siècle, fait démontré par les faits, in-8, Paris, 1803.

1887. FRINELLAU. — Le triple vocabulaire infernal ou Manuel du Démomane ou les ruses de l'Enfer dévoilées, in-18. Paris, S. D.

1889. GLOIRE (La) de Saint Joseph victorieux des principaux démons de la possession des Ursulines de Loudun; où se voit particulièrement ce qui arriva le jour des rois 1636, en la sortie d'Isa Cazon du corps de la mère Prieure par les R. R. P. P. exorcistes de Loudun, plaquette in-8°. Le Mans, 1636. — C'est là une des pièces les plus rares que l'on possède sur l'affaire des religieuses de Loudun; à la vente Sandras cette plaquette a atteint le prix de 580 fr.

1890. GORRES. — La Mystique divine naturelle et diabolique, traduit de l'allemand par M. Charles Sainte-Foi, 5 volumes, in-12, Paris, veuve Poussielgue-Rusand, 2° Ed. 1862.

Première partie : TOM. I et II. La mystique divine.

Seconde partie : TOME III, La mystique naturelle;

Troisième partie: TOME IV, V, La mystique diabolique.

1891. GOTHOER (*Hector*) et SEV. WINTHERS. —*Disputatio theologica de doctrina Dœmoniorum* in-4°. — Hasniæ, 1699.

1892 HAEN (*Ant.*) *De miraculis liber*, in-12, Paris, 1778. — Souvent cet opuscule se trouve réuni avec le livre de magie du même auteur.

1893. HÉDELIN. — Des satyres brutes, monstres et démons, de leur nature et adoration contre l'opinion de ceux qui ont estimé les satyres estre une espèce distincte et séparée des adamicques in-12, Paris, 1622. — Nouvelle édition in-12 de 250 pag. réimpression sur pap. vergé, Paris, 1888.

1894. HILD. — Etude sur les démons dans la littérature et la religion des Grecs, in-8°, Paris, 1881.

1892. HISTOIRE admirable advenue en la ville de Thoulouse d'un gentilhomme qui s'est apparu plusieurs fois à sa femme deux ans après sa mort; Plaq. in-8°, Paris, Lescuyer, 1623, Une réédition, broch. in-8° de 20 pages a été faite en 1875.

1896. HISTOIRE admirable d'un gentilhomme portugais, in-12, Paris, 1613.

1897. HISTOIRE épouvantable de deux magiciens, in-8°, Paris, 1615.

1898. HISTOIRE des Diables de Loudun ou de la possession des religieuses Ursulines et de la condamnation et du supplice, d'Urbain Grandier curé de la même ville, in-12, Amsterdam, 1752.

1899. HISTOIRE du Diable. 2 vol. in-12, Amsterdam, 1730.

1900. HISTOIRE de Madeleine Bavent, in-4°, Paris, 1052. — Une réimpression a été faite vers 1878 par Lemonyer de Rouen.

1901. HISTOIRE prodigieuse d'un gentilhomme auquel le Diable est apparu, in-8°, S. L. 1613.

1902. JACQUES d'*Autun*, prédicateur capucin. — L'Incrédulité sçavante et la crédulité ignorante au sujet des magiciens et sorciers avec la réponse à un livre intitulé : Apologie pour tous les grands hommes qui ont été soupçonnez faussement de magie, in-4°, Lyon, 1675.

1903. JEANNE DES ANGES (*Sœur*), supérieure des Ursulines de Loudun (XVII° siècle), autobiographie d'une hystérique possédée, d'après le manuscrit inédit de la Bibliothèque de Tours. annoté et publié par G. Legué et Gilles de la Tourette, préface de Charcot, in-8°, Paris, 1886.

1904. JOLIBOIS (*Emile*). — La diablerie de Chaumont ou recherches historiques sur le grand pardon général de cette ville et des cérémonies auxquelles cette solemnité a donné lieu depuis le XV° siècle; in-8° avec fig. Chaumont, 1838.

1905. KIRCHERII *diatriba de prodigiis crucibus, quæ tam supra vestes hominum, quam res alias comparunt*, in-8°, Romæ. 1661.

1906. LANCRE (*Pierre de*). — Tableau de l'inconstance des mauvais anges et démons, in-4°, avec la figure du sabbat, Paris, 1610 ou 1613. — Volume vendu ordinairement 5 à 6 fr. a été poussé à la vente Lamy jusqu'à 73 pour la reliure en marocain rouge.

1907. DU MÊME. — L'incrédulité et mescréances du sortilège pleinement convaincue, où il est traité de la fascination de l'attouchement, etc. — in-4°, avec fig. Paris, 1622.

1908. Lavater (Lud.) de Zurich. — *De spectris, lemuribus et magnis atque insolitis fragoribus variis que præsagitionibus quæ obitum hominum magnas clades mutationes imperiorum præcedunt*, in-8°, Genevæ, 1575. — Autre édition, pet. in-12, titre gravé Lugduni Batavorum, 1659.

1909. LEGUÉ (*Ch.*). — Urbain Grandier et les possédées de Loudun ; documents inédits de Ch. Barbier publiés par Ch. Legué, Gr. in-8°, Paris, Baschet, 1880.

1910. LE HEURT, docteur en théologie, gardien des cordeliers de Poictiers. — La philosophie des esprits, 3° édit. in-8°, à Poictiers par Anth. Mesnier S D. (vers 1612).

Livre I. — De la majesté de Dieu.

II. — De l'essence et ministères des anges.

III. — Du Paradis et de la félicité des bienheureux.

IV. — De l'enfer et des tourmentz des damnés.

V. — De l'estre des démons et de leurs malices. — de l'agonie et tentation du diable à l'article de la mort.

1911. — LENGLET DUFRESNOY. — Traité historique et dogmatique sur les apparitions, les visions et les révélations particulières, avec des observations sur les dissertations du R. P. Dom Calmet, abbé de Sénones, sur les apparitions et les revenants, 2 vol. in-12, Paris, Jean Noël Leloup, 1751.

1912. DU MÊME. — Recueil de dissertations anciennes et nouvelles sur les apparitions les visions et les songes, 4 vol. in-12, Paris, 1752. — Autre édition, Avignon, 2 vol. in-12, 1751 ; celle-ci a une préface historique.

1913. LIVRE (Le) des prodiges ou histoire et aventures merveilleuses et remarqués de spectres et revenants, esprits fantômes, démons, etc. dont les faits et les événements sont rapportés par des personnes dignes de foi, in-12, Paris, Pillet, 1802.

1914. LOUANDRE (Ch.). — La sorcellerie, in-12, Paris, 1853.

1915 LOUISE (Th.). — De la Sorcellerie et de la justice criminelle à Valenciennes XVI° et XVII° siècles, impression rouge et noire avec figures, in-8, Valenciennes, 1861.

1916. LOYER (Le P.) — Quatre livres des spectres, in-4, Angers, 1586.

1917 — DU MÊME. — Discours des spectres ou visions et apparitions d'esprits comme anges, démons et âmes se montrans visibles aux hommes, où sont rapportez les arguments et les raisons de ceux qui révoquent en doute ce qui se dit sur ce subjet et autres qui en approchent comme les voix et sons, prodiges, signes, estases et songes admirables, et encore les histoires d'apparitions... les remèdes et exorcismes pour chasser les démons, in-4, Paris, Buon 1608.

1918. MAGICA *de spectris et apparitionibus, de vaticinis* etc ; per Hennenguum Grosium, in-12, Lugduni, Batavor. 1656.

1919. MALGRAS. Etude sur l'ignorance et la sorcellerie, in-8° br. de 22 p. Paris, 1868.

1920. MANUEL (*Nicolas*). — Recueil entier des procédures tenues à Berne contre quelques jacobins exécutés de mort pour leurs sorcelleries et méchancetés horribles l'an 1509 ; traduit de l'allemand. Pet. in-8°, Genève, 1566.

1921. MARCOLINI *da Forli*. (Fr.). — de Ingeniose sorti. in-fol. Venetia, 1550.

1922. MASSÉ. (P). — L'imposture et tromperie des diables, devins, enchanteurs, in-8°, Paris. 1579.

1923. MENGS. — *Flagellum dœmonum exorcismos terribiles, potentissimos et efficaces... accessit postremo pars secunda, quæ fustis dœmonum inscribitur*, in-8°, Lugduni, P. Landry, 1604, aut. éd. pet. in-8°, Lugduni, Arnoulet, 1608.

1924. MICHAELIS. — Histoire admirable de la possession et conversion d'une pénitente séduite par un prince des magiciens et conduite à la Sainte-Baume en 1610, pour y être exorcisée ; ensemble un discours de Saint Michaelis sur la matière des sorciers, in-8°, Douay, Imprimerie de Wyon, 1613. — Aut. édition, in-8°, Paris, Chastellain, 1613.

1925. MIRACULEUX EFFETS (Les) de la Vierge, de Saint Joseph et de Saint-François dans le soulagement et délivrance des filles Ursulines possédées à Loudun contre tous les efforts des diables et démons, P et. in-8°, Paris, 1637.

1926. MOLITOR (Ulr.). — *De Lamis et Pythonicis mulieribus*, in-4°, 1489.

1927. NAUDÉ. — Apologie pour tous les grands personnages qui ont été soupçonnez de magie, in-8°, La Haye, 1653. — aut. édition, in-12, Paris, Eschard, 1669. — autre édition 2 vol-in-12, Paris, Cotin, 1669. — aut. éd. in-12, Amsterdam, 1712.

1928. NORMANT (J. Le). — Histoire de ce qui s'est passé à l'exorcisme de trois filles, possédées ; 2 vol in-8°, Lyon, 1611.

1929. NYAULD. (J. de). — De la lycanthropie, transformation et extase des sorciers, in-8°, Paris, 1615.

1930. PEUCER (Gaspard). — Les devins ou commentaires des principales sortes de sorcelages, traduit du latin par Simon Goulart, in-4°, Anvers, Connix, 1584.

1931. PERREAUD (Fr.). — Démonologie ou Traité des démons et sorciers, in-12, Genève, 1653.

1932. PRIEUR (Cl.). — Dialogue de la Lycanthropie, in-8°, Louvain, 1596.

1933 PSELLUS — *De operatione dœmonum Dialogus*, grœc. et Lat. in-8°, Paris, 1615.

1934. Recueil de pièces sur les religieuses de Louviers, 2 vol-in-4°, Rouen, 1879. — Ce recueil publié par Lemonnyer (réédition) renferme : — Histoire de Madeleine Bavent, religieuse du monastère de Saint-Louis de Louviers, 1652.

Examen de la possession des religieuses de Louviers, 1643.

— Réponse à l'examen de la possession des religieuses de Louviers, 1643, etc., etc.

1935. Regnard (Dr Paul). — Les maladies épidémiques de l'esprit. — Sorcellerie, magnétisme, morphinisme, délire des grandeurs. In-8°, Paris, Plon, 1887.

1935 *bis* REFUTATION, de Bélisaire et de ses oracles, 1 vol. in-12, Ba le 1748.

1936. SALGUES. — Des erreurs et des préjugés répandus dans la société, in-8°, Paris, 1810. — Du nouement de l'aiguillette. — Spectres, apparitions, anges. — La Baguette divinatoire. — Les marionnettes de Brioché poursuivies comme des sorcières. — Les vieux coqs pondent-ils un œuf. — Des magiciens, etc. — Comme on voit, les matières de ce volume sont très variées.

1937. SALVERTE (*Eugène*). — Des sciences occultes ou Essai sur la Magie, les prodiges et les miracles, 2 vol-in-8°, Paris, Sédillot, 1829.

1938. Sceaux (Des) et des pierreries, livre attribué à Salomon par le *Traité des Talismans*, in-12.

Nous ignorons le lieu et la date de la publication.

1939. SERCES (J.), vicaire d'Applepy. — Traité sur les miracles dans lesquels on trouve que le diable n'en saurait faire pour confirmer l'erreur, in-12, Amsterdam, P. Humbert, 1729.

1940. SINISTRARI D'AMENO, (le R. P. Louis-Marie), — de l'Ordre des Mineurs Réformés de l'étroite Observance de saint François (XVIIe siècle). — Ouvrage inédit, publié d'après le manuscrit original et traduit du latin par Isidore Liseux. Texte latin avec la traduction française en regard, — 1 vol. in-8°, Paris, Isidore Liseux, 1875. — Autre édition in-18. Paris, même éditeur, 1882.

1941. SONNTAG. — *De Spectris et omnibus morientibus*. Petit in-4°, Altdorf, 1702.

1942. THIERS (J. B.), curé de Vibraye. — Traité des superstitions, selon l'Ecriture Sainte, 4 vol. in-12, Paris, A. Duzallier, 1692.

1943. THYRÆUS *Dæmoniaci, hoc est : De obsessis a spiritibus dœmoniorum hominibus. — Loca infesta hoc est : De infestis ab molestantes dœmoniorum et defunctorum hominum spiritus, locis* ; Colon. Agrip. in-4°, 1598.

1944. DU MÊME. — *Divinatium novi Testamenti mediatoris apparitionum libri* III. In 4°, Coloniæ Agrippinæ ; 1603.

1945. DU MÊME. — *Isagoge in quadripartitam disputationem de dœmoniaci cum locis infestis et terriculamentis nocturnis*, in-4°, Colon. Agripp. 1604.

1946. DU MÊME — *De variis tam spiritum quam vivorum hominum prodigiosis apparitionibus et nocturnis infectationibus*, p. in-4°, Col. Agripp, 1594.

1947. TORRŒBLANCÆ *Villalpandi Epitome delictorum ignibus invocatio dæmonis intervenit*, in-fol. *Hispali*, 1618.

1948. TRACTATUS *de confessionibus maleficiorum et sagarum secundo recognitus et auctio reditus Petro Binsfeldio*. In-8° de 800 pag. August. Treviorum ex officina Henri Boch, 1696.

1949. TRAITÉ de l'enchantement qu'on appelle : le nouement de l'esguilette ; in-8°, La Rochelle, 1591.

1950. TRIEZ (Rob. du). — Les Ruses, finesses, impostures des esprits malins, in-4°. Cambray, 1563.

1951. TRINUM MAGICUM, *sive secretorum naturalium cœlestium, infernalium opus admirandum ac plane novum, continens* : I. *Zimaræ conclusiones physicas metaphysicas cœlestes infernales.* — II. *Alex. aprodisi æquæstiones et solutiones physico mathematicos.* — III. *Alberti magni, de secretis mulieribus*, etc. Pet. in-8° Francofurti, 1609.

1952. VAIR (DU). — Trois livres des charmes, sorcelages etc, traduits du latin par Julien Baudon, Angevin ; in-12, Paris, N. Chesneau 1583.

1953. VAIRO (Léon). — *De Fascino... inquibus omnes fascini species et causæ optima methodo describuntur. Nec non contra præstigias imposturas allusionesque dœmonum, cantationes et amuleta præscribuntur*, etc. in-8. Venetiis apud Aldum, 1589.

1954. VALLE DE MOURA (Em. de). — *De incantationibus opusculum*, in-fol. Eboræ, 1620.

1955. VAMPIRES. — Histoire des vampires et des spectres malfaisants, avec un examen du Vampirisme, in-12, Paris, 1820. S. N. D'AUT.

1956. *Wier*. — Histoires, Disputes et Discours des illusions et impostures des diables, traduit du latin par J. Grévin, in-8°. Paris 1567. — Autres éditions in-8°, avec ce titre : Cinq livres de l'imposture des diables.

1957. DU MÊME. — *Opera*, in-4°, Amstelodami, 1660.

1958. WIERUS (J). *De præstigiis dæmonum et incantationibus veneficiis libri* V. Un vol. in-8°. Basilæ, 21566.

OBSERVATION. — Nous devons mentionner ici un ouvrage qui traite aussi d'une façon indirecte de démonologie et qui a pour titre :

BIBLIOGRAPHIE des ouvrages relatifs aux pélerinages, aux miracles, au spiritisme et à la prestidigitation imprimés en France et en Italie l'an du Jubilé 1875. 1 vol. in-16. Turin, Jean Gay 1876. — Cet ouvrage a été tiré à 300 exemplaires numérotés, dont 50 sur papier teinté et 250 sur papier velin de fil à la forme.

VI. — PHILOSOPHIE OCCULTE.

KABBALAH, MAGIE, GOËTIE NÉCROMANCIE, PSYCHISME, SPIRITISME, THÉOSOPHIE, FRANC-MAÇONNERIE, ROSES-CROIX, ETC.

Comme il n'est pas possible d'établir dans cette division des lignes nettes de démarcation pour chacun des sujets qu'elle comporte, les diverses matières traitées par les auteurs se pénétrant mutuellement entre elles, nous n'établirons que les trois grandes divisions suivantes :

1re PARTIE. OCCULTISME :

Kabbalah, Magie, Goëtie, Esotérisme, Néromancie, Théosophie, etc.

II. PSYCHISME.

Force psychique, Spiritisme, Psychologie, etc.

III. FRANC-MAÇONNERIE :

Franc-maçonnerie, Roses-croix, Sociétés secrètes, etc.

PREMIÈRE PARTIE : OCCULTISME.

1959. ABANE (Pierre d'). — Eléments de magie. Manuscrit de la Bibliothèque de l'arsenal, Sc. et A, n° 81.

1960. DU MÊME. — Les œuvres Magiques de H. Cornelius Agrippa en latin et en français par Pierre d'Abane, avec des secrets occultes, 1 vol. pet. in-12, avec 4 figures, Liège, 1798. — Autre Edit. Francfort. — Autre édition, in-18, Rome, 1744.

1961. AGRIPPA (Henri Cornelius). — *De Occulta Philosophia, libri* III 3 vol. in-8°, Lugdunum.

1962. ALMANACH DU MAGISTE (L'), paraissant chaque année depuis 1894 ; in-18 raisin, avec gravures, Paris, 1894.

ARAN. Voyez PIERRE ARAN.

1963. Argens (Le marquis d'). — Lettres cabalistiques, 7 vol in-12. La Haye 1754.

1964. ARMANDEL ET DIVERS. — Grimoire ou la magie, M.S. de la Bibliothèque de l'arsenal, in-4°, T et A, n° 72.

1965. ARTEPHIUS ET MITHINIUS. — Livre premier de la sacrée Magie que Dieu donna à Moïse, Aaron, David, Salomon et à d'autres patriarches ; manuscrit in-4°, Bibliothèque de l'arsenal S. A. n° 79.

1966. ART (L') de se rendre heureux par les songes, c'est à dire en se procurant telle espèce de songe que l'on voudra, 1 vol. in-12, Francfort et Leipzig, 1746

1967. ARTIS. *Cabalisticæ scriptores, ex* Bibliothecâ J. Pistorii, Basileæ, 1 vol. in-folio, seul publié, 1587 (Kabbalah.)

1968. AUGÉ (Lazare). — Thèses d'après Hoené Wronski. — Philosophie de la religion ou solution des problèmes de l'existence de Dieu et de l'immortalité de l'homme etc. 1 vol. in-8°, Paris, 1860.

1969. AURORE (L'), Revue mensuelle de théosophie Directrice : Lady Caithnes, Duchesse de Pomar (En cours de publication), Paris.

1970. BACON (Fr.). — De Sapientiâ veterum liber. Lugdunum, Batav. in-24, 1633.

1971. BACON (Roger). — Lettre sur les prodiges de l'art, traduite et commentée par A. Poisson, Br. in-18 de 70 pages, Paris, 1892.

1972. BARLET (F. ch.). — Essai sur l'évolution de l'idée, 1 vol. in-18, Paris, 1892.

1973. DU MÊME. — L'Université des hautes études ; Br. in-16, Paris, 1893.

1974. BASIN (Bern.). — *Tractatus de magicis artibus* etc, in-4° caractères gothiques Paris, 1483.

1975 BOHME (Jacob). — *De signaturâ rerum*, miroir temporel de l'éternité, première traduction française avec notes et commentaires par Paul Sédir, in-8° Paris, 1893.

1976. DU MÊME. — L'aurore naissante, traduction de Saint-Martin, 2 vol. in-8°, Paris, S. D. — Voyez SAINT-MARTIN.

1977. BOIS (Jules). — Les noces de Sathan

drame ésotérique, Br. in-18, Paris, 1891.

1978. BOISSARD. — *Parnassus biceps*. in-fol. Francfort, 1627.

1979. BONVALOT (A. F.). — Théosophie ou fondateurs des cultes primitifs, devant la postérité. Le temple, la prairie, in-12, Paris, 1853.

1980. BORDELON (l'abbé). Histoire des imaginations extravagantes de M. Oufle, 2 vol. in-12, Paris, 1710 et 1753. — Voir OUFLE, n° 2068.

1981. BORRI (G. F.). *La chiave del Gabinetto*, in-12. Colonia Agrip. 1681

1982. BOSC (Ernest). — Isis dévoilée ou l'Egyptologie sacrée. — Hiéroglyphes, Papyrus, Livres d'Hermès, Religion, mythes, symboles, Psychologie, Philosophie, Morale, Art sacré, Occultisme, Mystères, Initiation Musique, in-16, Paris, 1891.

1983. DU MÊME. — Addha-Nari ou l'occultisme dans l'Inde antique. Védisme, Littérature hindoue, Mythes, Religions, Doctrine ésotérique, Cosmogonie, Doctrine spirite, Psychisme, Occultisme, Doctrine du Karma, Musique. 1 vol. in-16 avec figure, Paris, 1892.

1984. DU MÊME. — La Psychologie devant la science et les savants. — Ode et fluide odique, Aura, Polarité humaine, Fluide astral, Magnétisme, Hypnotisme, Suggestion, Hypnose, catalepsie, Léthargie, Somnambulisme, Clairvue, Clairaudience, Télépathie, Médium, Extériorisation, Possession, Obsession, Force psychique, Magie, Goëtie. 1 vol. in-8°, Paris, 1894.

1985. DU MÊME. — La Chiromancie médicinale, accompagné d'un traité de la Physionomie par Philippe May, traduit de l'allemand en français par Philippe Henry Treuchses, in-12 avec figures. La Haye 1665; avec notes et commentaires par Ernest Bosc, réimpression, Paris, 1895.

1986. DU MÊME. — Traité du Haschisch et autres substances psychiques. — Le haschisch son histoire; ses préparations; ses effets; Opium, Morphine et morphinomanie. — Les Plantes magiques, 1 vol pet. in-8°, Paris, 1895

1987. DU MÊME. — *Dictionnaire de la science occulte*. — Orientalisme, Occultisme, Psychologie. — Art sacré, mythologie, Divination, Magnétisme, Neurisme, Hypnotisme, Psychisme, Spiritisme, Nécromancie, Magisme, etc. etc. 4 vol. in-8 de 300 pages environ avec de nombreuses figures, Paris (en cours de publication.)

1988. BULWER (Lytton). — Zanoni traduit de l'anglais par P. Lorain, 2 vol in-12, Paris, 1864 (roman cabalistique.)

1989. DU MÊME. — Mémoires de Pisistrate Caxton, traduit de l'anglais par Edouard Scheffter, 2 vol in-8°, Paris, 1864.

1990. DU MÊME. — Les derniers jours de Pompéi, in-12, Paris, 1864.

1991. CABALE INTELLECTIVE, manuscrit in-4°, Bibl. de l'Arsenal, S et A, n° 88.

1992. CAGLIOSTRO. — Ma correspondance avec le comte de Cagliostro, contenant les principaux événements de sa vie merveilleuse, etc., in-8° de 96 pages, Hambourg, 1786 (très rare).

1993. CAHAGNET. — Magie magnétique ou traité historique et pratique de fascination, miroirs cabalistiques, suspensions, pactes, talismans, charmes des vents, possessions, sortilèges, magie de la parole, nécromancie, etc. 1 vol. in-12 de 516 pages, Paris, 1858.

1994. CAITHNESS (lady) duchesse de Pomar. — La quadruple constitution, mode de l'amour divin et de la sagesse divine, in 8°, Paris, 1883 (Théosophie).

1995. DU MÊME. — La Théosophie universelle, in-8°, Paris.

1996. DU MÊME — Fragments glanés dans la théosophie occulte de l'Orient, br. in-8°, Paris.

1997. DU MÊME. — Une visite nocturne à Holyrood, Br. in-8°, Paris, 1884.

1997 bis. DU MÊME. — Théosophie sémitique. Les vrais Israëlites, l'identification des dix tribus perdues avec la nation britannique, les suffis et la théosophie musulmane, in 8°, Paris, 1889.

1998. CATALOGUE d'une collection de livres sur les sciences occultes, in-8°, Tross, 1860.

1999. CHAMPIER. — *Champierii dialogus in magicarum artium destructionem*, in 4°, Lugduni (1506.) (Occultisme).

2000 CHESNE (André du). Les controverses et recherches magiques de M. Debris (traduit et abrégées par), 1 vol. in-8°, Paris, 1611.

2001. CHRISTIAN (P.). — Histoire de la magie, du monde surnaturel et de la fatalité à travers les temps et les peuples, 1 vol. gr. in-8° avec figures, Paris. — Ouvrage faux surtout en ce qui concerne l'initiation et la partie astrologique.

2001. CLAVICULES. — Les véritables clavicules de Salomon, trésor des sciences occultes; suivies d'un grand nombre de secrets et notamment de la grande Cabale dite du papillon vert. — 1 vol. in-8°, Memphis, S. D.

2003. COLLECTION sur les hautes sciences ou Traité théorique et pratique de la sage Magie des anciens peuples, absolument complet en douze livres, lesquels contiennent tout ce qu'Eteilla (Aliette) a écrit sur la philosophie hermétique, l'art de tirer les cartes et notamment le sublime livre de Thoth, 4 vol. in-12 avec figures, 1783-90. — Pour le détail des ouvrages réunis dans ce recueil, on peut consulter la *France littéraire* de Quérard, TOME I, page 41.

2004. COQUERET. —(citoyen Henri). Théosophie ou science de Dieu, morale théosophique, 1re Division ; in-8°, Paris, 1803.

2005 COURT DE GÉBELIN.—Le monde primitif analysé et comparé avec le monde moderne, considéré dans son génie allégorique et dans les allégories auxquelles conduisit ce génie, précédé du plan général des diverses parties qui composeront ce monde primitif, avec figures en taille douce, in-4°, avec un frontispice de Marillier, Paris, 1773. — Souvent cet ouvrage renferme une lettre à l'auteur anonyme de deux prétendus extraits publiés contre le plan général et raisonné du monde primitif.

2006. DU MÊME. — Histoire philosophique du monde primitif, 7 vol. in-8°, Paris, 1795.

2006 bis. CROS (Dr Antoine). — Le problème; nouvelles hypothèses sur la destinée des êtres, in-8°, Paris, 1890.

2007. CURIOSITÉ (La). — Journal de l'occultisme scientifique. Directeur — Rédacteur en chef : Ernest Bosc (7e année en cours de publication), Nice et Tours. Voyez Bosc, n° 1982.

2008. DECRESPE (Marius). — On peut envoûter, lettre ouverte au maître Papus, Br. in-8°, Paris, 1894.

2009. DELAAGE (Henri).—La science du vrai, in-8°, Paris, 1864.

2010. DU MÊME. — Le monde occulte ou les mystères du magnétisme et tableau du somnambulisme, in-12, Paris, 1864.

2011. DU MÊME. — L'éternité dévoilée ou vie future des âmes après la mort, avec portrait de l'auteur, in-12, Paris, 1864.

2012. DRAGON (Le) ROUGE ou l'art de conjurer les esprits infernaux, de les vaincre et de les soumettre à sa volonté, in-12 avec figures, Paris, S. D.

2013. DRAMARD (Louis). — La science occulte, 1 br. in-8°, Paris. 1884. 1re et 2me. Edit.

2014. DUREAU (A). — Histoire de la médecine et des sciences occultes, un vol. in-8°. Paris. S. D.

2015. ETEILLA. — Philosophie des hautes sciences, ou la clef donnée aux enfants de l'art, de la science et de la sagesse, in-12, avec la figure ayant rapport à toutes les branches de la Cabale. Paris, 1787. — Eteilla, nos lecteurs ne l'ignorent pas, est Aliette, le cartomancien.

2016. ETOILE (L'), revue mensuelle. Fondateur : Albert Jhouney, Directeur : René Caillié, (en cours de publication) Avignon.

2017. ÉTUDES SUR L'APOCALYPSE. Le chiffre 666 et l'hypothèse du retour de Néron. Les chapitres X et XI, le Millenium. 1 vol. in-8. Paris, 1884.

2018. FABRE D'OLIVET. La langue hébraïque restituée, 2 vol. in-4° Paris, 1806. — Cet ouvrage avait été retiré du Commerce par ordre de Napoléon, qui avait chargé Dupuis de rédiger un ouvrage sur l'origine de tous les cultes.

2019. FRANCK (Adolphe). — La Kabbale ou la philosophie religieuse des Hébreux, in-8°, Paris, 1843. — 2e éd. in-8° Paris, 1889.

2020. GARINET. — Histoire de la magie en France, depuis le commencement de la monarchie jusqu'à nos jours, in-8° Paris, Foulon, 1818. Cette édition a un frontispice.

GOHORY, Voy. — LEMNE n° 2033.

2021. GOUGENOT DES MOUSSEAUX. — Les méditations et les moyens de la magie, les hallucinations et les savants, le fantôme humain et le principe vital, in-8°, Paris, 1863.

2022. DU MÊME. — La magie au XIXe siècle ; ses agents, ses vérités et ses mensonges ; in-8°, Paris, 1864.

2023. GRANGE (Frédéric La).— Le grand livre du destin, Répertoire général des sciences occultes, d'après Albert le Grand, in-8, Paris, 1845.

2024. GUAITA (Stanislas de). — Essai sur les sciences maudites : I. Au seuil du mystère, 2e édition ; II. Le serpent de la Genèse, 2 vol. in-8°, Paris, 1892, (*sous presse ou en préparation*). Le temple de Satan ; la clef de la magie noire ; le problème du mal.

2025. HAEN (Antoine de). — *De magia liber*, in-8°, Leipzig, 1774 ; aut. éd. Paris, 1777.

2026. INITIATION (L'). Revue philosophique indépendante des hautes études. Directeur Papus (en cours de publication). Paris, 7e année. Voy. PAPUS.

2027. JACOB (*le Bibliophile*) P. L. — Curiosités des sciences occultes, in-12, Paris, 1843 et 1885.

2028. JHOUNEY (Albert). Le Royaume de Dieu, 1 vol. in-8°, Paris. (Voy. ETOILE, n° 2016.

2029. JONSTONI (Joh.) *Thaumatographia naturalis in classes X divisa*, pet. in-12, Amstelodami, 1665.

2030. Larmandie (comte de). Eoraka. — Notes sur l'Esotérisme, 1 vol. in-12, Paris, 1892.

2031. LAURENCE OLIPHANT. — Sympneumata ou la nouvelle force vitale, ouvrage traduit de l'anglais dans un français curieux pour ne rien dire de plus, in-12, Paris, 1886.

2032. Le Lorrain (P.). — La Physionomie occulte, in-12, 1693.

2033. Lemne (Levin). — Les occultes merveilles et secrets de nature exposées en deux livres et traduits en français par J. G. P. (Jacques Gohory), petit in-8, Paris, 1567. — C'est l'édit. française princeps de cet ouvrage.

2034. Lenormand (Mlle). — La Sibylle au Congrès d'Aix-la-Chapelle, in-8 avec 7 fig. emblématiques, S. L., 1819.

2035. Lenormant (Fr.). — La Magie chez les Chaldéens et les origines accadiennes, in-8, Paris, 1874-75.

2036. Du même. — Les Sciences occultes en Asie : la divination et la science des présages chez les Chaldéens, in-8, Paris, 1874-75.

2037. Du même. — La Science occulte chez les Chaldéens, br. in-8.

2038. Du même. — La science des présages et de la divination chez les Chaldéens, brochure in-8.

2039. Du même. — Un Patriote Babylonien du VIIIe siècle avant notre ère, br. in-8.

2040. Du même. — Un Véda Chaldéen, brochure in-8.

2041. Du même. — Les six premiers chapitres de Daniel, br. in-8.

Ces cinq dernières brochures sont des extraits des deux précédents ouvrages du même auteur.

2042. Lermina (Jules). — Magie pratique ; révélation des mystères de la vie et de la mort, in-12, Paris, 1889.

2043. Du même. — La Magicienne (roman occulte), in-18, Paris, 1890.

2044. Lettres cabalistiques ou correspondance philosophique, historique et critique entre deux cabalistes, divers esprits élémentaires et le seigneur Astaroth, 7 vol., in-32, La Haye, 1754.

2045. Lettres philosophiques sur la Magie, in-8, Paris, 1803 (attribuées à l'abbé Fiard).

Eliphas Lévi. — Indépendamment des œuvres d'Eliphas Lévi que nous donnons ci-dessous, nous pouvons dès aujourd'hui annoncer que l'éditeur Chamuel mettra bientôt sous presse les œuvres posthumes du grand occultiste ; elles comprendront : 1° une correspondance de 3.600 lettres adressées à un de ses principaux disciples, le baron Spedalieri. Cette correspondance forme un cours complet et détaillé de kabbale ; 2° l'Evangile de la science ; 3° le Catéchisme de la paix, etc., etc. Voyez Mauchel (Lucien), n° 2061.

2046. Lévi (Eliphas). — La Science des esprits, révélation du dogme secret des cabalistes, esprit occulte des Evangiles, appréciation des doctrines et des phénomènes spirites, 1 vol. in-8, Paris, 1865.

2047. Du même. — La clef des grands mystères suivant Hénoch, Abraham, Hermès Trismégiste et Salomon, in-8 avec 20 planches, Paris, 1861.

2048. Du même. — Fables et symboles avec leurs explications, 1 vol. in-8, Paris, 1863.

2049. Du même. — Dogme et Rituel de haute magie, 2 vol. in-8, Paris, 2e éd. 1861.

2050. Du même. — Histoire de la Magie, avec une exposition claire et précise de ses procédés, de ses rites, de ses mystères, 1 vol. in-8 avec 90 fig., 2e édition, Paris, 1892.

2051. Du même. — Le Livre des splendeurs contenant le soleil judaïque, la gloire chrétienne et l'étoile flamboyante ; études sur les origines de la Kabbale, etc., 1 vol. in-8, Paris, 1894.

2052. Longini (Cæsar). — *Trinum magicum, sive secretorum magicorum opus*, in-12, Francfort, 1616, 1630 ou 1673.

2053. Lucas (Louis). — La Chimie nouvelle, in-12, Paris, 1854.

2054. Du même. — La médecine nouvelle basée sur des principes de physique et de chimie transcendentales, 2 vol., in-16 Paris, 1861-1863.

2055. Du même. — Le Roman alchimique, les deux baisers, in-8, Paris, 1857, 2e édition, Paris, 1860.

2056. Du même. — L'acoustique nouvelle ou Essai d'application d'une méthode philosophique aux questions élevées de l'acoustique, de la musique et de la composition musicale, in-12, 2e édit., Paris, 1854.

2057. Mabel Colins. — Lumière sur le sentier, 1 liv. in-16. Cet opuscule est un petit chef-d'œuvre, il ne porte pas de nom d'auteur, mais il est de Mabel Colins, membre de la Société théosophique.

2057 *bis*. Magia astrologica. — In-8, Paris, 1611 (in collect. du *Voile d'Isis*).

2058. Magie maternelle (La), in-12, Paris, 1860.

2059. Magie (La) Dévoilée, in-12, 1784-85. — Cet ouvrage est un supplément à un autre ouvrage ayant paru antérieurement avec le même titre.

2060. Majus (Henri). — *De Magiâ naturali*, in-42, Marbourg, 1670.

2061. Mauchel (Lucien) et P. Sedir. — Eliphas Lévi ; sa vie, ses œuvres, 1 vol. in-8, Paris, 1896. — Ce livre fera connaître la vie si peu connue du maître et analyse ses premières œuvres publiées sous le nom de A. Constant. De nombreux fragments inédits, lettres, poésies, etc. Plusieurs portraits du maître à différents âges rehausser ont le puissant intérêt de cette œuvre.

2062. MICHEL (Louis) de Figanières. — Clé de la vie ; l'homme, la nature, les mondes, Dieu. Anatomie de la vie de l'homme. Révélation sur la science de Dieu, inspirée à Louis Michel de Figanières (Var) recueillies et présentées par C. Sardon et L. Pradel. 2e éd., in-8°, Paris, 1858.

2063. MICHELET (Émile). — De l'ésotérisme dans l'art, br. in-8, Paris, 1894.

2064. MONTAGU (A). — Aimantation Universelle, vie éthérée et vie planétaire, synthèse générale des phénomènes biologiques, in-8, Paris.

2065. MONTBELIARD. — De occultis litterarum natis seu artis animi sensa occultœ libri III. Jo. Baptista Porta Montisbeligardi in-8°, avec fig. 1593.

2066. MUNDUS. — Bible moderne, br. in-16, Paris, 1893.

2067. — NAUDE (G.). — Apologie pour les grands hommes soupçonnez de magie, in-12, Amsterdam, 1712.

2068. Nomancie cabalistique, M. S. de la Bibl. de l'Arsenal, S. A. n° 20, *bis*.

2069. OUFLE. — Histoire des imaginations extravagantes de M. Oufle causées par la lecture des livres qui traitent de la magie, du grimoire, des démoniaques, sorciers, loups-garous, incubes, succubes et du sabbat. 2 vol. in-12, Paris, 1710. — Cet ouvrage est enrichi de nombreuses figures, il a eu plusieurs éd. Voy. Bordelon (l'abbé) n° 1980, *suprà*.

2070. PAPUS. — Traité méthodique de la science occulte, in-8° raisin avec de nombreuses figures, Paris, 1889.

2071. DU MÊME. — Traité élémentaire de magie pratique. — Adaptation, réalisation, théorie de la Magie, in-8° raisin de 560 pages avec 158 figures, planches et tableaux, Paris, 1892.

2072. DU MÊME. — Essai de physiologie synthétique, gr. in-8° avec 35 schémas inédits, Paris, 1890.

2073. DU MÊME. — Les disciples de la science occulte : Fabre d'Olivet et Saint-Yves d'Alveydre, br. in-8°, Paris, 1888.

2074. DU MÊME. — Les sept principes de l'homme au point de vue scientifique, br. gr. in-8°, Paris, 1888.

2075. DU MÊME. — La Pierre philosophale, preuves irréfutables de son existence, br. in-8°, Paris, 1889.

2076. DU MÊME. — La science des mages et ses applications théoriques et pratiques. Petit résumé de l'occultisme. Brochure in-18 de 72 pages, Paris, 1891.

2077. DU MÊME. — Peut-on envoûter ; broch. in-18, ornée d'une gravure curieuse, Paris, 1893.

2078. DU MÊME — L'État de trouble et l'évolution posthume de l'être humain, br. in-16, Paris, 1893.

2079. DU MÊME. — Les arts divinatoires, graphologie, chiromancie, physiognomie, astrologie, br. in-18 avec fig., Paris, 1895.

2080. DU MÊME. — La Kabbale, résumé méthodique, précédé d'une lettre d'Ad. Franck de l'Institut, in-8, Paris, 1890.

2081. DU MÊME. — Le Tarot des Bohémiens. — Clef absolue de la science occulte, in-8 de 372 pages avec 6 planches phototypiques et nomb. fig. et tabl., Paris, 1890.

VOIR INITIATION, VOILE D'ISIS et SOCIÉTÉS SECRÈTES.

2082. PORTA (*Giambattista della*). *Phytognomonica VIII* lib., in-fol., Naples, 1583, 1588. — Il existe 5 éd. in-8.

Dans cet ouvrage, l'auteur traite du rapport qui existe entre les plantes et les animaux. Adanson trouve cette méthode fort ingénieuse.

2083. DU MÊME. — *De humana physiognomonia, lib. IV*, in-fol. avec fig., Sorrente, 1586 ; Naples, 1602, — traduit en Italien par l'auteur (in-fol. Naples, 1598), et en français par Ruault, in-8, 1655, 1808.

2084. DU MÊME. — *De cœlesti physiognomonia lib. IV*, in-4, Naples, 1601. — Traduction italienne, in-4, Padoue, 1623. — Dans cet ouvrage Porta démontre les influences très actives des astres, mais il relève diverses erreurs de l'astrologie judiciaire.

2085. DU MÊME. — *De Distillationibus lib. IX*, in-4, Rome, 1608. Ouvrage très curieux qui résume le savoir chimique du XVIe siècle.

2086. DU MÊME. — *De Munitione*, Lib. III, in-4, Naples, 1609.

2087. DU MÊME. — *De occultis litterarum notis seu artis animi sensa occulte ab aliis significandis aut ab aliis significata expicandis enodandique libri quinque*, in-12, Argentorati, 1606.

Cet ouvrage renferme des figures sur bois à axe tournant.

2088. DU MÊME. — *De furtivis litterarum notis, vulgo de Ziferis Libri III*, avec de nombreux hiéroglyphes et figures sur bois à axe tournant, in-12, Neapoli, 1563.

2089. DU MÊME. — La Magie naturelle, libri viginti, in-18, avec figures, Lugd. Batavorum, 1651.

2090. DU MÊME. — La magie naturelle qui est les secrets et miracles de nature, augmentée en cette dernière édition, des fonctions du berger et des remèdes pour guérir les bestiaux, in-12, Rouen, 1699. — C'est l'édition la plus recherchée de cet ouvrage assez rare.

2091. Du même. — J. Portæ, Neapolitani, Magiæ naturalis, libri IV. S. L. in-16 (à la sphère). S. D. — Cet ouvrage fut d'abord imprimé en III livres (Naples, 1558, in-fol. très rare) puis en IV livres (Amiens 1560). Il a joui dans toute l'Europe d'une vogue extraordinaire. L'Edition de Naples a servi de modèle à beaucoup de rééditions, entre autres à celles de Leyde de 1644 et de 1651.

2092. Potet (Baron du). — La magie dévoilée, in-4, Paris, 1869. — 3e édition in-8, avec gravures et portrait de l'auteur, Paris, 1893. — Cette édition qui n'est que de 10 fr. environ est entièrement conforme à l'édition in-4 qui se vendait 100 fr.

2093. Prost (Auguste). — Les Sciences et les Arts occultes au XIVe siècle. — Corneille Agrippa, sa vie et ses œuvres, 2 vol. in-8, Paris, 1882.

2094. Ragon (J. M.). — La messe et ses mystères, comparée aux mystères anciens, 1 vol. in-8 de 464 pages, Paris, 1882.

2095. Résie (Le Cte de). — Histoire et traité des Sciences occultes ou examen des croyances populaires sur les êtres surnaturels, la magie, la sorcellerie, la divination, etc. 2 vol. in-8, Paris, 1857.

2096. Reuchlin (J.). — *De arte cabalistica, libri* III, in-fol, Hagenæ, 1567.

2097. Revue scientifique de l'Occultisme (La), directeur : Demarest, Paris, 1894-1895 (seule année parue).

2098. Revue théosophique, directrice comtesse G. d'adhémar, un vol in-8 raisin, Paris, 1888 (seule année parue).

2099. Rochas (Albert de). — La Science des philosophes et l'Art des thaumaturges dans l'Antiquité, in-8 de 218 et xxiv, pl. hors texte, Paris, 1882.

2100. Du même. — Les forces non définies, in-8 de 392 pages et xviii pl. hors texte, Paris, 1885.

2101. Du même. — Les Etats profonds de l'hypnose, in-8 de 120 pages, Paris, 1892.

2102. Du même. — Les Etats superficiels de l'hypnose, in-8, avec gravures, Paris, 1893. — Réimpression d'une partie de l'étude : Forces non définies.

2103. Du même. — L'Envoûtement, brochure in-18, Paris, 1893.

2104. Sabathier (P. Esprit). — L'ombre idéale de la sagesse universelle, in-8, S L. 1679.

2105. Saint-Martin (L. Cl. de). — Les Nombres, œuvre posthume, suivie de *l'Eclair sur l'association humaine*, ouvrage recueilli et publié par L. Schauer avec 1 portrait, 1re édition in-4, 1843 ; 2e Edition in-8, 1852.

2106. Du même. — Tableau naturel des rapports qui existent entre Dieu, l'homme et l'Univers ; 2 vol. in-12, Edimbourg, 1782.

2107. Du même. — Des erreurs et de la vérité ou les hommes rappelés au principe universel de la science, 2 vol. in-8, Edimbourg (Lyon), 1782.

2108. Du même. — Philosophie de l'Univers, in-8.

2109. Du même. — Le livre rouge, opuscule rarissime, que certains bibliophiles prétendent apocryphe ; nous n'avons jamais vu ce livre.

2110. Du même. — L'homme de désir, 2 vol. in-12, Metz, 1812, c'est la 2e édition la plus recherchée. — La première à été publiée à Lyon en 1790, chez Sulpice Grapit.

2111. Du même. — Le crocodile, in-8, Paris, 1799. — M. Y. L. a donné une longue et intéressante analyse de ce volume dans le *Voile d'Isis* avril et mai (année 1893).

2112. Du même. Ecce Homo, in-8, Paris, 1792.

2113. Du même. — Le nouvel homme, in-8, Paris, 1792.

2114. Du même. — Le ministère de l'homme-Esprit, in-8, Paris, 1802.

2116. Du même. — Œuvres posthumes, 2 vol. in-8, Tours, 1807. — C'est dans ces œuvres posthumes qu'a paru une autobiographie de Saint-Martin, qui a pour titre : Mon portrait historique et philosophique. — Nous avons eu entre les mains le manuscrit de cette œuvre capitale, qui ne comportait pas moins de 491 pages d'une écriture très lisible, bien que fine et serrée. Ce manuscrit appartenait à la Bibliothèque de feu Taschereau, dont le catalogue de la vente nous dit à propos dudit manuscrit : « C'est un recueil de réflexions philosophiques, religieuses, morales, et souvent mystiques. L'auteur lui donne de temps en temps la forme d'un journal, où sont relatées beaucoup de circonstances de sa vie, etc. »

Mentionnons encore dans ses œuvres, posthumes, sa correspondance avec Kirchberger, Baron de Liebistorf, in-8, Paris, 1862. — Cet ouvrage recueilli et publié par L. Schauer et Alph. Chuquet, éditeurs-propriétaires des *Nombres* et de l'*Eclair* sur l'association humaine.

2117. — Saint-Yves d'Aleydre. — La mission des Juifs, in-8, Paris, la 3e édition est de 1884.

2118. Du même. — Jeanne d'Arc victorieuse ; in-8, Paris, 1890.

Eusèbie Salverte. — Voir le n° 1937 ci-dessus.

2119. Schuré (Edouard). — Les grands initiés : Rama, Krishna, Hermès, Orphée, Pythagore, Platon, Jésus, in-8°, 1889, 2° éd. in-12, 1893.

2120. Science secrète (La). — Ce volume comprend : Ch. Barlet, Initiation et science actuelle ; Eugène Nus, la Théosophie ; Julien Legay. Economie politique dérivée de l'occultisme ; Stanislas de Guaita, Initiation Martiniste ; Papus, Exposé de la Kabbale, in-18, Paris, 1891.

2121. Secrets merveilleux de la magie naturelle et cabalistique du petit Albert, traduit exactement sur l'original latin intitulé : Alberti Parviluci, in-18, Lyon, 1991. — Edition de Paris an VIII.

Sédir (Paul). — Voy. Boehme (Jacob).

2122. Sinnett (A. P.) — Le monde occulte. Hypnotisme transcendant en Orient, traduit de l'anglais, par F. K. Gaboriau, 1 vol. in-18 jésus, Paris, 1888.

2123. Du même. — Le Boudhisme ésotérique ou positivisme hindou. Traduit de l'anglais, par Mme G. Lemaître, in-18 jésus, Paris, 1889.

2124. Sperberi Kabalisticæ *precationes*, in-8, Magdebourg, 1600.

2125. Stenographiæ *nec non claviculæ* Salomonis Germani, Joannis, Trithemii germina facilis dilucidaque declaratio. Pet. in-4° col. agrip. 1635.

2125 *bis*. Tissandier. — Des sciences occultes, in-12, Paris, 1886.

2126. Traité des talismans, in-12, Paris, Pierre de Bresche, 1671.

2127. Vitoux (Georges). — L'Occultisme scientifique. Br. in-16, Paris, 1892. Etude sur l'influence réciproque de la science expérimentale et de l'occultisme.

2128. Du même. — Les limites de l'inconnu ; La science et les sorciers ; Br. in-16, Paris, 1892.

2129. Violle. — Traité complet des carrés magiques pairs et impairs, simples et composés à bordures, à compartiment, croix, châssis, équerre, bandes détachées, etc ; suivi d'un traité des cubes magiques, etc. ; 2 vol. in-8 avec atlas, Paris et Dijon, 1838.

2130. Voile d'Isis (Le). — Organe hebdomadaire du groupe indépendant d'études ésotériques de Paris. Directeur : Papus ; rédacteur en chef : L. Mauchel (6° année en cours de publication).

2131. Zekerboni (P. Mora.) — Manuscrit occultique de la Bibl. de l'arsenal n° 74.

II° PARTIE. — VI. PHILOSOPHIE OCCULTE.

Psychisme. — *Force psychique, Spiritisme, Psychologie.*

2132. Allan Kardec. — Le livre des esprits, 1 vol in-8, 1re éd. — in-12, 33° Ed. Paris, 1890.

2133. — Du même — Le livre des médiums. — Guide des médiums et des évocateurs contenant la théorie de tous les genres de manifestation. — In-12, Paris ; cet ouvrage a eu 20 éditions de 1853 à 1893.

2134. Du même. — L'Evangile selon le spiritisme, in-12, Paris, 20° Ed., 1890.

2135. Du même. — Ciel et enfer ou la justice divine selon le spiritisme, in-12, 11° Ed., Paris, 1892.

2136. Du même. — La genèse, les miracles et les prédictions, in-12, Paris, 8° édition, 1889.

2137. Du même. — Œuvres posthumes, comprenant la biographie d'Allan Kardec et des extraits *in extenso* du Livre des prévisions concernant le spiritisme, in-12, Paris, 1890.

2138. Du même — Voyage spirite en 1862, br. in-8, Paris, 1862.

2139. Almignana (l'abbé). — Du somnambulisme, des tables tournantes et des médiums considérés dans leurs rapports avec la théologie et la physique, in-8, Paris, 1856.

2140. Auguez (Paul). — Les manifestations des esprits, gr. in-8, Paris, 1857.

2141. Babin. — Le véritable catéchisme universel à l'usage de tout le monde, in-12, Paris, 1878.

2142. Du même. — Philosophie spirite, c'est-à-dire psychologie et morale, in-12, Paris, 1865.

2143. Du même. — Trilogie spirite, c'est-à-dire scientifique, psychologique et morale, in-12, Paris, 1872.

2144. Badaud. — Coup d'œil sur les thaumaturges et les médiums du xix° siècle, in-12, Paris, 1891.

2145. Bekker (B). — Le monde enchanté, traduit du Hollandais, 4 volumes pet. in-12, Amsterdam, 1694.

2146. Bellemare (Alexandre). — Spirite et chrétien, in-18 de 425 pages, Paris, 1883.

2147. Bez (Auguste). — L'union spirite bordelaise, revue de l'enseignement des esprits, 2 vol. in-8, Bordeaux, 1865-66 (1re année).

2148. Du même. — Les miracles de nos jours ou les manifestations obtenues par l'intermédiaire de Jean Hilaire, br. in-8, Paris, 1868.

2149. Blackwel (Anna). — De l'effet probable du progrès des idées spirites sur la marche sociale de l'avenir, br. in-8, Paris, 1876.

2150. Bodisco (Constantin Alexandrowitch). Recherches psychiques. — Traits de lumière. Preuves matérielles de la vie future. Spiritisme expérimental, in-8 carré avec figures, Paris, 1892.

2151. BONNEFONT. — Leçons de spiritisme aux enfants, br. in-12, Paris, S. D.

2152. BONNEMÈRE (Eugène). — L'âme et ses manifestations à travers l'histoire, in-18, Paris, 1883.

2153. BOSC (Ernest). — La Psychologie devant la science et les savants, in-18, Paris, 1894.

Cet ouvrage démontre hautement la réalité des phénomènes spirites. — C'est un des livres les plus concluants en faveur des phénomènes de l'occultisme.

2153 *bis*. BOSC (Ernest) et BONNEMÈRE. — Histoire nationale des Gaulois sous Vercingétorix, in-8, illustré, Paris, 1882.

(Voir également ci-dessus les nos 1982-1983.)

2154. BOURDIER. — Rudiments élémentaires du spiritisme, révélations par les esprits sur les lois organiques du monde spirituel et matériel, in-12, Paris, 1874.

2155. BOURDIN (Antoinette). — La médiumnité au verre d'eau ; instructions générales données par les esprits, in-12, Paris. S. D.

2155 *bis*. BOURGÈS. — Psychologie transformiste, évolution de l'intelligence, avec une préface de Sophie Rosen, in-12, Paris, 1884.

2156. BURET (D.). — Esprit de vérité ou métaphysique des esprits, in-12, Paris, 1856.

2157. — CAHAGNET (L. A.). — Arcanes de la vie future dévoilés ; 3 vol. in-12, Paris, 1848.

2158. DU MÊME. — Révélations d'outre-tombe par les esprits de Galilée, Hippocrate, Franklin, etc., in-12, Paris, 1856.

2159. DU MÊME. — Lumière des morts ou études magnétiques, philosophiques et spiritualistes, dédiée aux libres-penseurs du XIXe siècle, in-12, Paris, 1851.

2160. DU MÊME. — Encyclopédie magnétique spiritualiste, 7 vol. in-12, Paris, 1854-1855.

2161. CAILLÉ (René). — Dieu et la création, 4 fascicules, in-4°.

2162. DU MÊME. — La vie de Jésus dictée par lui-même, in-18, Avignon, 1885.

2163. DU MÊME. — Revue des hautes études, 6 nos in-4°, Paris, 1886-87.

2164. DU MÊME. — Spiritisme chrétien, révélation de la Révélation ; les Evangiles de Roustaing, analysés et résumés par R. Caillié, in-8°, Paris, 1884.

2165. DU MÊME. — Le Poème de l'âme, in-12. Paris, 1893.

Voy. ETOILE, n° 2016.

2166. CHEVILLARD. — Etudes expérimentales sur certains phénomènes nerveux et solution rationnelle du problème spirite, br. in-8, Paris, 1875 ; 2e éd. 1882. — Cet aperçu est absolument faux.

2167. COMPTE RENDU du congrès spirite et spiritualiste international de Paris, en 1889, in-8 de 460 pages illustrées, Paris, 1890.

2168. COMPTE RENDU du Congrès international spirite de Barcelone, tenu en 1888, in-8, Paris, 1889.

2169. CONSTITUTION du spiritisme. — Articles dans lesquels Allan Kardec, décédé le 31 mars 1869, fait connaître quelles pourraient être ses dernières volontés, gr. in-8, 1870.

2170. CORDURIÉ (M. B.). — Lettres à Marie sur le spiritisme, in-12, Paris.

2171. CROOKES (William). — Recherches sur les phénomènes psychiques, in-8 de 240 pages, avec figures, Paris.

2171 *bis*. DELANNE. — Le phénomène spirite, témoignage des savants, in-18, Paris, 1890.

2171 *ter*. DU MÊME. — Le spiritisme devant la science, in-18, Paris, 1891

2172. DENIS. — Après la mort, Exposé de la doctrine des esprits, in-12, Paris, 1889.

2173. DUFFAY. — Etudes sur les destinées de l'âme, in-12, Paris, 1876.

2174. DUFILHOL. — Les Occultistes contemporains sont-ils réellement les continuateurs de la doctrine des initiations antiques ? traduit de l'Italien d'après G. Palazzi, br. in-8, Paris, 1892.

2175. DUNEAU (Albéric). — Mes causeries avec les esprits, in-12, Paris, 1875. — Ouvrage sans orthographe écrit dans un français des plus douteux. — Soyez plutôt cuisinier, si c'est votre métier.

2176. ENTRETIENS (Les) de l'autre monde sur ce qui se passe dans celui-ci, ou dialogues grotesques et pittoresques entre feu Louis XV, feu le Prince de Conti, etc; in-12, Londres, 1784.

2177. ESPRITS (Les) familiers du commandant d'Esgrigny. — Histoire véritable et merveilleuse du XIXe S., in-12, Paris, 1870.

2178. ESQUIROS (Alphonse). — De la vie future, au point de vue socialiste, in-8, Paris, 1850.

2179. ETUDES SPIRITES. — Dictées reçues dans un groupe bisontin, in-8, Paris, 1884.

2180. ETUDES ÉCONOMIQUES. — Dictée reçues dans un groupe bisontin, in-8, 1885.

ÉVOCATION des esprits — Histoire de Jeanne d'Arc dictée par elle-même, in-12, Paris, 1860.

2181. FABART. — Histoire philosophique et politique de l'occulte, magie, sorcellerie, spiritisme, in-12, Paris, S. D.

2182. FAUVETY (Ch.). — Nouvelle révélation. La Vie., in-8 Paris, S. D.

2183. DU MÊME. — La théonomie. Démonstration scientifique de Dieu, in-12, Paris, 1889.

2184. FEYTAUD (Urbain). — Le spiritisme devant la conscience, in-18 de 208 p. Paris, 1892.

2185. FIGUIER (Louis). — Les mystères de la science. — Aujourd'hui — Autrefois, 2 vol. in-8, 1889. — Salmigondis contenant un peu de tout, sauf du nouveau.

FORNARI, voy. GIRALDO.

2186. GARDY (Louis). — Cherchons. — Réponse aux conférences de M. Emile Yung, sur le spiritisme, in-12, Paris et Genève, 1890.

2187. GASPARIN (Comte Agénor de). — Des tables tournantes, du surnaturel en général et des esprits, 2 vol. in-12, Paris, 1855.

2188. GENTIL (J. A.). — L'âme de la terre et les tables parlantes, ou sauvons le genre humain, in-8, Paris, 1854.

2189. GIBIER (Dr Paul). — Le spiritisme. Fakirisme occidental; étude historique et expérimentale avec fig., in-8, Paris, 1885.

2190. DU MÊME. — Analyse des choses; Essai sur la science future, son influence sur les religions, in-12, Paris 1887.

2191. GIRALDO (R. P. Mathias de). — Histoire curieuse et pittoresque des sorciers, devins, magiciens, astrologues, voyants, revenants, âmes en peine, vampires, spectres, fantômes, gnômes, lutins, etc., depuis l'antiquité jusqu'à nos jours. Revue et augmentée par M. Fornari, gr. in-8 avec planches, Paris, 1846.

2192. — GOUPY. — Explication des tables parlantes, des médiums, des esprits et du somnambulisme par divers systèmes de cosmologies, suivi de la voyante de Prévorst, in-8, Paris, 1860.

2193. Guillet (J. E.). — La chute originelle selon le spiritisme, in-12, Paris, 1858.

2194. GULDENSTUBBÉ (Baron G. de). — La morale universelle, in-12, Paris, 1875. — La 1re édition de cet ouvrage est de 1863.

2195. DU MÊME. — Pneumatologie positive. — La Réalité des esprits et les phénomènes merveilleux de leur écriture directe, in-8, avec 9 planches en fac-simile, Paris, 1873.

2196. GUÉRIN (Clémence). — Le Spiritisme en Amérique; fragments traduits de l'anglais, in-12, Paris, 1861.

2197. — GUIDE PRATIQUE du médium guérisseur, sous l'égide de Munis, in-8, Paris, 1888.

2198. HOME (D. Dunglas). — Les lumières et les ombres du spiritualisme, traduit de l'anglais, avec préface, par Henry la Luberne; gr. in-18 jésus, Paris, S. D.

2199. DU MÊME. — Révélations sur ma vie surnaturelle, in-12, Paris, 1863.

HUARTE (J.). — L'examen des esprits pour la science, où sont montrées les différences d'Esprits qui se trouvent parmi les hommes et quelle sorte de science chacun est propre en particulier. In-18, Lyon, 1668.

2200. HUGUET. — Spiritomanes et spiritiphobes. — Etudes sur le spiritisme, in-8, Paris, 1875.

2200 *bis*. JACOLLIOT (Louis). — Le spiritisme dans le monde. 1 vol. in-12, Paris, S. D.

2201. Jaubert. — Fables et poésie par l'esprit frappant, in-12, S. L. S. D.

2202. JÉSUPRET (fils). — Catholicisme et spiritisme. — Livre mis à l'Index; décret de la congrégation de l'Index 9 avril 1892, in-8, Paris, 1889.

2203. LAURENCY (Edme). — Etudes sur la spiritualité. Notions progressives précédées d'une lettre de Victor Hugo, in-12, Paris, 1865.

2204. LAVATER (G.). — Des lettres à l'impératrice Marie de Russie, sur l'immortalité de l'âme, br. in-8, Paris, 2e éd., 1865.

2205. LEGAS (L.). — La Photographie spirite et l'analyse spectrale comparées, br. in-8, Paris, 1875.

2206. LENGLET-DUFRESNOY (l'abbé). — Recueil de dissertations anciennes et nouvelles sur les apparitions, les visions et les songes, avec préface historique et catalogue des auteurs qui ont écrit sur les esprits, 2 vol. in 12, Avignon et Paris, 1752.

2207. LEYMARIE (Mme P.-G.). — Procès spirite, gr. in-8 de 250 pages, Paris, 1876.

2208. LÉVI (Eliphas). — La science des esprits, révélations du dogme sacré des kabbalistiques; Esprit occulte des Evangiles, appréciations des doctrines et des phénomènes spirites, in-8, Paris, 1865. — Voyez ci-dessus du n° 2046 au n° 2051.

2209. — LOTH (F.). — Abrégé de la doctrine spirite, contenant un aperçu rapide des différents ouvrages qui ont paru jusqu'à ce jour, in-8, Paris, 1867.

2210. — MARCHAL. — L'esprit consolateur, in-18, Paris, 1872.

2211. MATIGNON. — La question du surnaturel ou la grâce, le merveilleux et le spiritisme au XIXe siècle, in-12, Paris, 1854.

2212. MICHEL (Louis). — Plus de mystères, initiation de l'homme aux merveilleux secrets de la science vivante universelle, in-12, Paris, 1878.

2213. — MICHEL (Louis) de Figanières. — Clé de la vie; l'homme, la nature, les mondes, Dieu, anatomie de la vie de l'homme. Révélations sur la science, inspirées à Louis Michel de Figanières (Var), recueillies et présentées par E. Sardou et L. Pradel, in-8, 2e éd., Paris, 1858.

2214. MIRVILLE (Eug. de). — Question des esprits, ses progrès dans la science, in-18, Paris, 1885.

2215. — DU MÊME. — Des esprits et de leurs manifestations fluidiques devant la science moderne, in-8, Paris, 1885.

2216. MONTALEMBERT (Adr. de). — Histoire de l'esprit qui est apparu à Saint-Pierre de Lyon ; in-4, Paris, 1528.

2217. MORIN (A. S.). — La magie au XIXe siècle ; revue des sciences occultes et analytiques comparées, magnétisme raisonné, etc., etc, paraissant aux nouvelles lunes, Paris, 1854. — 9 nos, c'est-à-dire tout ce qui a paru de ce journal, dirigé par A. S. Morin, ancien conseiller municipal de Paris.

2218. NOIRAC ET HIRN. — Revélations nouvelles sur le monde des esprits, in-8, Paris, 1854.

2219. NUS (Eugène). — Les grands mystères, vie universelle, vie individuelle, vie sociale, in-12, Paris.

2220. DU MÊME. — Les Dogmes nouveaux, in-12, Paris, 1884.

2221. DU MÊME. — A la recherche des destinées, in-12, Paris, 1887.

2222. DU MÊME. — Choses de l'autre monde, in-12, Paris, 1882.

2223. DU MÊME. — Nos bêtises, in-8, Paris, S. D.

2224. ORIGINES (les) ET LES FINS. — Cosmogonies sous la dictée de trois dualités de l'espace, avec une préface d'Eugène Nus, in-12, Paris, 1889.

2225. PAILLOUX (Xavier). — Le magnétisme, le spiritisme et la possession. — Entretiens sur les esprits entre un théologien, un avocat, un philosophe et un médecin, in-12, Paris, 1863.

2225 *bis*. PHILIP DAVIS (Le Dr). — La fin du monde des esprits, Paris, Librairie illustrée, S. D.

2226. PHILOSOPHIE SPIRITE ; lumière de la voie céleste, in-12, Paris, 1865.

2227. RANCÉ (DE). — Révélation d'un esprit familier sur les esprits en général et sur les communications qui se sont établies entre les hommes et le monde extérieur, in-12, Paris, 1860.

2228. RAOUL d'A. — Mémoire de deux esprits, leurs diverses existences, racontées à sa mère par Raoul d'A. — âgé de 2 ans, in-12, Paris, 1874.

2229. RAPHAËL. — Le doute, in-8, Paris, 1866. — Fort beau livre.

2230. ROSSI DE GUSTINIANI. — Le spiritualisme dans l'histoire, in-12, Paris, S. D.

2231. ROSSI PAGNONI. — Quelques essais de médiumnité hypnotique, traduit de l'italien par Mme Francesca Vigné, in-12.

2232. ROUSTAING (J. B.). — Les quatre évangiles de Roustaing. — Réponse à ses critiques et à ses adversaires, in-12, Bordeaux, 1882.

2233. ROUXEL. — Spiritisme et occultisme ; br. in-12 de 78 p., Paris, 1889. — En ce qui touche au spiritisme, cette brochure est fort juste, mais l'auteur s'est quelque peu fourvoyé en occultisme ; il ne le connaît pas.

2234. DU MÊME. — Rapports du magnétisme et du spiritisme, in-8, Paris, 1889.

2235. ROZE. — Révélations du monde des esprits, dissertations obtenues par J. Roze médium, 3 vol. in-12, Paris, 1862.

2236. RUSSEL WALLACE (Sir Alfred). — Les Miracles et le Moderne spiritualisme, traduit de l'anglais, in-8, Paris, 1888.

2237. SALGUES. — Désarroi de l'empire de Satan ; preuves données au fanatisme religieux que les esprits ne sont pas des démons, in-8, Paris, 1863.

2238. SHAKE (William). — Les mondes habités, révélations d'un esprit développées et expliquées, in-12, Paris, 1859.

2239. SILAS. — Instruction explicative des tables tournantes précédée d'une introduction sur l'action motrice du fluide magnétique, par H. Delaage, in-8, Paris, 1853.

2240. SIMONIN (Amédée H.). — Dialogues entre de Grands Esprits et un vivant, 1 vol. in-12, Paris, 1893.

2241. SPIRITISME (Du) au point de vue de la grandeur, de la puissance et de la justice de Dieu, br. in-8, Alger, 1875.

2242. SPIRITISME (Le) suivant l'enseignement des esprits, in-8, Paris, 1876.

2243. SPIRITISME ÉLÉMENTAIRE, théorique et pratique, contenant la théorie de l'évocation des esprits ou des âmes des morts, in-12, Paris, S. D.

2244. STECKI. — Le spiritisme dans la Bible. — Essai de psychologie des anciens Hébreux, in-12, Paris, 1869.

2245. SWEDENBORG. — Des terres dans notre monde solaire, qui sont nommées planètes, et des terres dans le ciel de l'astral, in-18, Paris, 1824.

2248. TABLES TOURNANTES. — Comment l'esprit vient aux tables, par un homme qui n'a pas perdu l'esprit, gr. in-8, Paris, 1854.

2249. TAILLEPIED. — Traité de l'apparition des esprits, in-12, Rouen, 1602.

2250. TOLÉRANT (Jacques). — Le Spiritisme et l'Eglise. — Controverse entre M. Meurin, archevêque de Nizibe, évêque de Port-Louis, et J. Tolérant (Victor Ducasse), in-8, 1891.

2250 *bis*. TOURNIER (V.). — Le Spiritisme

devant la raison, les faits, les doctrines, in-8, Carcassonne, 1868.

2251. Du même. — Instruction pastorale sur le spiritisme par l'archevêque de Toulouse, réfutation par V. Tournier.

2252. Du même. — Lettres aux ignorants, in-8, Paris, 1864.

2253. Turc (J. de). — Essai de catéchisme spirite, in-8, Bruxelles, S. D.

2254. Vincent (Alexandre). — Le spiritisme expérimental et les apports, in-12, Paris.

2255. Vallès (François), Inspecteur général des Ponts et chaussées. — Entretien sur le spiritisme, comment on doit le comprendre et l'interroger, in-12, Montpellier, 1880.

2256. Du même. — Le surnaturel, considéré dans ses origines et dans les conséquences utiles des apparitions, in-12.

2257. Du même. — Conférences spirites; années 1882, 1883, 1884. — Recueil dédié aux groupes de Montpellier et Béziers, in-12, Montpellier et Béziers, 1884.

2258. Vavasseur. — Echos poétiques d'outre-tombe. — Poésies médianimiques, in-12, Paris, 1867.

2259. Wahu (Dr) — Le spiritisme dans l'Antiquité et dans les temps modernes, 2 vol. in-8, Paris.

2260. Wallace (Sir Alfred Russel). — Les miracles et le moderne spiritualisme, in-8, Paris, 1888 et 1889 avec portrait de l'auteur.

2261. Walter Jochnick (le colonel). — Les questions les plus importantes pour l'humanité, in-8, traduit du suédois.

2262. Wichart. — La route de la pensée, gr. in-8, Paris, 1889.

Yveling Rambaud. — Force psychique, br. in-8, Paris, 1888.

Observation. — Nous devons observer, ici, qu'il existe quantité de brochures spirites écrites en vue de propager le spiritisme ; il ne nous a pas été possible de les consigner, d'autant que la plupart n'ont aucune importance et sont souvent extraites de volumes; nous ne citerons que les suivantes comme preuve à l'appui de notre affirmation.

2263 Esquisse géologique de la terre. Extrait du Livre de la Genèse d'Allan Kardec.

2264. Les fluides, idem, etc., etc.

Parmi les brochures de propagande mentionnons : *Qu'est-ce que le spiritisme?* — *Le spiritisme à sa plus simple expression.* — *Caractère de la Révélation spirite.* — *Résumé de la loi des Phénomènes spirites,* — etc.

De même que nous n'avons pas inscrit quantité de journaux qui naissent et meurent chaque jour ; nous devons cependant une mention spéciale à la Revue Spirite, fondée par Allan Kardec, à La Lumière, par Mme Lucie Grange, et au Spiritisme.

VI. — PHILOSOPHIE OCCULTE

IIIe PARTIE

Franc-maçonnerie, Rose-Croix, Sociétés secrètes

2265. Albach. — Etudes sur les frères Trois-points de Léo Taxil, in-16, Grenoble, S. D.; — œuvre de la propagande catholique.

2266. Alia. — *Epistola metraligata ad eosdem missa a L. G. R. Philosophiæ Hermeticæ amatore,* in-8, Francfort, 1625.

2267. Amiable. — Le Franc-maçon Jérôme Lalande, in-8, Paris, S. D.

2268. Amiable et Colfalvru. — La Maçonnerie au xviiie siècle, Paris, in-8.

2269. Amiable (Louis) et Guisse (Paul). — L'Egypte ancienne et la Franc-maçonnerie. Discours préliminaire par le F∴ Louis Amiable. — Extrait du Bulletin du Gr.∴ O.∴ de Fr.∴ Paris, in-8, Imprimerie Ve Hugonin, 1887.

2270. Almanach de la Franc-maçonnerie publié sous les auspices de la R. L. Travail et Perfection à l'Or.∴ d'Angers, 1re année, in-16, Angers, Imprimerie de Poitevin-Scipion, 1886.

2271. Annales Chroniques, *littéraires et historiques* de la Maçonnerie dans les Pays-Bas; 6 vol. in-8 avec front. et pl. Bruxelles.

2272. Apocrisis, *seu responsio ad famam F. Rosæcrucis,* in-4°, *Francoforti, apud Godfridum Tampach,* 1614.

2273. Assertio F. R. C. *a quodam Fraternitatis ejus socio carmine expressa.* in-4°, Francofurti, 1615.

2274. Barruel. — Mémoires pour servir à l'histoire du Jacobinisme, 5 vol. in-8, Hambourg (Lyon), 1803.

2275. Du même. — Histoire du Jacobinisme, 1 vol. in-8, Lyon, 1802.

2276. Barruel (abbé). — Abrégé des mémoires pour servir à l'histoire du Jacobinisme, 2 in-12, Hambourg, 1801.

2277. Baudouin. — Travaux maçonniques. Conférences sur divers sujets d'économie sociale, in-12, Paris, 1878.

2278. Bazot (L. F.). — Manuel du franc-maçon, contenant des réflexions sur l'origine, la filiation et l'importance de la Franche-Maç.∴, des instructions à tout maç.∴ régulier, des discours sur les principaux points de la maçonnique, etc., etc., in-12, Paris, 1811.

2279. Du même. — Manuel du Franc-Maçon et guide des officiers de loge. — Ce manuel a de eu nombreuses éditions; la 7e comporte 2 tomes en un volume in-12, Paris, 1845.

2280. BENOIT (D. P.). — La cité anti-chrétienne au XIXe siècle. — La Franc-maçonnerie. 2 tomes, in-8, Palmé, Paris, 1886.

2281. BERLIER DE VAUPLANE (P.). — La Franc-maçonnerie et les sociétés secrètes, pièce in-8°, Châteauroux Imp. Majesté, 1883.

BÉSUCHET, voyez J. C. B. n° 2352.

2282. BEYERLÉ. — Essai sur la Franche-Maçonnerie, ou du but essentiel et fondamental de la Franche-maçonnerie, etc., 2 vol. in-8, *Latomopolis* (Nancy), 1784.

2283. BLUM (*Moïse*). — Loge Solidarité et Progrès Or.·. de Dijon — La Franc-maçonnerie depuis son origine. Essai historique par le F.·. — Discours prononcé à la tenue du 24 avril 1887, in-8, Dijon, Carré, 1887.

2284. BOUHOURS (F.·.) — Les Francs-maçons de la Vierge (2 février 1886); in-8°, Paris, rue François Ier, 1886.

2285. BOUHOURS (L.). — Histoire de Pierre d'Aubusson, grand-maître de Rhodes, in-4, Paris, 1676. — Ed. in-12, La Haye, 1739.

2286. BOUBÉE. — Etudes historiques et philosophiques sur la Franc-maçonnerie ancienne et moderne, in-8, Paris, 1854.

2287. BRIÈVE EXPOSITION de l'origine, de la doctrine et des constitutions des Frères-Unis de Bohème et de Moravie, in-8, S. L. 1758.

2288. BRUNETIÈRE (Ch.). — Du rôle de la Franc-maçonnerie au XVIIIe siècle et celui qu'elle doit tenir dans la société moderne. — Pièce in-4, Nantes, Imp. de Reault-Boucat et Cie, 1883.

2289. BUJON (Pierre). — Loge : L'Evolution sociale, in-8, Issoudun, Imp. de C. Motte S. D. (1890).

2290. CAIGNART DE MAILLY. — Recherches sur l'origine, l'essence, le but et les rapports mutuels des divers Rites maçonniques, br. in-8, Calais, 1809.

2291. CAOURSIN (G). — *Caoursini stabilimenta militum Hierosolymitanorum*, in-fol. Ulmæ, 1496.

2292. DU MÊME. — *Caoursini obsidionis Rhodiæ et urbis descriptio*, in-fol. Ulmæ, 1496.

2293. CARTIER (E.). — Lumières et ténèbres. — Lettre à un franc-maçon, 29 avril 1887, in-18, Paris, Letouzey et Ané, 1888.

2294. CAUCHOIS (H.) — Cours oral de Franc-maçonnerie symbolique en 12 séances, in-8, Paris, 1863.

2295. CHAINE (La) D'UNION DE PARIS : — Journal de la maçonnerie Universelle : in-8, Paris, 1864 (*en cours de publication.*)

2296. CHAPRON. — Nécessaire maçonnique suivi du nécessaire maçonnique d'adoption à l'usage des dames, in-8, front. Paris, S. D.

2297. CHAVÉE LEROY. — La crise agricole et la Franc-maçonnerie, in-16, Paris, L Michelet, 1884.

2298. CHEMIN DUPONTES. — Encyclopédie maçonnique, contenant les faits historiques sur la maçonnerie et sur les sociétés qui ont des rapports avec elles, etc. in-12, Paris, 1819 25.

2299. CHEVALIER. — La vraie maçonnerie d'adoption précisant quelques réflexions sur les loges irrégulières et sur les sociétés civiles, suivi de cantiques maçonniques dédiée aux dames par un chevalier de tous les ordres maçonniques, in-18, Philadelphie, 1785.

2300. CLAVEL. — Histoire pittoresque de la franc-maçonnerie et des sociétés secrètes anciennes et modernes, gr. in-8, Paris, avec 25 gravures sur acier, 1843. — 3e Ed. 1844.

2301. DU MÊME. — Almanach de la Franc-maçonnerie, in-18, Paris.

2302. CODE MAÇONNIQUE, placard grand in-fol. S. L. 1883.

2303. CODE DES STATUTS RÈGLEMENT — pour la R.·. L.·. de St-Jean, régulièrement constituée sous ce titre distinctif de l'Ecole de la sagesse à l'Or.·. de Metz, in-32, Metz Imp. C. M. B. Antoine, An 1810.

2304 COMMUNIS *et generales reformatio totius mundi et fama fraternitatis ordinis Rosea cruce*, in-8, Casselis, 1614.

2305. CONSTITUTION ET RÈGLEMENT GÉNÉRAL de la fédération du Grand Orient de France, br. in-8, Paris, 1890, par le très puissant souverain grand commandeur d'un des suprêmes conseils confédérés à Lausanne, édition sacrée par un profane.

2306. COURS DE MAÇONNERIE PRATIQUE, d'enseignement supérieur de la Franc-maçonnerie, rite écossais ancien et accepté, 2 vol. in-12, Paris, 1875.

2307. DAYMONAS (B.). — Le Décalogue de Franc-maçonnerie ou le triomphe de l'étendard Nazaréen; in-8°, Riom, 1889.

2308. DENAIS (*Joseph*). — La Franc-maçonnerie, son secret, ses aveux, Pièce, in-16. Paris, Société générale de la Librairie catholique, 1884.

2309. DOUAIRE-GRABEL (*Jules*). — Gr.·. Or.·. de Fr.·. Suprême Conseil pour la France et les possessions Françaises; assemblée générale de 1888 au Secrétariat du Gr.·. Or.·. de Fr.·., in-8, 1888.

2310. DIGRAPHE *anonymi Roseæ crucis arbor Pansophie Roseæ crucis, arcana arcanissima Mormii de* F. R. C, 1617.

2311. DUBREUIL (J. P.). — Histoire de la

Franc-maçonnerie, 2 tomes in-18, Bruxelles, 1838.

2312. DUFAUT (*André*). — Cathécisme de la Fr.·. M.·. ou les Erreurs religieuses morales et sociales de la secte maçonnique, in-8, Nice, librairie du patronage de Saint-Pierre, 1885.

2313. DUPUY (*Jean-Raphaël*). — Qui est Dieu ? Les mensonges de la Franc-maçonnerie Française, in-16, Paris, librairie de la Propagande Catholique, 1886.

2314 DUPUY (P.). — Histoire de l'Ordre des Templiers, in-4, Bruxelles, 1751.

2315. DU MÊME ET GURTLER. — Histoire de la condamnation des Templiers ; 2 vol. in-8, Bruxelles, 1713.

2316. ELUCIDARIUS CHIMICUS, *uber die Fama Fraternitatis Roseae crucis*, in-8, Magdeburg, 1617.

2317. L'ENNEMI, c'est la Franc-maçonnerie, pièce, in-18, Paris, 1884.

2318. ENQUÊTE MAÇONNIQUE sur la proposition d'un convent extraordinaire en 1869, in-8, Paris, 1870.

2319. EPISTOLA *ad Reverend. Fraternitatem Roseæ Crucis*, in-8, Francoforti. 1613 et 1615.

2320. ESTAMPES (*Louis* d'). JANNET-CLAUDIO. — La Franc-maçonnerie et la religion, in-16. Avignon, Seguin, 1884.

2321. ETOILE (L'). FLAMBOYANTE ou la société des Francs-maçons, considérée sous tous ses aspects. 3 vol, in-8. A l'Orient chez le Silence, 1810.

2322. EULOGISTICA *e symbolo patris primarii Ros. Crucis, quæ dicitur cujus sunt religiones*, in-8, Francofurti, 1618.

2323. EXAMEN sur la cabale des Frères de la Croix-Rosé ; ensemble histoire des mœurs coutumes, prodiges et particularitez d'iceulx, pet. in-8, Paris, 1628.

2324. EXPLICATION de la Croix philosophique, in-8. S. L. 1806.

2325. EXPLICATION de la Pierre cubique, in-8 S. L. 1806.

2326. FAVA (A.-J.). — Le secret de la franc-maçonnerie, in-12, Paris, 1883.

2327. FAMA *Fraternitatis Rosæ Crucis cum eorum confessione latine germanice à Friedens Begierigen Philomago*, in-8, Cassel, 1615.

2328. FINDEL. — Histoire de la Franc-maçonnerie depuis son origine jusqu'à nos jours, 2 vol. in-8, Paris, 1866.

2329. FINDEL (J.-G.). — Les principes de la Franc-maçonnerie dans la vie des peuples, ouvrage historico-philosophique édifiant, in-8. Berne, Haller, 1884.

2330. FONVIELLE (A. *de*). — Conférence sur le rôle de la Franc-maçonnerie en Algérie, in-8, Alger, imprimerie de P. Fontana, 1884.

2331. FRAISSINET (*Edouard*). — Essai sur l'histoire de l'ordre des Templiers, traduit de l'original allemand, publié à Leipzig en 1779, in-8, Bruxelles, 1840.

2332 FRANCHE-MAÇONNE (La), Ou Révélations des Francs-maçons par Mme..., in-12, Bruxelles, 1744.

2333. FRANCS-MAÇONS (Les) écrasés ou l'origine des Francs-maçons, in-12, Amsterdam, 1745 (attribué à l'abbé Larudan).

2334. FRANC-MAÇONNERIE DÉMASQUÉE (*La*). — Revue mensuelle des doctrines et faits maçonniques, in-8, Paris, 1re année (1884-85).

2335. FRANC-MAÇONNERIE (*La*) et *ses doctrines anti-religieuses*, d'après un ancien frère, in-16, Besançon, imprimerie de P. Jacquin, 1886.

2336. FRATRUM *Roseæ-Crucis Bucina Jubilei ultimi*, in-8, Francoforti, 1618.

2337. FRIMAÇONS (Les). — Hyperdrame, in-12, Londres chez J... T. dans le *Strand* 1743.

2338. FRISCHIIS (Joach.). — *Summum bonum quod est verum magiæ, cabalæ alchimiæ fratrum Roseæ Crucis subjectum*, in-fol. Francoforti. 1628.

2339. — GOUSSANCOURT (*Mathieu de*). — Le martyrologe de l'Ordre des chevaliers de Saint-Jean de Hierusalem dit de *Malthe*, contenant leurs éloges, armes, blasons, avec la suite des grands maîtres, 2 vol. in-fol. avec gravures gravées par Michel Van Lochom, Paris, 1642.

2340. GRANDAMICUS. — *Nova demonstratio immobilitatis terræ petita ex virtute magnetica*, in-4°, Fig. en taille douce gravées dans le texte par Rousseville, Flexiæ (?) Griveau, 1645.

2341. GRAND-ORIENT DE FRANCE. — Devant la Franc-maçonnerie Universelle. — Simple mémoire adressé à nos frères de tous les Orients de tous les Rites, br. in-80, Paris.

2342. G.·. O.·. Saint-Jean d'hiver 1812. Fête de l'Ordre présidée par le Prince de Cambacères, in-4°, Paris, 1812.

2343. GUERRIER DE DUMAST. — La maçonnerie, poème en trois chants avec des notes historiques, étymologiques et critiques, par (Guerrier de Dumast) in-8° avec couverture imprimée. — L'ouvrage est orné de deux gravures et de sept vignettes ou culs de lampe. Paris, Arthur Bertrand, 1820. Barbier nous apprend que cet ouvrage est devenu fort rare, parce que l'auteur ayant changé de sentiment a détruit un grand nombre d'exemplaires.

2344. HAMMERU. — *Mysterium Baphometis revelatum, seu fratres militæ templi, qua Gnostici et quidem Ophiani, apostariæ idolo ludiœ et impuritatis convicti per ipsa eorum monumenta*, in-fol. avec figures, Vindobonæ, 1818. (Extrait des mines d'Orient), sans nom d'auteur, attribué avec certitude à Jos. Von Hammer.

2345. HISTOIRE de l'abolition de l'Ordre des Templiers, in-12, Paris, 1777.

2346. HSTOIRE des Ordres militaires, 4 vol. in-12, Amsterdam, 1721.

2347. HISTOIRE de tous les Ordres militaires, 2 vol in-8, Amsterdam, 1699.

2348. HISTOIRE DU JACOBINISME. — Voyez BARRUEL.

2349. HODDE (L. de). — Histoire des sociétés secrètes et du parti républicain, in-8, Paris, 1850.

2350. INSTRUCTION pour le grade symbolique d'apprenti, du rite moderne, br. in-12 de 48 pages, Paris, 1842.

2351. INVITATIONIS *ad fraternitatem christi, pars altera, parœnetica* in-8, Argentinæ 1619.

IRENŒI *Agnosti Vindiciœ, Rodos tauricœ*, in-8, 1619.

JACQUELIN. — Voyez LYRE MAÇONNIQUE.

2352. J. C. B. Précis historique, de l'Ordre la Franc maçonnerie, depuis son introduction en France, 2 vol. in-8, Paris, 1829. L'auteur de ce livre est BESUCHET.

2353. JÉSUITES (Les) chassés de la maçonnerie : la maçonnerie écossaise comparée avec les trois professions et le secret des Templiers du XIVe siècle : mêmeté des quatre vœux de la compagnie de saint-Ignace et des quatre grades de la maçonnerie de saint Jean, comparés par M. V. Bonneville, 2 parties in-8, O.·. de Londres, 1788.

2354. JOLY. — Histoire critique et apologétique de l'ordre des Templiers, 2 vol. in-4, Paris, 1789 ou 1805. — Sans nom d'auteur mais du P. MANSUET LE JEUNE, publié par Joly.

2355. LABIS. — Le libéralisme, la Franc-maçonnerie et l'Eglise catholique, in-8.

2356. LAFOSSE (Pierre de). — Examen sur la nouvelle et inconnue Cabale des frères de la Rose-Croix, habitués depuis peu à Paris, in-12, 1623.

2357. LAURENS. — Essais historiques et critiques sur la Franc-maçonnerie ou recherches sur son origine, sur son système et sur son but, in-8, Paris, 1805.

2358. LEFRANC (?). — Le voile levé pour les curieux ou le secret de la révolution révélé à l'aide de la franc-maçonnerie, in-8, Paris, 1792 (attribué à Lefranc).

2369. LEO TAXIL. — Les frères trois points ; 2 vol-in-12, Paris, S. D.

2360. DU MÊME. — La Franc-maçonnerie, gr. in-8, illustré, Paris S. D.

2361. LEVESQUE. — Le Val-Duonegro ou les frères du poignard invisible, suivi des ruines de Dicken feld ou le Tribunal des frères noirs. — Histoires du XVIe siècle, in-8, Paris, 1834. — Contribution intéressante à l'histoire des sociétés secrètes.

2362. LIBER. (T). — *Portus tranquillitatis éjus*, in-8... 1620 (Rose-croix).

2363. LOGE CENTRALE des véritables francs-maçons, in-12, Paris, 1802.

2364. LOGE de la parfaite estime et société olympique, in-18, 1803. — Société maçonnique et surtout musicale. — La liste des membres est presque composée entièrement de personnages appartenant à l'aristocratie parisienne de l'époque.

2365. LOMBARD de Langres. — Des Jacobins depuis 1789 jusqu'à ce jour ou des sociétés secrètes en Allemagne et en d'autres contrées, etc., in-8, Paris, 1819.

Une réponse à cet ouvrage a pour titre :

2366. LA VÉRITÉ sur les sociétés secrètes en Allemagne à l'occasion de l'ouvrage ci-dessus, par un ancien Illuminé, in-8, Paris, 1819.

2367. L'ORDRE des Francs-maçons trahi et le secret de Mopses révélé, in-12, Amsterdam, 1771 (attribué à l'abbé Larudan).

2368. LUCHET (Marquis de). — Essais sur la secte des Illuminés, in-8, Paris, Ed. en 1789, 1790, et 1792.

2369. L'UNIVERS maçonnique. Revue générale des progrès et acquisitions de l'esprit humain dans toutes les branches des connaissances, maçonniques gr. in-8, Paris, 1837.

2370. LYRE (LA) MAÇONNIQUE, étrennes aux Francs-maçons et à leurs sœurs pour l'année 1812, composée de cantiques, échelles d'adoption et couplet de F.·. F.·. Antignac, Armand, Gouffé, Brad, Brauet etc., et rédigé par le F.·. J. A. Jacquelin et dédié à la R. L. Sainte Joséphine par le F. Chamerot R.·. C.·. in-12 Frontispice gravé, Paris, 1812, 2e Ed. 1814.

2371. MAÇONNERIE (La) considérée comme le résultat des religions égyptienne, juive et chrétienne, 3 vol. in-8° avec 10 pl. Paris, 1833 (attribué à Reghellini, voir Quérard, art. REGHELLINI et ci-dessous n° 2407.)

3272. MAÇON (Le parfait), ou les véritables secrets des quatre grades de la Franche-maçonnerie, in-12, Paris, 1760.

2373. MAIER. — *M. Maieri Themis aurea seu de legibus Rosem crucis* ; S. L. N. D.

2374. MAILLARD DE CHAMBURE. — Règles et statuts secrets des Templiers, précédés de l'histoire, de l'établissement de la destruction et de la continuation moderne de l'Ordre du Temple, publié d'après des manuscrits inédits, par Ch. Maillard de Chambure, in-8°, Dijon et Paris, 1840.

2375. MANUEL GÉNÉRAL de la maçonnerie, in-8°, Paris, 1859.

2376. MANUEL MAÇONNIQUE ou TUILEUR de divers rites de maçonnerie pratiqués en France, dans lequel on trouve l'étymologie et l'interprétation des noms et des mots mystérieux donnés dans chacun des degrés des différents rites, etc. etc., in-8, avec frontispice et 32 pl. S. L. 1830.

2377. MARC FRIDER. *Rosen Creutzer astronomia inferior*, in-8, Francofurti. (Texte allemand.)

MICHAEL POTTIER. — *Philosophia para, accessit judicium de fratribus Roseæ crucis*, in-8, Francoforti.

2378. MICHELET. — Procès des Templiers publié par Michelet, in-4, Paris, imprimerie royale, 1840.

2379. MONGITOR (ANT.). *Ant. Mongitori monumenta historica sacræ domus mansionis S. S. Trinitatis militaris ordinis Teutonicorum urbis Panormi*, in-fol., Panormi, 1721.

2380. MONNIER (J. G.). — De l'influence attribuée aux Francs-Maçons dans la Révolution française, in-8, Tubingen, 1801 ; in-8, Paris, 1822.

2381. MORMIUS (*Petrus*). — *Arcana totius naturæ secretissima, nec hactenus unquam detecta a collegio Rosiano in lucem produntur*, in-24, Lugduni Batavorum 163. Livre très rare.

2382. MORS (*Luthers*). — *De Conventu generali latomarum apud agnas Wilheminus Oratio. Jussu et sumptibus Lutheri Mors*, in-8, S. L. 1782. — Le titre seul de l'ouvrage est en latin, le texte est en français.

2283. MYSTÈRES des sociétés secrètes, in-18, Paris, 1869.

2384. MYSTÈRE (*Le plus secret*) des hauts grades de la Franc-maçonnerie révélée (voy. SECRET n° 2416).

2385. NAPOLÉON NEY. — Les sociétés secrètes musulmanes, in-8, Paris, 1890.

2386. NAUDÉ (*Gabriel*). — Instructions à la France sur la vérité de l'histoire des frères de la Rose-Croix, in-8, Paris, 1623.

2387. NAUDÉ (Ph.). — Histoire abrégée de la naissance et des progrès du Kouakérisme, in-12, Cologne. Le même ouvrage a paru sous le titre :

Religion des Kouakres en Angleterre, pet. in-12, Paris, 1699.

2388. NICOLAI (F.). — Essai sur les accusations intentées aux Templiers et sur le secret de cet ordre avec une dissertation sur l'origine de la Franc-maçonnerie ; in 12, 224 p., Paris, 1783.

2389. NEUHOUS (Henri) de Dantzic. — Des frères de la Rose-Croix, avertissement pieux et très utile, in-8°, Paris, 1623 ou 1624. Savoir s'il y en a, quels ils sont, traduit du latin de H. Neuhous.

2390. ORDRE (L') DES FRANCS-MAÇONS TRAHI et le secret des Mopses révélé, in-12 avec pl., chansons et musique, Amsterdam 1745.

2391. ORIGINE DE LA MAÇONNERIE ADOHIRAMITE ou nouvelles observations critiques et raisonnées sur la philosophie, les hiéroglyphes, les mystères, la superstition et les vices des mages, in-12, Hélyopolis, 1787.

2392. PAPUS. — De l'état des sociétés secrètes à l'époque de la Révolution Française, br. in-8°, Paris, 1894.

2393. PARFAIT (LE) MAÇON, ou les véritables secrets des quatre grades de la Franche maçonnerie, in-12, 1760.

2394. PHILALÈTHES (*Eugenius*). — La confession de la confrérie de la Rose-Croix, in-8, Londres, 1652 (texte anglais).

2395. RAGON. — Orthodoxie maçonnique, suivie de la maçonnerie occulte et de l'iniation hermétique, in-8 de 615 pages avec un portrait, Paris, 1853.

2396. DU MÊME. — Tuileur général de la franc-maçonnerie ou manuel de l'initié, in-8, Paris, 1861.

— Il existe une autre édition, in-12, Amsterdam 1778, avec de nomb. planches. Cet ouvrage assez rare est attribué à l'abbé Gab.-Louis-Calabre Perau, mais Ladrague pense que l'abbé ne devait être que l'éditeur de ce livre et que les véritable auteur était l'italien Giovanni Gualberto Botarelli.

2396 bis. DU MÊME. — Manuel complet de la Maçonnerie d'adoption ou Maçonnerie des Dames in-8 jés. Paris, S. D.

2396 ter. DU MÊME. — Cours philosophique et interprétatif des initiations anciennes et modernes, in-18 Jés., Nancy, 1842.

2397. DU MÊME. — Ragon est l'auteur des quinze Rituels maçonniques suivants : Rituel de l'apprenti. — Du compagnon. — De maître. — De vénérable. — De Louveteau. — De reconnaissance conjugale. — De Pompe funèbre. — De maçonnerie d'adoption. — De Rose-croix. — De Kadosch. — De l'inspecteur-inquisiteur. — De grand inspecteur général. — De Royale arche. — De maçonnerie forestière. — De maçonnerie des Dames.

2398. RAYM DUELLI. — *Historia ordinis equitum Teutonicorum hospitalis S. M. V. Hierosalymitani*, in-fol. avec fig., Vienne, 1747.

2399. RAYNOUARD (F.-J.-M.). — Monuments historiques relatifs à la condamnation des chevaliers du Temple et à l'abolition de leur ordre, in-8, Paris, 1813.

2400. REBOLD. — Origine de la Franc-maçonnerie ancienne et moderne. — Ses doctrines, son but artistique et moral d'après les nombreux documents élevés par cette institution, in-8, Paris, 1859.

2401. DU MÊME. — La Franc-maçonnerie philosophique, son importance morale et sociale ; exposé historique contenant les preuves irrécusables de sa filiation non interrompue depuis les collèges constructeurs romains jusqu'aux corporations des free-masons de la Grande-Bretagne, in-8. S. L. N. D.

2402. RECHERCHES sur l'ancienne constitution de l'ordre Teutonique et de ses usages, sans nom d'auteur, in-8, Mergentheim, 1807.

2403. RECUEIL choisi de chansons et de poésies maçonnes, in-12, à Jérusalem 17...

2404. RECUEIL de chansons des francs-maçons à l'usage de la loge de Sainte-Geneviève, in-12, texte et musique gravés avec culs-de-lampe, Paris, Jombert, 1763.

2405. RECUEIL précieux de la maçonnerie Adonhiramite, contenant les trois points de la maçonnerie écossaise, le Chevalier de l'Orient et le vrai Rose-Croix, qui n'ont jamais été imprimés, etc., in-18, Philadelphie, 1787.

Souvent, les exemplaires de cet ouvrage renferment le CATÉCHISME des quatre premiers grades avec 3 figures ou bien encore le MANUEL des francs-maçonnes. — Du reste les éditions sont extrêmement nombreuses et variées.

2406. RÉDARÈS. — Etudes historiques et philosophiques sur les trois grades de la maçonnerie symbolique, suivie de l'influence morale de la maçonnerie sur l'esprit des nations, in-12, Paris, 1859.

2407. REGHELLINI. — Esprit du dogme de la Franche maçonnerie ; recherches sur son origine et celle de ses différents rites, compris celui du Carbonarisme par F. M. R. de Schéo, in-8, Bruxelles, Paris, 1825.

2408. RÈGLEMENTS GÉNÉRAUX de la maçonnerie écossaise pour la France et ses dépendances, in-8, O.·. de Paris, 1846.

2409. RÈGLEMENTS de la R.·. L.·. de St-Jean de l'O.·. de Provins, 2 vol. in-8, Provins, 1807-13.

2410. REUFNER. — Essai sur les accusations intentées aux Templiers et sur le secret de cet ordre, avec une dissertation sur l'origine de la Franç-maconnerie traduit de l'allemand de Nicolaï Reusner; in-12, Amsterdam, 1783.

2411. RESPONSAM *ad Fratres* Roseæ-Crucis, in-8, S. L. 1618.

2412. ROBERT DE FLUCTIBUS, *alias* ROBERT FLUDD. — *Apologia compendiaria fraternitatem de Roseæ crucis suspicionis et infamiæ maculis aspersam abluens*, in-8, Lugduni Batavorum, 1616.

2413. DU MÊME. — *Tractatus apologeticus integritatem societatis Roseæ-crucis defendens*, in-8, Lugduni Batavorum, 1617.

2414. ROSE-CROIX (*sur le grade de*) colonne gravée, lue le 9 juillet 1890 au Souv.·. Chap.·. Les trinitaires, in-12, Chambéry, 1890.

2415. ROSE-CROIX du temple et du Graal (constitution), in-8, Paris, 1863.

2415 *bis*. SAINT-ALBIN (A. de). — Les Francs-maçons et les Sociétés secrètes, suivi des actes apostoliques et Vocabulaire maçonnique, in-8, Paris, 1867.

2416. SECRET (Le plus) Mystère des hauts grades de la Franc-maçonnerie dévoilé ou le Vrai Rose-croix traduit de l'Anglais, suivi de NOACHITE, traduit de l'Allemand, in-8. avec 2 fig. pliées, à Jérusalem (Orléans), 1766.

2417. SEPTCHÈNES (Jean de). — Jacqmin le Franc-maçon; légendes des Sociétés secrètes, in-12, Paris, S. D.

2418. STATUTS ET RÈGLEMENTS GÉNÉRAUX de l'Ordre maçonnique de France, in-8, Paris, an de la V.·. L.·. 5839 (1835).

2419. STATUTS ET RÈGLEMENTS de la R.·. L.·. Aréopagiste d'Isis, précédés d'un précis sur son origine et ses phases maçonniques, in-8, Paris, 5821 (1821).

2420. STATUTS et RÈGLEMENTS de la R.·. L.·. de l'Etoile Neustrienne O.·. de Vernon, in-12, 5832.

2421. STELLATUS. — *Josephi Stellati Pegasus firmamenti sive introductio in veteram sapientiam quæ hodie a fraternitate Roseæ crucis, magia et Pansophia recto vocatur*, in-18, 1612.

2422. — TABLEAU alphabétique des loges de la correspondance du G.·. O.·. de France et Comput maçonnique, pet. in-12, Paris, an XI.

2423. TABLEAUX des FF.·. composant la R.·. L.·. Ec.·. de France à l'O.·. de Paris, in-18 avec figures, 1809.

2424. THORY (C.-A.). — *Annales originis magni Galliarum* O., ou histoire du Grand-Orient de France, in-8, fig., Paris, 1812.

2425. DU MÊME. — *Acta Latomorum*, ou Chronologie de la Franche maçonnerie française et étrangère... avec la Bibliographie des principaux ouvrages publiés sur l'histoire de l'Ordre, depuis 1723, 2 vol. in-8, figures, Paris, 1815.

2426. TOMBEAU (Le) de Jacques Molais ou Histoire secrète et abrégée des initiés anciens et modernes des Templiers Francs-maçons, Illuminés, etc.; suivie de la clef des songes, in-18 avec figures, Paris, an V.

2427. VELTRONIUS. — *Statuta hospitalis Hierusalem*; in-fol. Romæ, 1588.

VÉRITÉ (La) sur les sociétés secrètes, voy. LOMBARD, n° 2366.

2428. VERTOT. — Histoire des chevaliers de Malte; 4 vol. in-4, Paris, 1726.

2429. VILLEGAGNON. — Traicté de la guerre de Malte et de l'issue d'icelle faulsement imputée aux Français par Nicolas Durant sieur de Villegagnon, in-4, Paris, 1553.

2430. VILLENEUVE-BARGEMOMT (Le comte). — Monuments des grands maîtres de l'Ordre de Saint-Jean de Jérusalem, accompagné de notes, 2 vol. gr. in-8, Paris, 1829.

2431. VRAIE MAÇONNERIE D'ADOPTION (La); précédée de quelques réflexions sur les loges irrégulières et sur la société civile, avec notes critiques et philosophiques : et suivi de cantiques maçonniques, par un chevalier de tous les ordres maçonniques, in-18, Paris, 1786 ou 1787 — Cet ouvrage est de Guillemain de Saint-Victor.

2432. W. — MOYEN de rendre la Franc-maçonnerie plus utile; in-8, Strasbourg, 1790. — Autre édition 2 vol. à l'humanité; Philadelphie, 1796.

2433. WAL. — Essai sur l'ordre Teutonique, 8 vol. 12, Paris et Reims 1784-90. — Cet ouvrage publié sans nom d'auteur est attribué au baron de Wal.

2434. WITT (J). — Les sociétés secrètes de France et d'Italie, in-8, Paris, 1830.

VII. — MAGNÉTISME

HYPNOTISME, HYPNOSE, EXTASE, SOMNAMBULISME.

2435. ABBÉ J. B. L. — Défense théologique du magnétisme humain, in-8, Paris, 1840.

2436. ALEXIS. — Le sommeil magnétique expliqué par le somnambule Alexis en état de lucidité, précédé d'une introduction par Henri Delaage, avec un portrait de l'auteur. 2e éd. in-12, Paris, 1857.

2437. ALLIOT (E.). — La suggestion mentale et l'action des médicaments à distance br.-in-12, Paris, 1886.

ALMANACH DU MAGNÉTISEUR, voyez RICARD, n° 2623.

2438. ANNALES DU MAGNÉTISME ANIMAL. — 8 vol-in-8, Paris (juillet 1814 à déc. 1816). Ces 8 vol. constituent la collection complète de ces annales dans lesquelles figurent comme rédacteurs, Deleuze, Ducommun, Chastenet de Puységur, etc., etc.

2439. APERÇU de la manière d'administrer les remèdes indiqués par le magnétisme animal à l'usage des magnétiseurs qui ne sont pas médecins, br. in-8, Paris, 1875.

2440. ARCHIVES du magnétisme animal par le baron d'Henin de Cuvilliers, collection complète en 8 volumes, Paris, 1820 à 1828.

2441. AZAÏS. — De la Phrénologie, du magnétisme et de la folie.

Ouvrage dédié à la mémoire de Broussais, 2 vol. in-8, Paris, 1839.

2442. AZAM (Dr). — Hypnotisme, double conscience et altérations de la personnalité, in-12, Paris, 1887.

2443. Baquet de santé (Le). — Divertissement, parade en vaudeville. S. L. N. D. in-8, (1784).

2444. BARAGNON. — Etude du magnétisme animal sous le point de vue d'une exacte pratique, etc., in-8, Paris, 1853.

2445. BARREAU (Ferdinand). — Le magnétisme humain en Cour de Rome et en Cour de Cassation, sous le rapport religieux moral et scientifique; suivi d'une méthode pratique, in-12, Paris, 1845.

2446. BAUCHE (A.). — Causeries mesmériennes. — Enseignement élémentaire, histoire, théorie et pratique du magnétisme animal, in-8, Paris, 1866.

2447. BEAUNIS (H). — Le somnambulisme provoqué; études physiologiques et psychologiques, 1 vol. in-16, 1889.

2448. BECQUEREL (Edmond). — Résumé de l'histoire de l'électricité et du magnétisme animal, in-8, Paris, 1858.

2449. BELOT (C.). — Les secrets du magnétisme, in-12, Paris, 1884.

2450. BERGASSE. — Considérations sur le magnétisme animal ou sur la théorie du monde et des êtres organisés, d'après les principes de M. Mesmer, brochure in-8, La Haye, 1784.

2451. BÉRILLON (Edgard). — Hypnotisme expérimental. La dualité cérébrale et l'indépendance fonctionnelle des deux hémisphères cérébraux, gr. in-8, Paris, 1884. — Précédé d'une lettre du Dr Dumontpallier.

2452. DU MÊME. — De la suggestion envisagée au point de vue pédagogique, in-8, Paris, 18...

2453. DU MÊME. — Les indications formelles de la suggestion hypnotique en psychiatrie, en neurologie, in-8, Paris, 1891.

2454. DU MÊME. — Premier congrès international de l'hypnotisme expérimental et thérapeutique, tenu à l'Hôtel-Dieu de Paris du 8 au 12 août 1891, sous la présidence du Dr Dumontpallier, in-8, Paris, 1890.

2455. BERNA. — Magnétisme animal. Examen et réfutation du rapport fait par Dubois d'Amiens à l'Académie royale de médecine, le 8 août 1837, sur le magnétisme animal. Paris, br. in-8.

2456. BERNHEIM (Dr). — De la suggestion et de ses applications thérapeutiques, in-18, Paris, 1884; 2e éd. 1886; 3e éd. 1887. — Ouvrage très intéressant par les nombreuses expériences relatées.

2457. BERSOT (Ernest). — Mesmer et le magnétisme animal, les tables tournantes et les esprits, in-12, Paris, 1853. — Nouvelle édition, in-12, Paris, 1884.

2458. BERTRAND. — Traité du somnambulisme et des différentes modifications qu'il présente, in-8, Paris, 1823.

2459. DU MÊME. — Du magnétisme animal en France et des jugements qu'en ont porté les sociétés savantes, in-8, Paris, 1826. — La première édition est de 1823.

2460. BIBLIOTHÈQUE du magnétisme animal par MM. les membres de la société de magnétisme, 8 vol. in-8, Paris, 1817. — Ce recueil contient des articles de Deleuze, de Puységur, de Trilschler, de Fallières, de Lausanne, etc., etc.

2461. BILLOT (Dr). — Recherches psychologiques sur la cause des phénomènes extraordinaires observés chez les modernes voyants, ou correspondance sur le magnétisme vital entre un solitaire et M. Deleuze, 2 vol. in-8, Paris, 1839.

2462. BINET (A.). — La Psychologie du raisonnement. — Recherches expérimentales par l'hypnotisme, in-18, Paris, 1886.

2463. BINET ET FERRÉ. — Le magnétisme animal, in-8, Paris, 1886.

2464. BONJEAN. — L'hypnotisme, ses rapports avec le droit, la thérapeutique, la suggestion mentale, in-8, Paris, 1880.

2465. BONNEFOY. — Analyse raisonnée des rapports des commissaires chargés de l'examen du magnétisme animal, in-8, Lyon, 1874.

2466. BONNIOT (P. de). — Le miracle et les sciences médicales, hallucinations, apparitions, extase, fausse extase, in-12, Paris, 1879.

2467. BOTTEY (F.). — Le magnétisme animal, étude critique et expérimentale sur l'hypnotisme ou sommeil nerveux provoqué chez des sujets sains, avec fig., Paris, 1881.

2468. BOURRU ET BUROT. — La suggestion mentale et l'action à distance des substances toxiques et médicamenteuses, in-12, Paris, 1887.

2469. DES MÊMES. — Variation de la personnalité, in-16 avec 15 photogravures, Paris, 1889.

2470. BUÉ (A.). — Le magnétisme curatif: I. Manuel techique avec un portrait de Mesmer; II. Psycho-Physiologie, Hypnotisme, Somnambulisme, Fascination, Clairvoyance, 2 vol. in-18 jésus, Paris, 1893-94.

2471. BURDIN et DUBOIS *d'Amiens*. — Histoire académique du Magnétisme animal, accompagnée de notes et de remarques critiques sur toutes les observations et expériences faites jusqu'à ce jour, in-8, Paris, 1841.

2472. CAHAGNET (L. A.). Lettres odiques-magnétiques du chevalier Reichenbach, traduit de l'allemand, in-18, Paris, 1853.

2473. DU MÊME. — Thérapeutique du Magnétisme et du Somnambulisme appropriée aux maladies les plus communes, in-12, Paris, 1883.

2474. DU MÊME. — Arcanes de la vie future dévoilées, où l'existence, la forme, les occupations de l'âme, après sa séparation du corps sont prouvées par plusieurs années d'expériences au moyen de huit *somnambules extatiques* qui ont en 80 perceptions de 36 personnes de diverses conditions, décédées à différentes époques, leurs signalements, conversations. — Preuves irrécusables de leur existence au monde spirituel, 2 vol. in-18, Paris, 1848-49.

2475. DU MÊME. — Sanctuaire du spiritualisme; étude de l'âme humaine et de ses rapports avec l'Univers, d'après le somnambulisme et l'extase, in-12, Paris, 1850.

2476. DU MÊME. — Du traitement des maladies ou études sur les propriétés médicinales de 150 plantes les plus usuelles par l'extatique ADÈLE MAGINOT, avec une exposition des diverses méthodes de magnétisation, gr. in-18, Paris, 1854.

2477. DU MÊME. — Lumière des morts ou Etudes magnétiques, philosophiques, spiritualistes, dédiées aux libres-penseurs du XIXe siècle; in-12, Paris, 1851.

2478. CARRA. — Examen physique du Magnétisme animal, développement des véritables rapports sous lesquels on doit en considérer le principe, la théorie, la pratique et le secret, in-8, Londres et Paris, 1785. — L'auteur dans cette étude prouve qu'il croit à un fluide universel, aux propriétés électriques et magnétiques du cœur humain, à la théorie des Auras individuelles et à leur communication avec l'atmosphère de la terre.

2479. CAUVET DE MOREL. — Voy. Mesmer, N° 2582.

2480. CAVAILLON (Edouard). — La Fascination magnétique, in-18 jés. S. D.

2481. CHAMBARD. — Le somnambulisme général. Nature et analogies, in-8, Paris, 1881.

2482. CHARDEL. — Esquisse de la nature humaine expliquée par le magnétisme animal précédée d'un aperçu du système général de l'Univers et contenant l'explication du somnambulisme magnétique animal, in-8, Paris, 1826. — cet ouvrage relate dans sa troisième partie un fait de somnambulisme artificiel prolongé pendant plusieurs mois; fait très rare.

2483. DU MÊME. — Essai de psychologie physiologique ou Explication des relations de l'âme avec le corps prouvées par le magnétisme animal. 3e Edition augmentée d'un appendice ayant pour titre : Notions puisées dans les phénomènes du somnambulisme lucide et les révélations de Swedenborg sur le mystère de l'incarnation des âmes et sur leur état pendant la vie et après la mort, in-8, Paris, 1838; 4e Ed. 1844.

3484. CHARPIGNON. — Physiologie, médecine et métaphysique du magnétisme; in-8, Orléans et Paris, 1848; 2e Ed. 1848.

2485. CHASTENET DE PUYSÉGUR. — Les vérités cheminent, tôt ou tard elles arrivent. — Recherches expérimentales et observations physiologiques sur l'homme dans l'état de somnambulisme naturel et provoqué par l'acte magnétique; 2 vol. in-8, Paris 1811-1815.

2486. DU MÊME. — Appel aux savants observateurs du XIXe siècle de la décision portée par leurs prédécesseurs contre le magnétisme animal et fin du traitement du jeune Hébert, in-8, Paris, 1813.

2487. CHAZARAIN et DÈCLE. — Découverte de la polarité humaine, in-8, Paris, 1886.

2488. COLLIN. — Bienfaits du somnambulisme in-12, Paris, 1868.

2489. COMMUNICATION sur Mesmer obtenue par un groupe d'investigateurs à Ostende, in-12, Paris, 1883.

2490. CRÉPIEUX (Jules). — Cours de magnétisme, humain, historique, théorique et pratique, in-12.

2491. CULLÈRE (Dr. A.). — La thérapeutique suggestive et ses applications, 2 vol. in-12, Paris, 1893.

2492. DU MÊME. — Névrosisme et névrose ; hygiène des énervés et des névropathes, in-12, Paris, 1887.

2493. DU MÊME. — Les frontières de la folie, in-16 de 360 pages, Paris, 1887.

2494. — DU MÊME. — Magnétisme et hypnotisme, exposé des phénomènes observés pendant le sommeil nerveux provoqué au point de vue clinique, psychologique, thérapeutique et médico-légal ; avec un résumé historique du magnétisme animal, in-12 de 358 pages et 28 figures dans le texte, Paris, 1887.

2494 *bis*. DEBAY. — Les mystères du sommeil et du magnétisme ou physiologie anecdotique du somnambulisme naturel et magnétique. Songes prophétiques. Extases, visions, hallucinations, in-12, 8e éd.

2495. DU MÊME. — Histoires des sciences occultes depuis l'Antiquité jusqu'à nos jours, in-12, Paris, 1865.

2496. DELAAGE (H.). — Le monde occulte ou mystères du magnétisme et tableau du somnambulisme à Paris, précédé d'une introduction sur le magnétisme par le P. Lacordaire, in-12, Paris, 1856.

2497. DELBŒUF. — De l'origine des effets curatifs de l'hypnotisme ; de l'étendue de l'action curative de l'hypnotisme, in-8, Paris, 1890.

2498. DU MÊME. — Magnétiseurs et médecins, in-8, Paris, 1889.

2499. DU MÊME. — Le magnétisme animal à propos d'une visite à l'Ecole de Nancy, in-8, Paris, 1886.

2500. DELEUZE (J. P. F.). — Histoire critique du magnétisme allemand, 2 tomes en 1 vol in-8, Paris, 1813 ; 2e éd. 1819.

2501. DU MÊME. — Instruction pratique sur le magnétisme animal, précédé d'une notice historique sur la vie et les travaux de l'auteur et suivie d'une lettre écrite à l'auteur par un médecin étranger, nouvelle éd. in-12, Paris, 1853.

2502. DEMARQUAY et GIRAUD TEULON. — Recherches sur l'hypnotisme ou sommeil nerveux, comprenant une série d'expériences instituées à la maison municipale de santé, in-8, Paris, 1860.

2503. DÉMONSTRATION expérimentale des lois et phénomènes de la polarité du corps humain, avec le règne animal, végétal, minéral, in-4, fig., Paris, 1885.

2504. DESPINE. — De l'emploi du magnétisme animal et des eaux minérales dans le traitement des maladies nerveuses, suivies d'une observation très curieuse de guérison de névropathie, in-8, Paris, 1840.

2505. DONATO. — *Le Magnétisme*, revue générale des sciences physico-psychologiques, etc., in-4 (18 numéros seuls parus), Paris, 1886.

2506. DONNÉ (Al.). — Somnambulisme et magnétisme animal à propos de Mlle Pigeaire, br. in-8 de 50 p. avec 2 pl., Noyon, 1838.

2507. DOUTES d'un provincial proposés à MM. les médecins-commissaires chargés par le Roi de l'examen du magnétisme animal, in-8, Lyon et Paris, 1784.

2508. DUPEAU (Amédée). — Lettres physiologiques et morales sur le magnétisme animal, contenant l'exposé critique des expériences les plus récentes et une nouvelle théorie sur ses causes et ses applications à la médecine, in-8, Paris, 1826.

2509. DU POTET (Baron). — Manuel de l'étudiant magnétiseur ou nouvelle instruction pratique sur le magnétisme fondée sur trente années d'expériences et d'observations, gr. in-18, Paris, 1851, 2e éd., et 3e éd., in-12, 1808, autre 1851. — aut. in-18 avec fig. 1887.

2510. DU MÊME. — Thérapeutique magnétique, règle de l'application du magnétisme à l'expérimentation pure et au traitement des maladies; spiritualisme, son principe et ses phénomènes, in-8, Paris, 1863.

2511. DU MÊME. — Essai sur l'Enseignement philosophique du magnétisme, in-8. Paris, 1845.

2512. DU MÊME. — Traité complet du magnétisme animal, cours en douze leçons, in-18, 1856; 4e ed. 1883.

2513. DU MÊME. — Cours de magnétisme en sept leçons, in-8, 3e éd. considérablement augmentée, Paris, 1853. — La 1re édition date de 1840.

2514. DU MÊME. — Le magnétisme opposé à la médecine. — Mémoire pour servir à l'histoire du magnétisme en France et en Angleterre; in-8°, Paris, 1840.

2515. DU MÊME. — Propagande du magnétisme animal, par une société de médecins, 2 vol. in-8, Paris, 1827.

2516. DURAND (J.F.) de Gros. — Le merveilleux scientifique, in-8°, Paris, 1880.

2517. DURVILLE. — Traitement expérimental et thérapeutique du magnétisme, in-12, Paris, 1886.

2517 bis. DU MÊME. — Traité expérimental de magnétisme, avec fig. TOME I. Physique magnétique, 1 vol. in-18, Paris, 1895.

2518. EDARD (G.). — La vie par le magnétisme et l'électricité, in-8, Paris, 1884.

2519. ESLON (d'). — Observations sur les deux rapports des commissaires nommés par S. M. pour l'examen du magnétisme animal, in-4, Paris, 1886.

2520. ESPINOUSSE (Dr). — Du zoomagnétisme : son existence, son utilité en médecine rendues indiscutables par les faits, in-8, Paris, 1879.

2521. ESSAI SUR LA THÉORIE du somnambulisme, magnétique par M. T. D. M. in-8, Londres, 1785.

2522. ESTELLE. — Observation curieuse de Névropathie, accompagnée de paralysie générale, guérie aux bains d'Aix-en-Savoie, par les eaux d'électricité et de magnétisme, in-8, Annecy, 1838 (attribuée au Dr Despine, médecin-inspecteur et directeur de l'établissement thermal d'Aix-en-Savoie). — Voir ci-dessus DESPINE n° 2504.

2523. FABRE. — Le magnétisme animal; satire, in-4, Paris, 1838.

2524. FLEURVILLE. — Etudes sur le magnétisme animal, in-12, Paris, 1876.

2525. FODERÉ. (F E). — Essai théorique et pratique de pneumatologie humaine, ou recherches sur la nature, les causes et les traitements des flatuosités et diverses vesanies, telles que l'extase, le somnambulisme, etc., in-8°, Strasbourg, 1829.

2526. FOISSAC. — Rapports et discussions de l'académie royale de médecine sur le magnétisme animal avec les notes explicatives, in-8°, Paris, 1833.

2527. DU MÊME. — Mémoires sur le magnétisme animal adressé à M. M. les Membres de l'académie royale des sciences, in-8° Paris 1825.

2528. DU MÊME. — Second mémoire sur le magnétisme animal; observations particulières sur une somnambule présentée à la commission nommée par l'académie, in-8°, Paris, 1826.

2529. DU MÊME. — Rapports et discussion de l'académie royale de médecine sur le magnétisme animal, recueillis par un sténographe publiés avec des notes explicatives, in-8°, Paris, 1833.

2530. FOVEAU DE COURMELLES (Dr). — Histoire de l'hypnotisme, in-12 avec figures, Paris, 1890.

2531. DU MÊME. — Le magnétsme devant la loi, br. in-8, Paris, 1889.

2532. FRAPPART (Dr). — Lettre sur le magnétisme et le somnambulisme à l'occasion de Mlle Pigeaire, in-8, Paris, 1839.

2533. DU MÊME. — Lettre sur le magnétisme et le somnambulisme à MM. Arago, Broussais, Bioullaud, Donne et Bazile, in-8, Paris, 1839.

2534. FOURNERET. — Doctrine organo-psychique de la raison et de la folie. Réfutation du matérialisme. in-8, Paris, 1870.

2535. GALART DE MONTJOYE. — Lettres sur le magnétisme animal, in-8, Philadelphie et Paris, 1874.

2536. GARCIN. — Le magnétisme expliqué par lui-même ou nouvelle théorie des phénomènes de l'état magnétique comparés aux phénomènes de l'état ordinaire, in-8, Paris, 1855.

2537. GAUTHIER (Aubin). — Histoire du somnambulisme chez tous les peuples, sous les noms divers d'extases, songes, oracles, visions; ses causes, ses effets, ses abus, ses avantages et l'utilité de son concours avec la médecine, etc., 2 vol. in-8 Paris, 1842. — Autre édition 1848.

2538. Du même. — Introduction au magnétisme, examen de son existence depuis les Indiens jusqu'à l'époque actuelle, sa théorie, sa pratique, ses dangers et la nécessité de son concours avec la médecine, in-8, 1840.

2539. Du même. — Traité pratique du magnétisme et du somnambulisme ou Résumé de tous les principes et procédés du magnétisme, avec la théorie et la définition du somnambulisme, la description du caractère et des facultés des somnambules, et les règles de leur direction, in-8, Paris, 1845.

2540. Du même. — Le magnétisme catholique, ou introduction à la vraie pratique et réfutation des opinions de la médecine sur le magnétisme, ses principes, ses procédés et ses effets, in-8, Paris, 1844. — Cet ouvrage renferme une revue des hommes, des journaux et des principaux faits magnétiques de la Belgique.

2541, Gentil (J. A.) Magnétisme ; somnambulisme, Guide des incrédules, in-16 avec figures, Paris, 1852.

2542. Du même. — Manuel élémentaire de l'aspirant magnétiseur, in-12, Paris, 1857.

2543. Gérard. — Le magnétisme à la recherche d'une position sociale, sa théorie, sa critique, sa pratique, in-12, Paris, 1866.

2544. Du même. — Le magnétisme appliqué à la médecine, br. in-12, Paris, 1864.

2545. Gérard, *cent-garde*. — L'art de magnétiser ou de se guérir mutuellement, in-12, Paris, 1858.

2546. Gilles de la Tourette. — L'hypnotisme et les états analogues, in-8, Paris, 1889.

2547. Goyard (Dr). — Le magnétisme contemporain et la médecine pratique, in-8, Paris, 1888.

2548. Grande et belle découverte du magnétisme animal. — Lettre de Mesmer à M. Philip, Doyen de la Faculté de médecine, in-8, Paris.

2549. Hébert (de Garnay). — Petit catéchisme magnétique ou notions élémentaires de mesmérisme, in-18, Paris, 1852,

2550. Hénin de Cuvilliers (d.). — Le magnétisme animal retrouvé dans l'antiquité ou dissertation historique, étymologique et mythologique sur Esculape, Hippocrate et Gallien, suivi de recherches sur l'origine de l'Alchimie, in-8, Paris, 1821.

2551. Du même. — Le magnétisme éclairé ou introduction aux archives du magnétisme animal, in-8, Paris, 1820.

Hermès (L'.). — Journal de magnétisme animal par une société de médecins ; la 1re année date de 1826. Paris, 1826.

2552. Herzen (A.). — Le Cerveau et l'activité cérébrale, au point de vue psycho-physiologique, in-16, Paris, 1889.

2553. Histoire critique du magnétisme animal, 2 vol. in-8, 2e édit. Paris, 1819.

2554. Hue (Ch.). — Le vrai et le faux magnétisme, ses partisans et ses ennemis ; précédé d'un avant-propos sur le fluide magnétique (thèse) in-8 de 100 pages, Paris, S. D.

2555. Husson. — Opinion professée par M. Husson à l'Académie de médecine sur le rapport de Dubois d'Amiens relatif au magnétisme animal, in-8, Paris, 1837.

2556. Janet (Pierre). — L'automatisme psychologique ; essai de psychologie expérimentale sur les formes inférieures de l'activité humaine, in-8, Paris, 1889.

2557. Journal du magnétisme, rédigé par une société de magnétiseurs et de médecins sous la direction de M. le baron du Potet. Ce périodique a commmencé à paraître en 1845, il est aujourd'hui continué par M. Durville, libraire, Paris 1845-1895.

2557 bis. Julio (abbé). — Biographie de Jean Sempé ; magnétiseur mystique, in-18, Paris, 1895.

2558. Lafontaine. — L'art de magnétiser ou le magnétisme animal considéré sous le point de vue théorique, pratique et thérapeutique, in-8, fig. Paris, 1852, 2e éd.

Du même. — Mémoires d'un magnétiseur, 2 vol. in-8, Paris. 1865.

2559. Lafont-Gouzi. — Traité de magnétisme animal considéré sous le rapport de l'hygiène, de la médecine légale et de la thérapeuthique, in-8. Paris. 1839.

2560. Leblanc, Dumont et La Bédolière. — Dictionnaire théorique et pratique d'électricité et de magnétisme, in-4, Paris, S. D. (1889).

2561. Lelut (L.-F.) — Le génie, la raison et la Folie. — Le démon de Socrate, in-16, 348, Paris, 1888.

2562. Lemoine. — Du sommeil au point de vue physiologique, in-12, Paris, 1856.

2463. Léonard (Dr). — Magnétisme, son histoire, sa théorie, son application au traitement des maladies, in-12, Paris, 1834.

2564. Lettre de l'auteur de la découverte du magnétisme animal à l'auteur des réflexions préliminaires pour servir de réponse à un imprimé ayant pour titre : Sommes versées entre les mains de M. Mesmer pour acquérir le droit de publier sa découverte, in-8, Paris, 1785.

2565. Lettre sur la découverte du magnétisme animal à M. Court de Gebelin liv, in-8, de 48 p. à Pékin et se trouve à Paris 1784.

2566. LECTURE DE M. D'ESLON docteur régent de la Faculté de médecine de Philip, doyen en charge de la même faculté à propos d'une discussion sur le magnétisme animal, in-8, La Haye, 1782.

2567. LIÉBAULT (Dr). — Thérapeuthique suggestive, son mécanisme, propriétés diverses du sommeil provoqué et des États analogues, in-42, Paris, 1891.

2568. LIÉGEOIS (Dr). — De la suggestion hypnotique dans ses rapports avec le droit criminel et le droit civil in-8, Paris, 1891.

2569. LISNES. — L'électricité, sa cause, sa nature, sa théorie : le galvanisme, le magnétisme in-8, Paris, 1808 (?).

2570. LOISSON DE GUINAUMONT. — Somnologie magnétique,ou recueil de faits ou opinions somnambuliques, pour servir à l'histoire du magnétisme humain, in-8, Paris, S. D.

2571. — LOUBERT (l'abbé). — Le magnétisme et le somnambulisme devant les corps savants,la Cour de Rome et les théologiens, 1 vol. in-8, Paris, 1844.

2572. LOVY (Jules). — Souvenirs des banquets deMesmer,toasts et chansons,br.in-12, Paris, 1860.

2573. — LUTIER (Dr) et HAVAAS (Prof.). — Hypnotisme et hypnotisés. — La suggestion criminelle ; destruction de la famille et de la société, assassinats, empoisonnements, vols, suicides, etc. ; séduction et viol des jeunes femmes par la suggestion, in-8, Paris, 1887.

2574. LUTZELBOURG (Comte de). — Extrait du journal de cure magnétique, traduit de l'allemand, in-8, Rastadt, 1787.

2575. LUYS (Dr). — Leçons cliniques sur les principaux phénomènes de l'hypnotisme dans leurs rapports avec la pathologie mentale, in-8, avec 13 pl., Paris, 1887.

2576. DU MÊME. — Les émotions chez les sujets en états d'hypnotisme, br. in-8, avec photographies, Paris, 1887.

2577. DU MÊME. — Revue d'hypnologie théorique et pratique dans ses rapports avec la psychologie, les maladies mentales et nerveuses, gr. in-8, Paris, 1890.

2577 *bis*. — MAGNÉTISME (Le) humain, appliqué au soulagement et à la guérison des malades. Congrès de 1890, in-8, Paris, 1890.

2577 *ter*. — MAJUS (Henri). — *De Somnambulatione*, in-4, Groningue, 1657.

2576 *quater*. — MARIN (Dr Paul). — L'hypnotisme théorique et pratique comprenant les procédés d'hypnotisation, in-12, Paris, 1889.

2578. MAGIE (La) maternelle, in-12, Paris, 1860 (c'est le magnétisme).

2579. MAGGRIER. — Les mystères du magnétisme, in-8 jés. S. D.

2579 *bis*. MAXWEL. — *De medicinâ magneticâ libri tres, auctore Guillelmo* MAXWELLO M. D Scoto-Britanno. in-4, Francfort 1679. — Ce livre est peu commun, nous ne l'avons jamais vu ; mais évidemment Maxwel passe avec raison pour un précurseur de Mesmer.

2580. MÉMOIRE sur la faculté de prévision, avec des notes et pièces justificatives, in-8, Paris, 1836.

2581. MESMER. — Mémoires et aphorismes, suivis des procédés de d'Eslon ; nouvelle édition avec des notes de J. J. Ricard, in-18, Marseille et Paris, 1846.

2582. DU MÊME. — Aphorismes, ouvrage mis au jour par Cauvet de Morel, in-8, Paris, 1785.

2583. DU MÊME. — Mémoires sur ses découvertes, in-8, Paris, an VII.

2584. MESMER JUSTIFIÉ. — In-8, 46 pages, Paris, 1787.

2585. DU MÊME. — Lettre de Mesmer au Comte de C..., in-4, Paris, 1784.

2586. MESMER GUÉRI, ou lettre d'un provincial au R. P. N..., en réponse à sa lettre « Mesmer Blessé », in-8, Londres, 1784. — Défense de la lettre du Père Hervier sur la découverte du magnétisme animal.

2587. MESNET, (Dr E). — De l'automatisme, de la mémoire et du souvenir dans le somnambulisme pathologique, in-8, Paris, 1860.

2588. DU MÊME. — Etudes sur le somnambulisme envisagé au point de vue pathologique, in-8, Paris, 1860.

2589. DU MÊME. — Un accouchement dans le somnambulisme provoqué, déductions médico-légales, in-8, Paris, 1887.

2590. DU MÊME. — Troubles fonctionnels des sens et des sensibilités dans l'hypnotisme, in-8, Paris, 1883.

2591. DU MÊME. — Somnambulisme spontané et somnambulisme provoqué ; br. in-8 de 37 pages, Paris, 1887.

2592. METZGER (Dr). — Recherches et considérations critiques sur le magnétisme animal ; avec un programme relatif au somnambulisme artificiel ou magnétique, traduit du latin par Robert, in-8, 1824.

2593. MOILIN (Dr Tony). — Traité élémentaire du magnétisme, in-12, Paris.

2594. MONGRUEL. — Prodiges et merveilles de l'esprit humain sous l'influence magnétique, in-12, Paris, 1849.

2595. DU MÊME. — Le magnétisme et le somnambulisme à Genève, in-8, Genève, 1852.

2596. MONTÈGRE (A. J. de). — Du magnétisme animal et de ses partisans ou recueil, de pièces importantes sur cet objet, in-8, Paris, 1812.

2597. MORIN (A. S.). — Philosophie magnétique. — Les Révolutions du temps. — Synthèses prophétiques du XIX° siècle, in-12, Paris 1855.

2598. DU MÊME. — Du magnétisme et des sciences occultes, in-8, Paris, 1860.

2599. MOUTIN. — Le nouvel hypnotisme, in-12. — Ouvrage qui permet à ceux qui l'ont étudié de reconnaître immédiatement les personnes pouvant être influencées par l'action magnétique.

2600. NOIZET (général). — Mémoire sur le somnambulisme et le magnétisme animal adressé en 1820 à l'Académie royale de Berlin, in-8, Paris, 1854.

2601. NOUVELLES CURES opérées par le magnétisme animal, in-8. Paris, 1784.

2602. OCHOROWICH (Dr J.). — De la suggestion mentale, avec une préface de Charles Richet, in-12 ; Paris, 1887.

2603. OLIVIER. — Traité de magnétisme suivi des paroles d'une somnambule et d'un recueil de traitements magnétiques ; in-8, Toulouse, 1849.

2604. ORELAT. — Détail des cures opérées à Lyon par le magnétisme animal selon les principes de Mesmer précédé d'une lettre de Mesmer, in 8, Lyon, 1784.

2605. PAULET (Dr). — L'antimagnétisme ou origine, progrès, décadence renouvellement et réfutation du magnétisme animal, in-8, Paris, 1484.

2606. PÉLIN (G.). — Le spiritisme, la démonologie et la folie, explication de tous les faits magnétiques, in-12, Paris, 1865.

2607. PÉTETIN. — Électricité animale prouvée par la découverte des phénomènes physiques et moraux de la catalepsie hystérique et de ses variétés et par les bons effets de l'électricité artificielle dans le traitement de ces maladies, in-8, Paris, 1808.

2608. PHILIPS (J. B.). — Cours théorique de braidisme ou hypnotisme nerveux considéré dans ses rapports avec la psychologie et la pathologie et dans ses applications à la médecine, à la chirurgie, à la physiologie expérimentale, à la médecine légale et à l'éducation, in-8, Paris, 1860.

2609. DU MÊME. — Électro-dynamisme vital ou les relations physiologiques, de l'esprit et de la matière démontrées par des expériences entièrement nouvelles et par l'histoire raisonnée du système nerveux, in-8°, Paris, 1855.

2610. PIÉRART. — Le magnétisme, le somnambulisme et le spiritualisme dans l'histoire. — Affaire curieuse des possédées de Louviers, in-8°, Paris, 1858.

2611. PIGEAIRE. (J.) — Puissance de l'électricité animale ou du magnétisme vital et de ses rapports avec la physique, la physiologie et ses la médecine, in-8° Paris, 1836.

2612. PUYSÉGUR (de.) — Du magnétisme animal, considéré dans ses rapports avec diverses branches de la Physique générale, in-8°, Paris, 1820, 2° Ed.

2613. DU MÊME. — Mémoire pour servir à l'histoire et à l'établisssment du magnétisme animal, in-8°, Paris, 1820, 3° (Edition). Voyez Chastenet de Puységur, N° 2485 et suivant).

2614. RADAU. — Le magnétisme, in-12 avec figures, Paris, 1875.

2615. RAGAZZI. — Cours de magnétisme humain en neuf leçons, in-12, Genève, 1875.

2616. REGAZZINI DE BERGAME à Francfort sur le Mein. — Le mesmérisme encore une fois méconnu et outragé par les savants officiels et vengé par l'opinion publique, in-8°, Francfort-sur-Mein, 1854.

2617. DU MÊME. — Nouveau Manuel du magnétiseur praticien, in-12, Paris, 1859.

2618. REICHENBACH (De). Le fluide des magnétiseurs, précis des expériences du Baron de Reichenbach sur ses propriétés physiques et physiologiques, in-8°, Paris, S. D. avec un avant-propos du colonel de Rochas.

2619. REVUE DES SCIENCES HYPNOTIQUES, — Paris (1887-88), 1re année seule parue.

2620. RICARD. — Doctrine du magnétisme humain et du somnambulisme, in-12, Marseille, 1856.

2621. DU MÊME. — Cours théorique et pratique du magnétisme animal, in-8, Paris, 1839.

2622. DU MÊME. — Traité théorique et pratique du magnétisme animal ou méthode facile pour apprendre à magnétiser, in-8, Paris, 1841.

2623. DU MÊME. — Almanach populaire du magnétiseur praticien pour 1846, in-12, Paris.

2624. DU MÊME. — Lettre d'un magnétiseur, in-8, Paris, 1843.

2625. DU MÊME. — Physiologie et hygiène du magnétiseur ; cet opuscule est souvent suivi de mémoires et aphorismes de MESMER (voy. ce nom N° 2581), in-12, Paris, 1844.

2626. ROBERT. — Recherches et considérations critiques sur le magnétisme animal, avec un programme relatif au somnambulisme artificiel ou magnétique, in-8, Paris, 1824 (ouvrage traduit du latin) ; voy. METZGER (Dr), n° 2592.

2627. ROCHAS (Colonel de). — Le fluide des magnétiseurs, in-8, Paris, 1882 (?). — Voyez ci-dessus les Nos 2099 et suivants.

2628. DU MÊME. — L'extériorisation de la sensibilité, in-8 carré, avec gravure sur bois dans le texte et 4 chromolithographies Paris, 1895. — D'après le catalogue de l'éditeur Chamuel, ce volume (4e de la série) fait la monographie d'une des propriétés de la sensibilité et démontre la réalité de l'extériorisation, phénomène qui suffit à expliquer l'envoûtement, la zoothérapie, etc., etc.

2629. ROSEN DUFAURE. — Le magnétisme curatif du foyer domestique, Paris, 1883.

2630. ROUXEL. — Histoire et philosophie du magnétisme avec fig. intercal. dans le texte, 2 vol. pet. in-18, Paris, 1895.

2631. SALZÈDE (De la). — Lettres sur le magnétisme animal considéré sous le point de vue physiologique et psychologique, in-12, Paris, 1847.

2632. SCOBARDI. — Rapport confidentiel sur le magnétisme animal et sur la conduite récente de l'Académie royale de médecine adressée à la congrégation de l'Index et traduit de l'italien du R. P. Scobardi par Ch. B. D. M. P., in-8, Paris, 1839.

2633. SÉRÉ (Louis de). — Application du somnambulisme magnétique au diagnostic et au traitement des maladies ; sa nature, ses différences avec le sommeil et les rêves, in-12, Paris, 1885.

2634. SIMON (P. Max). — Le monde des rêves. Hallucination somnambuliste, hypnotisme, illusion, Paradis artificiels, etc., in-16, de 325 pages, Paris, 1887.

2635. SIMONIN (Amédée H.). — Psychologie humaine appliquée ; les sentiments, les passions et la folie ; explications des phénomènes de la pensée et des sensations, in-12, Paris, 1885.

2636. DU MÊME. — Solution du problème de la suggestion hypnotique, in-18 jésus, Paris, 1889, éd. in-12, Paris, 1890.

2637. DU MÊME. — Les Invisibles et les voix ; une nouvelle manière d'envisager les hallucinations psychiques et l'incohérence maniaque, in-8, Paris, 1880.

2638. DU MÊME. — Le monde des rêves, in-12, Paris, 1882.

2639. SOUSSELIER DE LA TOUR. — L'ami de la nature ou manière de traiter les maladies par le prétendu magnétisme animal, in-8, Paris, 1784.

2640. STEVENSON (Dr G.). — Nouveau Traité pratique de magnétisme ; in-8, Bruxelles, MDCCCLXXXVII.

2641. TARCHANOFF. — Hypnotisme et suggestion. — Lectures de pensées, in-12, Paris, 1891.

2642. TARDY DE MONTRAVEL. — Essai sur la théorie du somnambulisme magnétique, in-8, Londres, 1785. — L'auteur essaie d'établir dans cet ouvrage que nous avons un sixième sens, dont le siège serait dans l'estomac.

2643. DU MÊME. — Journal du traitement magnétique de madame B et des demoiselles N. — C'est ce journal qui a servi de base à l'Essai ci-dessus du même auteur.

2644. TESTE. — Les confessions d'un magnétiseur, suivies d'une consultation médico-magnétique sur les cheveux de Mme Lafargue, 2 vol. in-8, Paris, 1848.

2645. TESTE (Alph.). — Manuel pratique de magnétisme animal, in-12, Paris, 1845.

2646. TONY MOILIN. — Traité élémentaire théorique et pratique de magnétisme, in-12 avec figures, Paris, 1869.

2647. THÉORIE DU MESMÉRISME, brochure in-8, Paris, 1818.

2648. THOURET. — Recherches et doutes sur le magnétisme animal, in-12, Paris, 1784.

2649. VAIRO (Léonardo). — *De Fascino*, in-4, Parisiis, 1583.

2650. VÉRITÉ DU MAGNÉTISME prouvé par les faits. (Extraits de notes et des papiers de Mme Alina d'Eldir, née dans l'Hindoustan, par un ami de la vérité, in-8, Paris, 1829.

2651. WALKERS. Traité sur le magnétisme, in-12, 1794.

2652. YOUNG. — Le magnétisme terrestre, in-8, Bruxelles, 1853.

DIVERS

Comme nous le disons dans notre AVANT-PROPOS-PROGRAMME, sous cette rubrique : DIVERS, figurent tous les ouvrages de la Science Occulte qui n'entrent dans aucune des précédentes divisions c'est-à-dire des ouvrages qui ne traitent pas directement d'une des matières des autres divisions et qui peuvent cependant toucher à toutes les autres matières ou à une partie de celles-ci, par exemple, des ouvrages de médecine empirique ou des livres qui donnent des recettes pour tracer des pantacles ou construire des amulettes ou des talismans ou bien encore qui décrivent des recettes pour préserver l'homme ou les animaux de certains accidents ou de certaines maladies ; en un mot, sous cette rubrique, nous donnons tout ce qui touche de près ou de loin à la Science Occulte et qui ne pouvait figurer logiquement dans aucune de nos précédentes divisions.

2653. ALBERT-LE-GRAND. — Nouvelle découverte des secrets les plus curieux tirés des secrets d'Albert-le-Grand, qui n'avaient point encore paru. In-18, Troyes, Garnier S. D. (1723.)

2654 ALBERT MAGNUS. — De secretis mulierum titre gravé, in-18, Amsterdam, 1662. — Edition latine des secrets d'Albert-le-Grand, voir *supra* du n° 16 à 21 ; page 5.

2655. ALBERT (Petit). — Secrets merveilleux de la magie naturelle et cabalistique du petit Albert. In-8, à Lion (*sic*) chez les héritiers Beringos. — Cette édition contient des figures.

2656. ALBERT (L') MODERNE ou nouveaux secrets éprouvés et licites, in-12, Paris 1773.

2657. ALEXIS PIÉMONTOIS. — Les secrets ou recettes souveraines du révérend Alexis Piémontois, bien expérimentées et approuvées par divers auteurs, contenant singuliers remèdes contre diverses maladies etc. etc. 1 vol. in-12, à Paris, chez Martin le jenne, à l'enseigne de saint Christophle devant le collège de Cambray, 1559.

Il existe de nombreuses éditions de ce livre célèbre ; les unes contiennent six livres, les autressept ; celui de l'édition que nous venons de donner ci-dessus achevé d'imprimer le « le cinquième de may 1559. » est la première édition édition française faite d'après la première édition italienne. Plantin d'Anvers en 1564 ou 1567 a publié une édition in-8. — Alexis Piémontois est un nom supposé, sous lequel on a publié les secrets rassemblés par Gérôme Rascelli. L'ouvrage a paru d'abord en Italien en 1550. Une bonne édition est la suivante :

2658. D. ALEXII PEDEMONTANI, *De secretis libri septem*, a IOAN JACOBO VECKORO, *Doctore medico, ex Italico sermone in latinum conversi et multis bonis secretis aucti, diligentius que castigati.*

ACCESSIT *ejusdem Vеckeri opera octavus de artificiosis vinis liber. Editio tertia.* in-12, Basileæ apud Petrum Pernam M. D. XVIII Cf. *supra*, n° 25 et 26, page 6.

2659. BALZAC (H.). — Seraphitus — Seraphita Louis Lambert (œuvres complètes de l'auteur).

2660. BATIMENT (Le) des recettes, traduit de l'italien en français et augmenté d'une infinité de beaux secrets nouvellement mis en usage suivi d'un petit traité de recettes intitulé : LE GRAND JARDIN, in-12, Montbéliard 1824.

2661. BLANC. — Le merveilleux dans le Jansénisme, le magnétisme, le méthodisme et baptisme américains ; l'épidémie de Morzine le spiritisme, in—8, Paris 1865.

2662. BOSC (E) — TRAITÉ *théorique et pratique du Haschich* et autres substances psychiques : canabis, Plantes Narcotiques, anesthésiques, Herbes magiques, opium, morphine, éther, cocaine, formules et recettes diverses ; Bols, pilules, pastilles, électuaires, opiats. ; in — 12 Paris, 1892, (sans nom d'auteur.)

2663. DU MÊME. — La chiromancie médicinale de Philipe de Philippe May de Franconie, suivi d'un Traité sur la Physionomie et d'un autre sur les marques des ongles traduit de l'allemand p. P. H Treusches, avec un avant-propos et une chiromancie synthétique, in, 18 illustré de vignettes, Paris, 1895.

2664. BRUN (P. Pierre Le). — Histoire critique des pratiques superstitieuses qui ont séduit les peuples et embarassé les savants. in-12, Paris, 1702.

Une Edition augmentée(et donnée par l'abbé Bellon) 4 vol. in-12 y compris le volume de supplément, publiée par l'abbé Granet, en 1732. — Autre Edition 4. vol. Amsterdam 1733-37 et autre édition, 4 vol. in-12, Paris 1750 51.

2665. CAITHNESS (Lady), Duchesse de Pomar. — Interprétation ésotérique des Livres sacrés in-18 Paris, 188

2666. DU MÊME. — L'ouverture des sceaux. voyez ci-dessus les N° 1994 à 1997 bis.

CHESNE — Voy. DU CHESNE

2667. DÉMAREST (Georges). — Discours fait en une célèbre assemblée par le chevalier Digby, chancelier de la reine de la Grande Bretagne etc... touchant la guérison des plaies par la poudre de sympathie, in-18, Paris, M. D. C. IXXXI. (Réédition.)

2668. DIGBY. — Discours touchant la guérison des playes par la poudre de sympathie, in-18 jésus d'après les textes de l'édition de 1681 ; Paris 1895. (Réédition.)

2699. DU MÊME. — Nouveaux secrets expérimentez, pour conserver la beauté des dames et pour guérir plusieurs sortes de maladies tirez des mémoires de M. le chevalier Digby, avec son discours touchant la guérison des playes, par la poudre de sympathie 6e édition revue, corrigée et augmentée d'un volume, 2 vol. p. in-8. La Haye Foulque 1700.

2670. DOCTRINE (La) de l'Ecriture et des Pères sur les guérisons miraculeuses, in-12, Paris, 1754.

2671. DU CHESNE (Sieur de la Violette) médecin du Roy. — La Pharmacopée des dogmatiques reformée, contenant plusieurs remèdes excellents... selon les spagiriques ou chimiques. Petit, in-8, Lyon H. de la Garde 1648. — Ce volume a été revu et augmenté par Lazare Meysonnier médecin du Roy.

2672. DUMAS (Alexandre). — Madame de

Chamblay, 2 vol. in-8, Paris. Editions diverses.

2673. DUPLEIX. — La Curiosité naturelle rédigée en question selon l'ordre alphabétique. — Les causes de la veille et du sommeil, des songes de la vie et de la mort. Pet. in-8, Paris, 1626.

2674. DUVAL (Antoine). — Lettres philosophiques, traduites de l'allemand en françois, in-12, Paris, 1674.

4675. EGGER (Victor). — La Parole intérieure, essai de Psychologie descriptive, in-8, Paris, 1881.

2676. EMERY (D'). — Nouveau recueil des plus beaux secrets de médecine, 2 vol. in-12, Paris, 1713.

2677. DU MÊME. — Recettes sur toutes sortes de matières ; ouvrage qui a eu de nombreuses éditions, 2 vol. in-12, Paris, 1664. — Il existe une édition hollandaise qui date de 1672.

2678. EVONYME PHILIATRE. — Trésor des remèdes secrets. — Livre physic, médical, alchymic et dispensatif de toutes les substantiales liqueurs etc. Petit in-8, avec figures, Lyon 1559. — Ce livre a été traduit du latin par Barthélemy, ancien principal du collège de Lyon.

2679. FERNEL. — Les sept Livres de la thérapeutique de M. Jean Fernel, premier médecin de Henri II, mis en français par le sieur Du Teil. In-8, Paris, 1665.

2680. FERNELLI (Joh.). — *Ambiani Médicina*. 3 parties en un vol. pet. in-8 ; Venetiis apud Balth. Constantinum, 1555.

2681. FRANCASTOR. — *De sympathiâ et antipathiâ rerum*, Hieronymi Francastori, in-18, Lugdunii 1664.

2682. HAÆPHI CHRYSÈS. — Nouveau langage symbolique des plantes avec leurs propriétés médicinales et occultes, in-18, Paris, 1892.

HASCHICH, voyez le n° 2662.

JEAN DE POIX, voy. POIX.

2683. Lagneau (D.). — Harmonie mystique, in-8. Paris, 1636.

2684. LAUNAY (Louis de). — Médecine de l'antimoine, in-4, La Rochelle, 1564.

2685. DU MÊME. — La réplique à la Réponse de Grévin contre son livre ; in-4, La Rochelle, 1566.

2686. LÉON *pape*. — *Leonis papæ Enchiridion*, in-32, Romæ, 1525. — Edition originale très rare ; elle porte le titre suivant : *hoc in Enchiridio manuali ve pie lector, proxime sequinti habentur septem psalmi pœnitentiales, oratio devota Leonis papœ, oratio beati Augustini ; aliquat item orationes adversas omnia mundi pericula*.

Il existe une autre édition datée de Rome, 1660, qui est assez rare. — Les éditions datées de Lyon 1601, 1607, 1633 ou de Mayence, 1637, sont assez communes.

Le VOILE D'ISIS a donné une réédition de cet ouvrage en feuilleton année, 1894.

2687. LOCQUES (Nic. de). — Les rudiments de la philosophie naturelle, in-8 Paris, 1668.

2688. LOOS (H. de). — Le Diadème des Sages ou démonstration de la nature inférieure, in-12, Paris, 1781.

2689. MAJUS (Henri). — DE FULMINE, in-4, Marbourg 1673.

2690. DU MÊME. — DE TONITRU ; in-4° Marbourg, 1673.

2691. DU MÊME. — DE MONSTRIS, in-4, Marbourg, 1674.

Voir ci-dessus n° 2060 et

2692. MANUEL ou INCHIRIDION (*sic*) de prières, contenant les sept psaumes pénitentiaux ; diverses oraisons de Léon et plusieurs oraisons contre les périls du monde ; in-24 de 8 ff. préliminaires et de 189 pages de texte en lettres rondes, titre en rouge et noir, Lyon 1584. — Ouvrage rare, probablement une sorte d'imitation ou de contrefaçon de l'Enchiridion du pape Léon, voy. ci-dessus n° 2686. — Il existe une traduction française de ce même manuel faite par François de Tabo, et une édition de Lyon in-16 de Jean d'Ogerolles 1579.

2693. MARCILLET. — Almanach du Magnétisme et du Somnambulisme, 1854, avec un aperçu de l'art de magnétiser, in-16, Paris, 1854.

2694. MIGNE (l'abbé). — Dictionnaire des sciences occultes, savoir : Aéromancie, Alchimie, Anthropomancie, Bibliomancie, Démonomancie, Pyromancie, Lexomancie, Sidéromancie, Thalmadancie, Vampirisme, etc., etc., ou Répertoire universel de toutes les croyances merveilleuses, mystérieuses ou surnaturelles, 2 vol, gr. in-8, Paris, 1848. — Ce gros ouvrage est remplie d'inepties et de contes puérils à faire dormir debout le lecteur.

2695, OUVAROFF. — Essai sur les mystères d'Eleusis, in-8, Paris, 1 816.

2696. PAPIN. — Dissertation tovchant la povdre de Sympathie, par le sieur RAULT, in-18 d'après l'édition de 1686.

2697. PHILELEUTHERO. — *De miraculis quæ Phytagoræ* etc. — Tribuuntur libellas auctore Phileleuthero helvetico, petit in-8, Edinburg, 1755.

2698. PHILIPPE MAY *de Franconie*. — La Chiromancie médicinale, suivi d'un traité sur la physionomie et d'un autre sur les marques des ongles, traduit de l'allemand par P. H. Treuchses, in-18, Lahaye, 1665. Voir le nº 2663.

2699. Poix (Jean de). — Explication de l'utilité des anciens chiffres romains, in-12, Paris, 1652.

Poudre de sympathie. — Voy. les nºs 2667 2668 et 2696.

2700. Quesnot. — Plusieurs secrets rares et curieux pour la guérison des maladies, in-12, Paris, 1708.

4701. Ramée (Daniel). — Théologie cosmogonique ou reconstitution de l'ancienne et primitive loi, in-12, Paris, 1853.

4702. Regnard (Dr Paul). — Les maladies épidémiques de l'Esprit : Sorcellerie, magnétisme, morphinisme, délire des grandeurs, in-8 avec fig. Paris, 1887.

Traité théorique et pratique du Haschich *et autres plantes psychiques*, voyez le nº 2662.

2703. Wecker (Jean-Jacques). — De Basle, médecin à Colmar. — Les secrets et merveilles de la nature. Livre non seulement nécessaire aux curieux, ainsi à tous qui font profession des arts libéraux et subtiles inventions, tant pour l'exercice de l'art militaire qu'autres. Petit in-8 de 936 pages avec figures sur bois. Lyon, Simon Rigaud, rue Mercière 1651. — Cet ouvrage traite des anges, des démons, des fièvres, du mal de Naples, des maladies de toutes sortes, de la teinture des cheveux, des secrets divers, des ânes, des bœufs, etc... car il est question de tout et d'autres choses encore.

Une édition de Rouen de 1699 est assez recherchée, c'est un fort volume in-8 de 1054 pages et qui porte comme titre : Les secrets et merveilles de la nature recueillis de divers auteurs et divisés en XVII livres.

2704. Wronski (Hœné). — Messianisme, union finale de la philosophie et de la religion constituant la philosophie absolue, 2 vol. in-4, Paris, 1831-1841.

2705. Du même. — Philosophie absolue de l'histoire ou Genèse de l'humanité. — Historiosophie ou science de l'histoire; 2 vol. in-8, Paris 1852.

2706. Du même. — Messianisme; Tableau de la philosophie de l'histoire, depuis l'origine du monde jusqu'à son terme final. — Aperçu général de la Genèse messianique. — Grande feuille de 1 mètre sur 0,65 centimètres, Paris, 1852.

Fin de la *Bibliographie générale des Sciences occultes.*

N. B. — Voir page 117, les Addenda.

A partir de ce dernier âge, où la révolution de la vie commence à faire cesser son évolution, l'embryovologie change aussi, l'homme va par la musculation à l'ossification ; la coque calcaire de l'œuf subit une *métamorphose* intérieure prédominante, et le vieillard finit dans la rate, comme le fœtus avait commencé dans le foie.

Dans la nouvelle voie où nous dirige maintenant l'embryovolgie triple, nous croyons qu'il est conforme à notre but de considérer d'abord le côté objectif de cette théorie, d'examiner anatomiquement les trois enveloppes et les trois cavités corporelles avec l'œuf spécial qui leur correspond et d'y établir, abstraction faite de la forme symbolique des organes dans l'intérieur aussi bien que dans l'extérieur du corps humain, l'équivalence de l'architectonique organique. La recherche de son rhythme et de son type, ainsi que de son procès, sera donc le sujet des deux Etudes suivantes.

CAVITÉ ABDOMINALE

A l'ouverture des téguments du ventre et de son enveloppe, nommée *péritoine*, l'estomac et le canal entier des intestins offrant la plus belle forme ovale nous apparaît comme embryon des intestins, embryon qui, comme le zoophyte, s'efforce d'accueillir le règne animal et végétal, de les faire passer dans le procès de la fermentation et de les ingérer et expulser.

La longueur frappante du canal des intestins est le vrai symbole de sa nature végétale, de même que ses circonvolutions sont celui des entozoaires, dont il se rapproche le plus. — Mais que cette longueur n'a point été admise comme ligne droite dans l'organisme c'est ce que prouvent ces vers intestinaux, qui ne trahissent cette longueur qu'à l'état de mort en prenant dans la vie et dans le mouvement la forme spirale, et pendant le sommeil l'elliptique. Dans l'embryon-intestin, elles se rencontrent également toutes deux. — Son mouvement péristaltique correspond

www.ingramcontent.com/pod-product-compliance
Ingram Content Group UK Ltd.
Pitfield, Milton Keynes, MK11 3LW, UK
UKHW020237220726
13923UKWH00002B/703